운율의 미학을 찾아

청사 평설집

운율의 미학을 찾아

저자 유 준 호

|自序|

세월은 흘러만 가서 어느새 나도 문단 생활 50년이 가깝고, 전통적 한국 나이로 희수(喜壽)가 되었다. 할 일은 많은데 헛되이 나이만 먹었다. 장모님 말씀처럼 설 쇠는 곳만 분주히 골라 찾아다녔나 보다. 이를 어쩌나 하는데 대전문화재단에서 발간비 일부를 도와주고 주변에서 권유하여 그동안 중앙시조 전문잡지와 중앙문예지 및 지방 동인지 등에 선보이고 시조집을 낸 이들의 시조집의 발문과 해설로 썼던 것들을 모아 이 책을 엮어낸다. 변변치도 못한데 평설이라는 이름을 붙여 세상에 얼굴을 내밀게 하고 보니 어쩐지 계면쩍다. 이 평설집(評說集)을 내도록 적극적으로 채근하고, 도와주며 권유하여 세상에 빛을 보게 한 야성(野城)과 도서출판 이든북 이영옥 사장께 감사한다.

무술년 가을 초입에
저자

차례

제1부 일반평설

제2부 시조집 발문평설

1부 일반평설

시조(時調) 알기와 짓기

1. 시조(時調)란 무엇인가?

시조는 신라의 향가 「처용가」 백제 가요 「정읍사」, 고려 속요 「만전춘별사」의 맥을 이어 고려 말에 탄생한 전통정형시이다. 그 후 조선시대에는 가사문학 「사미인곡」과 쌍벽을 이루며 민족의 얼과 숨결이 담긴 고유문학으로 병진(竝進) 발전하였다.[1] 19세기까지는 창(唱)의 가사로 존재하다가 그 후 분화하여 현대화 과정을 거치며 시조창과 시조시의 형태로 분화(分化)한 이 시조(時調)는 우리 민족의 정서와 슬기가 배어 녹아 있는 우리 전통 문학작품으로 자수 가락을 가진 정형시이며, 국민 모두가 즐긴 민족(民族) 시가(詩歌)이다. 정형시로는 중국의 한시(漢詩5, 7 절구, 율시), 서양의 소네트(14행) 일본의 하이쿠(3행 5, 7, 5)가 있으나 이들은 모두 율격상의 제약이 철저하다.

---

1) 새볼 발긔 다래/밤드리 노니다가/드러사 자리 보곤/가ᄅᆞ리 네히어라/둘흔 내해엇고/둘흔 뉘해언고/본ᄃᆡ 내해다마ᄅᆞᆫ/아사날 엇디ᄒᆞ릿고 「처용가」
달하 노피곰 도다샤/어긔야 머리곰 비취오시라/어긔야 어강됴리/아흐 아으 다롱디리/져재 녀러신고요/어긔야 즌디랄 드리욜셰라/어긔야 어강됴리/어느이다 노코시라/어긔야 내가논대 졈그랄셰라/어긔야 어강됴리/아으 다롱디리 「정읍사」
경경(耿耿)고침상(孤枕上)애 어느 ᄌᆞ미 오리오/ 서창(西窓)을 여러ᄒᆞ니 도화(桃花)ㅣ 발(發)ᄒᆞ도다/ 도화(桃花)난 시름업서/ 소춘풍(笑春風) ᄒᆞᄂᆞ다 「만전춘별사」 2연
이 몸 삼기실제 님을 조차 삼기시니~님이야 날인줄 모ᄅᆞ샤도 내 님 조ᄎᆞ려 ᄒᆞ노라 「사미인곡」

하지만 시조는 기본 틀에 약간의 넘나듦(1~2자)이 허용되는 여유의 문학이다.

2. 시조 명칭의 유래

'시조'라는 명칭이 언제부터 사용되었을까? 이에 대하여는 확실하지 않지만 영조 때 시인 신광수(申光洙)가 그의 문집 『石北集 關西樂府15』에서 "일반으로 시조의 장단을 배열한 것은 장안에서 온 이세춘(李世春)일세(一般時調排長短來自長安李世春)."라고 한 구절에 보이는 것이 문헌상으로는 가장 오래된 기록으로 남아 있다. 그 뒤 '時調'라는 명칭이 종종 보이는데, 정조 때의 시인 이학규(李學逵)가 쓴 시 『감사(感事)』 24장 가운데 "그 누가 꽃피는 달밤을 애달프다 하는고. 시조가 바로 슬픈 회포를 불러주네(誰憐花月夜 時調正悽懷)."라는 구절이 나오고, 그 주석으로 "시조란 또한 시절가(時節歌)라고도 부르며 대개 항간의 속된 말로 긴 소리로 이를 노래한다."라고 하였다. 이러한 기록으로 미루어 '시조'라는 명칭은 조선왕조 영조 때에 비롯된 것이 아닌가 한다. '시조'라는 명칭의 원뜻은 시절가조(時節歌調), 즉 당시에 유행하던 노래라는 뜻이었으므로, 엄격히 말하면 시조는 문학부류의 명칭이라기보다는 음악곡조의 명칭이다. 따라서 조선 후기에 있어서도 그 명칭의 사용은 통일되지 않아서, 단가(短歌) · 시여(詩餘) · 신번(新潼) · 장단가(長短歌) · 신조(新調) 등의 명칭이 시조라는 명칭과 함께 두루 쓰였다. 근대에 들어오면서 서구문학의 영향을 입어 과거에 없었던 문학부류, 즉 창가(唱歌) · 신체시(新體詩) · 자유시(自由詩) 등이 나타나게 되었다. 이로 인해 그들과 이 시형을 구분

하기 위하여 음악곡조의 명칭인 '시조(時調)'를 우리 고유문학 장르 명칭으로 사용하고 있다. 따라서 현재의 시조엔 창(唱)으로서의 시조와 시(詩)로서의 시조가 존재하고 있다.

3. 현대시조와 현대시의 변별성

현대시조는 그 내적 구조상 최소한의 의미단위가 이루어지는 구수율(句數律)을 지니고 있으며, 전체 12음보(소절)의 음보율(音步律)을 형성하고 있다. 그리고 초장, 중장, 종장 속에 펼쳐지는 4단의 의미구조를 가지고 있다. 3장의 짧은 내용 속에 현대시 1편의 의미구조를 담아낼 수 있는 내적 틀을 갖추고 있는 것이 시조이다.

시조의 3장은 현대시의 3행과는 판이하게 다른 성격이며, 한 행을 이루는 2구의 성격도 현대시에서의 한 행의 그것과는 완전히 다르다. 시조는 장과 장 사이, 구와 구 사이의 내적 의미의 연결성이 현대시에 비해 매우 긴밀하게 이루어지고 있다. 황진이의 시조에서 보면 기승전결의 시적 논리가 한 편의 시조 속에서 완벽하게 구사되어 있음을 볼 수 있다. 특히 마지막 종장에서 현대시의 전환과 결말을 포괄하는 의미구조를 갖추고 있는 점은 시조의 특장으로써 그 미학적 특성을 잘 살려나가야 한다고 본다. 이를 도식화하면 초장(도입부와 전개부)의 A, 중장(도입부와 전개부)의 B, 종장(전환과 마무리)의 C로 크게 3등분된다. 또한 A와 B가 연속적일 때보다는 A와 B가 변증법적인 대립형태를 취할 때 C의 기능이 증폭된다. 특히 C에서 전환과 마무리를 동시에 담당함으로써 3장의 시가 갖는 단조로움을 피한 채 오히려 입체적 효과를 증폭해내는 장치야말로 시조의 탁월한 특장이랄 수 있다. 요즘 많이 쓰이고 있는 연시조의 경우에도 각 수마다 개별 작품의 의미구조를 수렴하면서 전체적 통일성이 이루어져 할 것이다. 시조의 이러한 표현체제가 현대시조에 내적 율격으로써 정립된다면 현대시와의 변별성이 확연하게 드러나게 되리라 본다.[2)]

현대 우리 문학 장르로는 시, 시조, 소설, 수필, 희곡 등이 있는데 이 가운데 유일하게 전적으로 서구에서 빌려온 문학이 현대시이다. 소설은 금오신화, 홍길동전, 춘향전 등과 같은 우리 문학이 있었으며, 수필은 목민심서, 역옹패설, 규중칠우쟁론기, 동명일기, 조침문 등과 같은 명문 작품이 있고, 희곡은 판소리 대본, 인형극본, 가면극본과 같은 문학작품이 있어 그 전통을 이어 서구의 그것과 현대적으로 상승 작용하면서 발전을 하고 있으나 현대시는 그 우리 조상의 문학에서 맥을 찾을 수 없다. 순전히 서구에서 빌려온 장르이다. 그런데 시조는 우리 민족문학으로 면면히 이어 내려온 문학 장르이다. 그러므로 이제 우리는 이 시조문학으로 민족의 주체성(主體性)과 자존감(自尊感)을 지켜야 할 때이다. 그래 그런지 요즘 성춘복 시인,[3)] 문효치 시인(현 한국문협이사장)[4)], 오세영 시인(전 한국시인협회장)[5)]같은 원로시인 분들이 시조집을 상재하며 시조의 우월성을 말하고 있고, 이 고장에서도 나태주 시인[6)]이나 엄기창 시인이 시조집『봄날에 기

---

2) 박제천(시인, 경기대 대우교수), 한국 현대시조의 전통성 탐색—시적 의미 구조를 중심으로, 〈시조시학〉2002년 봄호에서 전재
3) 성춘복 시조집『반백년의 나들이』도서출판 소소리, 2013
4) 문효치 시조집『나도 바람꽃』출판도서 活版工房, 시월, 2017
5) 오세영 시조집『너와 나 한 생이 또한 이와 같지 않더냐』태학사, 2006
6) 나태주「애솔나무」

애기야 울지 마라 아프다 하지 마라.
내 너를 사랑해서 이러는 줄 너도 알 일
우리도 떨쳐 일어나 새봄맞이 하자꾸나.—2005년《시조월드》10호

다리다』, 리헌석 시인이 시조집『섬바위』를 상재하여 그 위상을 더하고 있음을 가상할 일이다. 시조는 신토불이 적장자(嫡長子)이고 시는 서구에서 데려온 입양서자(入養庶子)임으로 우리 모두는 우리나라 운문문학의 중심은 시조이어야 함을 마음속에 새겨 두어야 한다.

4. 시조의 기본 틀

현대시조는 현실성과 시조성이 동시에 충족되어야 한다. 시의(詩意)의 현실성(現實性), 시형(詩形)의 정형성(定型性)을 가지고 있어야 한다. 그리고 구(句)와 구(句) 사이, 장(章)과 장(章) 사이는 통사율(統辭律)에 의한 긴장 관계가 유지되어야 한다. 아무리 현대시조라 하더라도 최소한의 지켜야 할 규칙은 있어야 정형시(定型詩)로서 우리 문학의 대표성을 가질 수 있다고 본다. 그 최소한의 규칙은 1수(首) 3장(章), 각장(各章) 4음보(音步)는 지켜져야 하고, 1음보(音步)는 한 단어가 기본이고 두 단어가 결합되어 이루어진다 하더라도 그 단어 사이가 대립(對立)이 아닌 상보(相補)나 종속(從屬)관계이어야 한다. 음보(音步)에 있어서도 음수(音數)는 한 음절, 부득이한 경우 2음절 정도의 나듦을 할 수 있으나 각장(各章)이나 각수(各數)에서 음보수(音步數)는 나듦을 하면 안 된다는 것이다. 이를 철저히 지킨다면 여타의 내용상의 변주나 표현기법 등은 자유롭게 확장되어도 무방하다고 생각한다. 다음은 시조의 기본율격을 어떻게 해야 될까를 정하기 위하여 정병욱의『시조문학사전』[7]에 실린 고시조 가운데 단시

---

7) 정병욱『시조문학사전』청구문화사, 1971

조 1853수를 조사한 결과이다.

〈표 1〉

	초장		중장		종장			
자수	3	4	3	4	3	4	5	6
1구	**1362**	153	**1277**	107	**1816**	15	4	1
%	73.3		63.9		98.0			
2구	33	**1384**	466	**1265**	29	75	**887**	**799**
%		74.7		68.3			47.9	43.1
3구	**902**	**879**	**925**	**863**	71	**1630**	45	17
%	48.7	47.4	47.9	46.6		88.0		
4구	13	**1705**	26	**1717**	**1425**	311	50	3
%		92.0		92.7	76.9			

위 〈표1〉에도 나타난 바와 같이 단시조 한 수에 나타난 각 음보의 글자 수가 초장은 3, 4, 3(4), 4 중장은 3, 4, 3(4), 4 종장은 3, 5(6), 4, 3로 43(46)자로 현재 우리가 정격으로 인식하고 있는 음보별 음수율에 가장 근접한 모양새를 보여주고 있다. 그러나 고시조의 경우 위와 같은 음보별 음수가 한 편 한 편에 그대로 적용되는 것이 아니고 서로 약간의 엇바꿈으로 나타나 있다. 이를 감안하여 일찍이 춘원(春園) 이광수(李光洙)나 도남(陶南) 조윤제(趙潤濟) 선생이 제시한 시조의 기본율에 따라 그 정격의 범위를 45자 내외(±1~2)로 하는 것이 타당성이 있을 것 같아 3과 4의 음수율 자리에는 때에 따라 우리의 언어적 특성을 고려하여 4또는 3을 엇바꾸어 쓸 수 있도록 허용하고 전체적으로 글자 범위에 ±1~2의 신축성을 부여하여야 하리라 본다. 그래

서 그 기본 틀로 〈표2〉을 제시한다.

〈표 2〉

	첫째 구		둘째 구	
초장	3(4)	4(3)	3(4)	4(3)
중장	3(4)	4(3)	3(4)	4(3)
종장	3	5~6	4	3(4)
	첫째마디	둘째마디	셋째마디	넷째마디
	꼭 지킬 음수율			

* 평음보를 철저히 지킨 기본형에 충실한 고려 말 충신 길재(吉再)의 「회고가」

초장—五百年 都邑地를 匹馬로 돌아드니
중장—山川은 依舊하되 人傑은 간데없다.
종장—어즈버 太平烟月이 어제런가 하노라

* 과음보가 있으나 기본형에 충실한 기녀 홍랑(洪娘)의 이별가(최경창과 송별)

초장—묏버들 갈해 꺾어 보내노라 님의 손대
중장—자시는 창밖에 심거두고 보소서
종장—밤비예 새잎 곧 나거든 날인가도 여기소서. (과음보)

* 소음보가 보이는 이조년(李兆年)의 「다정가(多情歌)」와 기녀 계랑(桂娘)의 작품(유희경을 그리는 연모가)

초장=梨花에 月白하고 銀漢은 三更인 제
중장=一枝 春心을 子規야 알랴마는 (소음보)
종장=多情도 病인 양하여 잠 못 들어 하노라.

초장=이화우 흩뿌릴 제 울며 잡고 이별한 님
중장=추풍 낙엽에 저도 날 생각는가 (소음보)
종장=천리에 외로운 꿈만 오락가락 하노라.

* 현대시조로의 디딤돌, 조운의 「석류(石榴)」(출전 : 『曺雲時調集』, 조선사, 1947)

초장=투박한 나의 얼굴
두툴한 나의 입술
중장=알알이 붉은 뜻을
내 어이 이르리까.
종장=보소라 임아 보소라
빠개 젖힌
이 가슴.

3줄로 된 것을 장별 배행, 6줄로 된 것을 구별 배행이라 하는데 위의 것은 초, 중장은 구별 배행을, 종장은 음보별 배행을 하였다. 이 작품 「석류」는 가슴속에 담긴 뜻을 온전히 펴서 알리지 못하고 언어의 한계에 부딪친 시적 화자의 답답한 마음을 표현한 상징 이미지이다. 시인은 언어에 갇힌 답답한 마음을 알맹이가 부풀어 쪼개진 석류를 통해 감각적으로 실감나게 나타내 주고 있다.

5. 시조 짓기 걸음마는 마디가락 익히는 일

우리 시조의 마디 가락은 서구 시가가 속가락인데 비하여 글자 수에 의하여 정해지는 한 수 열두 마디 겉가락이다. 이것은 우리 선조들이 수백 년 사용해 보고 가장 우리 호흡에 알맞다고 느껴 우리가락으로 정착시킨 것이다.

① 이 몸이 죽고 죽어 일백 번 고쳐 죽어
백골이 진퇴되어 넋이라도 있고 없고
임 향한 일편단심이야 가실 줄이 있으랴
—정몽주 「단심가」

② 다 부셔 지는 때에/ 혼자 성키 바랄소냐.
금이야 갔을망정/ 벼루는 벼루로다
무른 듯 단단한 속을/ 알이 알까 하노라
—최남선 「깨진 벼루의 명」(출전 : 『百八煩惱』, 동광사, 1926)

③ 成佛寺 깊은 밤에 그윽한 풍경소리
주승은 잠이 들고 객이 홀로 듣는구나.
저 손아 마자 잠들어 혼자 울게 하여라.

뎅그렁 울릴 제면 더 울릴까 망설이고
들릴 젠 또 들리라 소리나기 기다려져
새도록 풍경소리 데리고 잠 못 이뤄 하노라.
—이은상 「성불사의 밤」, 『鷺山時調集』, 한성도서주식회사, 1932

①은 고시조이고, ②는 근대시조 ③은 현대시조 작품이다. 시대는 흘러 그 세월의 격차가 있지만 이들 사이에 그 가락의 다름이 없음

을 알 수 있다. 다음은 이영도의 작품이다.

④ 석간을 펼쳐 들면 손주 놈 '고바우'를 묻는다.
혀끝에 진득이는 이 풍자 감칠맛을
전할 길 없는 내 어휘 모국어로 가난타네.

네 살짜리 손주 놈은 생선뼈를 창살이란다.
장지엔 여릿한 햇살, 접시엔 앙상한 창살
내 눈은 남해 검붉은 녹물 먼 미나마다에 겹친다.

—「흐름 속에서」 둘째, 셋째 수

⑤ 그대 그리움이/ 고요히 젖는 이 밤
한결 외로움도/ 보밴 양 오붓하고
실실이 푸는 그 사연/ 장지 밖에 듣는다.

—「비」(출전 : 青苧集, 文藝社, 1954)

④에서 '미나마다'란 수질공해로 인체 질병이 극심한 일본의 항만 이름이다. 모든 예술 작품에서 사상(事相)과 자연을 묘사하기는 어렵지 않지만 그것으로 작품이 경지에 들었다고 볼 수는 없다. 묘사 속에 자연과의 대화가 있어야 한다(이은상)고 하였다. 앞의 이 작품을 보면 소음보(음수 모자림)와 과음보(음수 넘침)가 마구 섞여 있고, 때론 음보가 넘친다. 예술성은 얻었으나 시조의 율격으로는 알맞지 않다. 엇시조 가락에 알맞다. 차라리 시라 하는 편이 나을 성싶다.

⑤시조에서는 모자람 현상이 초, 중장 첫머리에 나타나고 있다. 그러나 시조로서의 가락에는 이상함을 느끼지 못한다. 억지스러움이

없다. 이는 생각의 흐름을 마디 가락으로 표현할 줄 아는데서 연유(緣由)한 것이다. 이 생각의 흐름 가락을 보법(步法)이라 한다.

6. 시조의 소재, 제재에 대한 확산적 사고(예시)

		만물 근원 바다		하늘 푸른 생명		천둥 번개		
			↖	↑	↗			
짜증 서늘 거칠 고움	←	장맛비 소낙비 장대비 보슬비 안개비	←	비	→	기쁨 슬픔 하양	→	흐림 고민 순결 맑음
			↙	↓	↘			
		냇물 강물		열매 꽃 줄기		은혜 은총		

7. 시조에서의 심상(心象) — 이미지(image)

(1) 뜻

시조를 읽을 때, 언어로 그려내는 마음속 그림으로, 사물의 감각적인 영상, 또는 느낌을 심상이라고 말한다. 이는 체험을 바탕으로 감각

기관을 통하여 형성된다. 그래서 시조를 상상력의 산물이라고 한다. “여기서 ‘상상력’이란 자연이 결합시켜 놓은 것을 분리하고, 자연이 분리해 놓은 것을 결합시키는 인간의 힘이다.”8)

(2) 심상(心象)의 시조적(時調的) 기능

① 구체성 : ‘그 여인은 더없이 아름답고 우아하다.’라는 서술보다는 ‘그 여인은 이슬 먹은 한 송이 백합꽃.’이란 표현이 훨씬 생생하고 구체적이다.

② 함축성 : 미묘한 느낌이나 생각을 각종 심상을 활용하여 효과적으로 표현한다. 조오현의 “절은 또 먹물 입고 눈을 감고 앉았을까”「비슬산 가는 길」에서 ‘먹물’은 불성을 함축하고 있다.

③ 감각의 직접성 : 이미지는 대개 감각적 경험과 구체적 사물을 나타내는 언어에 의해 이루어지기 때문에 뚜렷하고 직접적인 인상을 준다.

(3) 심상의 종류

① 시각적 심상 : 색체, 명암, 모양, 움직임 등을 나타내는 시각적인 시어나 시구에 떠오르는 상, 또는 느낌

검은 박쥐 떼 같이 밤은 날개를 펴고 —이은상, 「밤」
정령 할 말/ 그렇더냐./ 추적추적추적추적 —정운엽, 「비」
네 얼굴 눈에 밟혀/ 주춤주춤 하는 사이 —김종영, 「과속방지턱」

---

8) 朴喆熙, 『文學概論』, 형성출판사, 1980 p158에서 P. wheelwright, Metaphor and Reality P24를 재인용.

② 청각적 심상 : 구체적인 소리를 나타내는 시어나 시구에서 떠오르는 상

진달래 사태 진 골에/ 돌돌돌 흐르는 물소리 —이호우, 「산길에서」
하하 호호 히히 헤헤 귀로 듣는 그 향기 —김여근, 「웃음꽃」
쟁, 쟁, 쟁/ 장죽을 떨던/ 조부님 먹빛 환청 —김영기, 「오죽」

③ 미각적 심상 : 맛을 나타내는 시어나 시구에서 떠오르는 상, 또는 느낌

내 고향 하늘빛은 열무김치 서러운 맛 —정완영, 「고향 생각」
한 숟갈 비린 바다가 게워 올라온 어머니 —김윤숙, 「섬의 기억」
들녘은 누렇게 누른/ 누룽지 맛 나고요 —이승현, 「백로」
소금 한 포를 샀다. 그 짭조름한 사랑을 —김은숙, 「소금의 맛」
창시는 다 녹아버리고 코끝 얼큰한 첫사랑 —구영애, 「애랑」
삭아서 고인 눈물 쓰잖고 어찌하리. —김영애, 「씀바귀」

④ 후각적 심상 : 냄새를 나타내는 시어나 시구에서 떠오르는 상, 또는 느낌

꽃처럼 향기롭고 별 같이 빛난 것이 —이희승, 「선(善)」
새우젓 풍겨드는 콧등 시린 살 냄새 —김명호, 「새우젓」
가슬가슬한 이마 위에 낙엽 타는 냄새가 난다. —김영철, 「붉은 감기」
꽃 창살 고풍 서리에 홍매향이 벙글다. —정정조, 「춘매 단수」
실명은 밝히지 않고 구린내만 풍기기에 —차경섭, 「아리랑 2」

⑤ 촉각적 심상 : 촉감을 나타내는 시어나 시구에서 떠오르는 상, 또는 느낌

둘 서로 손잡아 줄 때/ 살갗에 닿는 이 두근두근 —김수엽, 「사랑은」
어쩌자고 저를 벤 낫을 향기로 감싸는지 —민병도, 「들풀」
갓난애 토실한 고운 속살 생각난다. —유준호, 「햇감자」

⑥ 공감각적 심상 : 함께 어우러져 쓰인 둘 이상의 감각적인 표현에서 떠오르는 상, 또는 느낌. 감각의 전이 현상이다.

날 세워 창살을 베는 서슬 푸른 넋이 있다. —김상옥, 「한란」
돌 돌 돌 어둠을 씻는다. 새가 와서 지저귄다 —류제하, 「반지」
목청이 푸른 장끼 게워내는 울음이랴 —오승철, 「누이」
그런 밤 쏟아진 별빛은 시리도록 파랗다. —조순호, 「진달래」

8. 시조에서의 비유와 상징

(1) 비유

① 개념 : 표현하려는 사물의 현상, 상태, 마음의 움직임 등을 다른 사물에 빗대어 표현하는 방법을 말한다. 이는 표현대상이 되는 정서나 관념의 표현 효과를 높이기 위해서 주로 사용된다.

㉠ 원관념(tenor) : 표현하고자 하는 원래의 사물이나 관념을 말한다.

㉡ 보조관념(vihicle) : 원관념을 실어 나르는 보조적인 사물이나 관념이다.

② 비유의 갈래

㉠ 직유 : 다른 대상을 끌어들여 표현하고자 하는 대상과 직접적

으로 맞세워 표현하는 기법이다. '마치 ~같은, ~처럼, ~인양' 등의 말이 사용된다.

한 고개 넘어서면 극락같이 열린 하늘 —박재두, 「어떤 가난」
안개처럼 가랑비처럼 흩고 막 뿌릴까 보다 —「서벌, 서울 · 1」
뜨락에 좌선하듯 조용히 앉은 햇살 —고현숙, 「여름 이야기」

㉡ 은유 : 유추나 공통성의 암시에 따라 다른 사물이나 관념으로 대치하여 'A 는 B 이다'식으로 표현하는데, 고도의 은유에서는 A 가 생략된다.

흰 거품 몰고 오는 한 마리 물새였네. —김민정, 「바다」
돈은 똥이다. 뒷거래 구린내 —김민주, 「돈은 똥이다」
거꾸로 얼어붙은 눈물의 뼈를 본다. —김선희, 「무지개 고드름」

㉢ 의인 : 인간이 아닌 대상이나 관념에 인간의 생명력을 부여하여 표현하는 기법이다.

어느 녘 못 다 버린 그리움 있길래 /강파른 등걸마다 손짓하며 짓은 웃음 못 듣는 소리 속으로 마음 짐작 하느니라.
바위 돌 틈사구니 뿌린 곧게 못 벋어도/ 매운 듯 붉은 마음 눈을 이고 피는 꽃잎./ 향 맑은 내음새 풍김 그를 반겨 사느니라.
꽃샘바람 앞에 남 먼저 피는 자랑!/ 벌 나비 허튼 수작 꺼리는 높은 뜻을…/ 우러러 천년을 두고 따름직도 하더니라.
— 정소파(1912~2013), 「설매사(雪梅詞)」

육신을 비비다가 아픔도 부딪치고
한 바퀴 돌 때마다 어금니를 갈고 있어

삐거덕 장천을 갈아 고운 목청 남길 건가 (송귀영, 「맷돌 타령」)

㉣ 풍유 : 속담이나 격언 등의 우의적 표현이다.

백설(白雪)이 자자진 골에 구루미 머흐레라.
반가온 매화(梅花)는 어느 곳에 픠엿난고.
석양(夕陽)에 홀로 셔 이셔 갈 곳 몰라 하노라.
— 이색, 『청구영언(青丘永言)』
* 구름 : 신흥세력 *매화 : 우국지사

이 작품은 고려 유신인 이색이 기울어져 가는 나라를 바라보며 안타까워하는 모습과 우국충정(憂國衷情)의 마음이 한 폭의 그림처럼 그려지고 있다. 고려 후기의 문신이자 학자인 이색은 자신이 충성을 다했던 고려 왕조가 무너지고 신진 세력인 이성계 일파를 중심으로 한 조선 왕조가 들어서자 이에 대한 회한과 안타까움을 우의적, 풍자적 방법으로 드러내었다.

㉤ 대유(代喩) : 대유엔 환유(換喩)와 제유(提喩)가 있다. 환유는 한 사물과 밀접한 관련을 갖는 다른 사물로 한 사물을 표현하는 것이고, 제유는 사물의 일부분으로 전체를 나타내는 방법이다.

낫, 삽— 평민 환유, 일손— 농민 제유, 돛— 배 제유

가노라 삼각산아, 다시 보자 한강수야
고국 산천을 떠나고자 하랴마난
시절이 하 수상하니 올동말동하여라.

—청음(淸陰) 김상헌(1570~1652)의 작품— 조선 왕조 환유

ⓗ 반어(irony) : 표현된 것과 속뜻이 상반되는 말하기의 방식

발가버슨 아해들이 거미줄 테를 들고 개천으로 왕래하며/ 발가숭아 발가숭아, 저리 가면 죽나니라 이리 오면 사나니라. 부르나니 발가숭이로다/ 아마도 세상일이 다 이러한가 하노라.

김천택이 펴낸 『청구영언』(1728년)에 실려 있는 이 사설시조는 조선시대의 대표적인 풍자시조로 ___친 부분은 반어법이 쓰였다.

귀또리 져 귀또리 어엿부다 저 귀또리
어인 귀또리 지난 달 새난 밤의 긴 소래 쟈른 소래 節節이 슬픈 소래 제 혼자 우러 네어 紗窓 여읜 잠을 살뜨리도 깨오난고야.
두어라, 제 비록 微物이나 無人洞房에 내 뜻 알리는 너뿐인가 하노라.

편자 미상의 『병와가곡집』에 실려 있는 작품이다. 이도 풍자시조로 ___친 부분은 반어법이 쓰였다

ⓢ 역설(paradox) : 모순된 표현 속에 어떤 진실을 품는 말하기 방식으로 겉으로 보기엔 모순(矛盾), 불합리(不合理)한 듯하지만 면밀히 고찰하면 진실(眞實)임을 깨닫게 하는 인식(認識)이다.

펄펄 끓는 흰 눈송이/ 자작나무 숲에 엎혀/
귀 대이고 부픈 고요 적막의 성을 쌓고/
거대한 신운의 무게/ 말문의 벽 허문다. —김민정, 「겨울 숲 인상」 첫수

쉽어서 쉽지 않은 은회색 강이었던가 —한분순, 「종(鐘)」

ⓞ 의성법, 의태법 : 인간이 내는 소리나 사물의 소리를 그대로 묘사하여 실제와 같이 표현하는 방법으로 사성법(寫聲法) 또는 성유법(聲喩法)이라고 하는 것이 의성법이고, 사물이나 인간의 모양이나 태도 · 행동 등의 양태를 묘사하여 표현하는 것으로. 시자법(示姿法) 혹은 의상법(擬狀法)이라고 하는 것이 의태법이다.

퐁당퐁당 돌 던지며 띄엄띄엄 읽는다. —오승희, 「관계」
콕, 콕콕 쏘아댈 때마다 일렁이는 회춘 바람 —오영호, 「우수 무렵」
허공의 그 끝에서 울컥 비가 몰려와서 —유선철, 「춤」
새싹들 꼼지락꼼지락 마중 나오는 것 좀 봐 —윤현자, 「봄비」
해수면을 쩡! 울리는 빛 화살 수천만 개 —장은수, 「일출」

ⓧ 활유법 : 무생물을 생물처럼 표현하는 방법
폭풍우가 물어뜯어 사나와진 바닷가
날개 꺾인 파도가 파들대는 외딴 섬
싱싱한 달빛 그물 속에 반짝이는 눈망울들 —박헌오, 「몽돌」

저 깃발도 세월 앞에 씨줄 날줄 다 풀고서
허공에 수놓았던 그 많은 날을 접고
이제는 펄럭임보다 몸부림이 더 익숙하다. —임영석, 「낡은 깃발」, 첫수

(2) **상징(象徵)**

상징이란 작품 속의 어떤 사물이 그 자체의 의미를 유지하면서 보다 포괄적인 다른 의미까지 띠는 표현 기법으로 원관념 파악이 원칙

적으로 불가능하다. 비유에서는 원관념, 보조관념이 1:1의 유추적 관계를 보이지만 상징에서는 1 : 다(多)의 다의적(多義的) 관계이다. 상징의 속성은 추상적인 개념이 구체화되지 않고 암시적으로 드러나며, 비유와 달리 두 대상 간의 공통성에 바탕을 두지 않는다. 또한 표현된 보조 관념은 어느 한 개념만을 나타내지 않고, 여러 가지 개념을 지니고, 본래의 의미는 가려져서 드러나지 않는 경우가 많다.

● 상징의 갈래

*기호적 상징 : 약속에 의해 정해진 부호, 글자, 숫자 등으로 여기엔 관습적 기호 상징과 창의적 기호 상징이 있다.

*〈관습적 기호 상징〉

卍 : 불교, 나치즘, 적십자(+) : 전쟁 시 국제 구호 단체
십자가(+) : 태양을 섬긴 이들의 기호, 또는 예수

*〈창의적 기호 상징〉

외딴집 섬돌에 놓인

하나 둘 세 켤레

—장순하, 「고무신」

직진은 왠지 두렵다./ 길이 곧 끝날 것 같다.
U턴하여/ 젊은 날로/ 돌아갈 수 없을까
마음의/ U턴 신호를 받고/ 오늘도 젊게 산다. —김태은, 「U턴 신호」

* 관습적 상징 : 한 사회에서 오랫동안 쓰인 결과 굳어져 널리 인정받고 있는 상징

비둘기— 평화의 상징, 백합— 순결의 상징, 칼—무력의 상징

까치야, 우리 손자들 언제 온다 하더냐 —박헌수, 「고향」—소식
바위야 앉아서도 천년을 바라본다 —지성찬, 「목련꽃 밤은」—불변, 무념
십자가 걸려 있어서 빛이 보이는 북촌 —김준경, 「북촌에도 교회가」
— 하느님, 예수
물 건너 몰려온 한파 우짖고 있는 풀뿌리 —송선영, 「신 귀성록」
— 민중, 백성

* 창조적 상징 : 개인에 의해 독창적으로 만들어져서 참신한 문학적 효과를 발휘하는 상징으로 개성적 상징이라고도 한다.

대병풍 열두 폭을 낙낙히 둘러두고 —박병순, 「봄1」
한 치씩 검은 보자기 펼치며 쓴 보름달 —경규희, 「개기일식」
모락모락 구름 속에 풀무소리 요란하다.
대장장이 망치소리 벌겋게 단 시우쇠
찬물에 담금질 끝나자 하늘 고운 무지개 —오세영, 「뇌우(雷雨)」

* 원형적 상징 : 원형적 모티브(인생 또는 문학에서 끊임없이 되풀이 되어 나타나는 기본적 상황, 심상)에 의해 이루어지는 심상으로 고대로부터 현대에 이르기까지 되풀이 되는 인류의 보편적 이미지이다. 이들은 모두 원초(原初)의 자연현상들이다. 예를 들어 '달'은 광명, 기원의 상징으로, '물'은 죽음, 이별, 소멸, 생성, 생명 등의 상징으로 그

원형 심상을 가지고 있다. 이처럼 오랜 시간을 두고 관습화(慣習化)되어 굳어진 인류의 보편적 감정을 대변하는데 이에는 신화적 영향이 크게 작용한다고 보고 있다. 그래서 이를 신화적(神話的) 심상이라고도 한다.

> 찻잔에/ 달을 띄워/ 마음 뜨락 밝힌다.
> 어느 먼 곳/ 나들이 간/ 생각도 불러들이며
> 내 안의/ 나를 모시고/ 올리는 아늑한 제의(祭儀)
> —김정희, 「찻잔에 달을 띄워」

'달'은 예로부터 고요한 새벽 무렵 뒤란 장독대에 정화수(井華水) 떠놓고 우리 어머니들이 빌던 민간신앙의 대상이었다. 즉, 달은 우리에게 복(福)과 안녕(安寧)을 내려주는 신령한 존재란 원형심상이다. 그런 모습이 이 시조 작품에 나타나 있다.

> 해와 별 품에 안고 하늘 끝 자라면서
> 눈서리 사나워도 뚝심에 사는 인고(忍苦)
> 몸통이 찢겨나가도 묵언(默言)으로 발돋움 —우제선, 「소나무」, 첫수

'해와 별 품에 안고'에서 '해와 별'은 '무한 희망' '소망의 정점' '신의 은혜, 은총'을 상징하는 원형심상이다. 이는 한편으론 경외감의 대상이 되는 '신의 빛'으로 표상되기도 한다. 이 시조에는 이런 신화적 전통 이미지가 서려 있다.

9. 사상적(思想的) 정서적(情緒的) 기저(基底)

뭇 문학작품은 다 그 나름의 일정한 사상적(思想的) 기저와 정서적(情緒的) 기저를 가지고 있다. 시조도 마찬가지이다. 이를 확인해 보기로 한다.

● 정한(情恨)이 서린 전통적 작품

의붓어미 그늘에서 풀물은 설움이야
떫은 보릿고개 도토리랑 삼켰다마는
파랗게 민적(民籍)에 앉은 식민(植民)의 피는 못 지웠다.
—박재두(1936~2004), 「쑥물 드는 신록」

등에 진 아버지와, 가슴 속 내 어머니
금강산 굽이돌아 만물상 앞에 서서
감도는 눈물 감추며 먼 하늘 끝 바라보네. —이군익, 「금강산 지게 의자」

● 현실참여, 현실 비판적 작품

봄 문턱의 훼방꾼은 샘바리 새싹이다.
몸통은 숨긴 채 시새우는 눈초리들
꽃샘도 바람 탓이 아니다. 저 샘바리들 탓이다. —박경용, 「싹」

육백 년 역사가 타네. 이 민족 상징이 가네.
치솟는 불길 따라 온 가슴 무너지네.
산천도 목메어 우네. 하늘 찌르는 저 곡성. —김장규, 「곡(哭)」

● 불교적인 작품

세월은 산을 쪼개 애애(皚皚)한 섬 띄우고
허튼 층 쌓은 금산 사리로 앉은 가람
발끝에 섬들을 뿌려 산창 한결 청려하다. ―이근구, 「보리암에서」 첫 수

미래사 가는 길에 내생(來生)만한 꽃을 만나
스치는 눈인사에 절이 한 채 생겨나서
심부름 까마득 잊고 소풍 속에 노닐다. ―서우승(1946~2008), 「심부름」

● 유교적인 작품

가난한 종가(宗家) 뜰에 잔치가 있나보다.
층층이 쟁여지는 깨끗이 닦인 접시
조금씩 가까워지는 웃음소리 발소리 ―박미자, 「목련」―유교식 제례

낯설은 땅이라고 불평하지 말거라.
꾹 참고 살다보면 튼튼한 뿌리 내린다.
바람이 데려간 그 곳 명당이라 여겨라. ―박해자, 「민들레 홀씨」―안분지족

● 기독교적 작품

베들레헴 구유에/ 뚝 떨어진 큰 별 하나
높은 하늘에서/ 낮게 낮게 오셨나요.
세상을 건지시려고/ 십자가로 오셨나요.
―이도현, 「눈물 가득 채워 주오」, 첫 수

성령의 빛살 고운 아버지 가신 그 길
안개 강 구름 타고 가야 할 천로여정
내 주님 가신 그 길로 나도 따라 가려하오. ―장용복, 「천로여정」

● 범신론적(汎神論的) 작품

한 아름 꽃을 안고 등걸마다 다가서서
마음 구석구석 향기를 끼얹는데
아무도 낯익은 얼굴 알아보지 못한다. —노중석, 「봄의 말」

바냐 나무 너른 품에 층층 앉힌 무덤들
죽은 아기 영혼이 잠시 쉬다 가는 자리
새 별이 눈을 뜨는지 파란 잎들 흔들린다. —서정화, 「나무 무덤」

● 선적(禪的) 유유자적적(悠悠自適的) 작품

몰랐다. 내려올 산 기 쓰고 왜 오르나
살다가 죽을 목숨 왜 사냐고 되물으니
엿듣던 양지꽃 하나 노오랗게 웃고 있다. —민병찬, 「산중문답」

산새소리 하도 고와 모자 속에 담아 오다
개울물 건너뛰다 다 쏟고 말았구나.
두어라, 내년 이맘 때 목련으로 필 것이니. —박상주, 「순수(純粹)」

● 자연(自然) 친화적(親和的) 작품

눈 감으면 어리는 건 남쪽 하늘 파란 바람
넘어 넘어 꽃향기 묻어오는 아침나절
청보리 고개 마루엔 산새 알이 뜨겁다. —문복선, 「눈 감으면」

내가 당신 쪽으로 밀어놓은 노을빛을
당신이 내 쪽으로 다시 쓸려 보내고
반송된 봉인을 뜯네. 서해바다 노을빛. —박권숙, 「해당화」

10. 시조 종장 마지막 구 처리 방법

시조를 맺음 하는 종장 마지막 구 처리방법엔 열림형과 닫힘형이 있고, 열림형에는 상상형, 연결형, 닫힘형에는 종결형, 단절형이 있다.

● 상상형 : 한 수의 작품의 끝맺음을 여백미를 두어 읽는 이가 상상하게 하는 고급 수법으로 현대시조의 특징으로 나타났다.

저 너른 大宇宙가 한 눈에 다 보이네.
저 많은 별 떨기가 한 눈에 다 보이네.
이런 줄 내가 모르고 내가 미처 모르고.

— 허일, 「만다라」, 《현대시조》 2018 봄호

하고 많은 처마 밑에 하필이면 내 눈썹에
까닭이사 모르지만 절집 쇠종 가에
밤 깊어 나 홀로 마시는 분청 귀얄 찻잔 곁에

— 박기섭, 「눈」, 『하늘에 밑줄을 긋고』, 만인사, 2003

● 연결형 : 연시조에서 첫수에서 맺음을 하지 않고 다음 수에 연결시켜 정서를 이어나가는 수법으로 전통 시조 시법과는 거리가 있는 기법으로 현대시적 기법이다.

산당화 꽃잎 몇 장 흩어놓은 서녘 하늘
시새워 지는 해를 이어 피는 꽃구름은
가을 산 고운 단풍을 그렸다가 지웠다가

한나절 품은 연정 그리움을 토해놓고

이별할 적 가슴 속에 생채기로 남은 흔적
지난 날 추억 한 조각 풍경 걸린 단청빛
— 윤광수, 「저녁놀」『현대시조대표작(연시조)』2018

●종결형 : '~다, ~네' '~까, ~냐, ~구나, ~어라'등 한 문장의 종결어미를 서술형, 의문형, 감탄형 등을 사용하여 작품을 맺는 방법으로 다대수 시조가 이 방법을 취하는 전통시조 작법이다.

알코올이 이끄는 대로
너무 멀리 와버렸다

내려야 할 정거장을
나는 자주 까먹었다

날마다 다닌 이 길은
처음 보는 사막이었다.
— 신춘희, 「이중섭의 팔레트」〈동아일보〉 신춘문예 당선작」, 2018

무상한 세월 따라 무심한 듯 흘러온 정
오늘도 여울여울 업 짓는 너와 나
얼만큼 더 흘러가야 사랑되어 만날까.
— 수헌, 「강가에서」《한밭시조》 제29호, 2017

●단절형 : 명사나 명사형으로 의미를 한정하는 방법으로 단시조에서 많이 사용되고 있다. 응축된 의미의 집약법이다.

우리 업던 포대기를 여기에 개어놓고
소리도 빛도 없는 저기를 찾아가신

어머님 아지랑이로 풀어진 낭떠러지

—청사, 「하관(下棺)」 《시조문학》 봄호, 통권206호」, 2018

임자 어때 우주여행/ 이 별서 닷새 저 별서 이레
좋지 당신 바람 잡는/ 천체의 길 바람 여행
그렇다 꽁무니 불을 댕기면/ 금방 오를 우주공간

—이상범, 「우주여행 꿈꾸는 부부 새」 『초록세상 하늘궁궐』, 고요아침, 2016

참고로 위의 시조 종구(終句)의 맺음 방법에 따라 〖현대시조대표작— 단수 시조, 연시조〗 에 나타난 현역 문인 작품 현황을 살펴보니 〈표3〉과 같이 나왔다.

〈표 3〉

시조의 마지막 구 표현 현황							
단시조		종결형	연결형	상상형	단절형	계	
	도수	262	.	52	130	444	
	%	59.00	0	11.72	29.28	100	
연시조		종결형	단절형	상상형	종결,단절	종결,연결	종결,상상
	도수	191	19	5	118	3	82
	%	39.79	3.96	1.04	24.58	0.63	17.08
		단절,연결	단절,상상	연결상상	종결,단절 상상	종결,상상 연결	계
	도수	1	24	1	35	1	480
	%	0.21	5.00	0.21	7.29	0.21	100

이로 볼 때 단시조에서는 종결형(終結形)이 59%로 월등한 우위(優位)를 보이고 그 다음이 단절형(斷切形)으로 이 두 형태가 90%를 상

회하고 있다. 단시조에서 연결형이 없는 것은 연결형이란 형태가 다음 수에 연결됨을 뜻하는데 단시조는 다음 수가 없기 때문이다. 연시조에서도 종결형이 40%에 육박(肉薄)하고 이 종결형에 단절형이나, 상상형 등이 섞여서 표현 된 것이 42.29%로 연시조에서도 종결형과 관련된 종장 맺음이 82.08%로 나타나고 있다. 특이한 것은 단시조에서 30%대를 보이던 단독 단절형이 연시조에서는 단독 단절형이 단시조의 10분의 1로 줄어들고 있으며 단절형에 단절형+연결형, 단절형+상상형을 합하여도 10%로 미만에 그치고 있다는 점이다. 위의 시조 모음집에 보인 시조의 형태가 현대시조의 전부는 아니기에 이런 결과가 절대적은 아니지만 현대시조에서도 고시조에서 절대 우위를 점하고 있던 종결형이 그 맥을 굳건히 유지하고 단절형이 그 다음을 차지하고 있다. 이는 현대시조형의 시사점(示唆點)이 되고 있다.

12. 시조 종장 첫구 처리문제

첫 구가 온전히 둘째 구의 종속(從屬)이어서는 안 된다. 첫 구에 (—의)가 붙는 명사나 명사형이면 둘째 구의 종속이 되니 이는 피해야 한다. 첫 구와 둘째 구 사이는 서로 병립 내지 주술관계가 되면 좋고, 첫 구가 둘째 구의 수식 관계일 때는 용언의 관형형처럼 뒤 말을 꾸며주지만 거꾸로 그 말이 독립적으로 서술어 역할도 하면 무난하다. 또한 그 첫 구를 둘째 구 다음에 놓고 '— 이다'란 조사를 넣어 뜻이 통하면 괜찮다. 그 첫 구가 명사로 독립적일 때는 '조사'(— 이, 가, 은, 는, 을, 를 등)를 붙여 둘째 구와 '주어+술어' '목적어, 보어+술어' 관계를 이루는 독립적 요소가 되면 무난하다. 또한 띄어쓰기만으로 3

음절이어서는 안 된다. 어법상 독립적 3음절이어야 한다. 이것이 시조 짓기의 기본이다. 가끔 종장 첫 구를 2음절어로 쓴 작품이 있는데 이는 절대 안 된다. 이를 보이면 다음과 같다.

장부의 위국충절을 적서볼까 하노라. (최 영)「×」— 종속적
隔岸의 삿갓 쓴 늙은이 함께 가자 하더라. (김천택)「×」— 종속적
들국의 소슬한 향기 남은 가을 빛 헤어본다. (손○○)「×」— 종속적
이방의 언어 같던 생 어렴풋이 보인다. (서○○)「×」— 종속적
무심한 달빛만 싣고 빈 배 저어 오노라 (월산대군)「O」— 독립적
님 向한 一片丹心이야 가실 줄이 이시랴. (정몽주)「O」— 독립적
소쩍새 우는 봄밤에 진달래꽃 피고 있다. (권○○, 「그녀가」「×」—5음절
재 한 줌 없이 다 타버리고 남은 건 사리뿐 (이○○, 「바다 다비」)「×」—5음절
한물간 눈알 초점 없는 세상에 어물쩍 눈빛 맞추는 시절에서야
(송○○, 가자미)「×」—5음절
말로 다 할 수 있다면 꽃이 왜 붉으랴 (이○○, 「서시」「×」— 2음절

13. 현대시조의 과제

고려 이후 맥을 이어온 시조를 어떻게 발전시켜야 마땅한가를 따져보는 것이 현대시조의 과제이다. 시조에는 보편적 질서와 함께 개인적 질서가 조화를 이루어야 한다. 보편적 질서만을 고집하는 사람들은 시조야말로 우리 고유의 전통시라며 시조의 형식성에 지나치게 무조건 집착하려 한다. 이는 자칫 복고적이며 민족적 감상주의에 그칠 우려가 많다. 그래서 그런 작품들은 서경 · 영탄 · 회억 · 감상 일변도로 머물기 일쑤다. 시조에서의 의미 있는 삶을 표현하기에 앞서 기계적 반복이나 글자 수를 맞추기에 급급하여 이렇게 하는 것만이 정형

시로서의 위상을 회복시키는 것이라고 강변하는 것이다. 그 결과 생명 없는 작품만을 양산(量産)하는 결과를 초래하기도 한다. 반대로 자유시와 분별이 안 되는 이름뿐인 시조도 존재한다. 이는 시조라는 갈래의 보편적 질서를 무시하고 개인적 질서에만 지나치게 기운 생각에서 기인한다. 개인적 질서가 보편적 질서를 마음대로 변형해도 좋다는 뜻은 아니다. 그렇게 원칙 없는 자의성에 치중하면 이는 시조의 영역을 이탈한 것으로 이미 시조가 아니다. 시조는 보편적 질서 속에서 개인적 질서인 표현의 묘를 발휘하는 결과물이 되어야 한다. 시조는 하루아침에 뚝 떨어져 생겨난 보편적 질서가 아니라 우리 민족이 오랫동안 살아오며 풀잎에 맺히는 이슬처럼 형성된 우리 민족의 감수성과 사고로 정제된 형식이기 때문이다. 여기서 보편적 질서란 말은 전래의 시조의 형식적 틀을 지칭하는 것이고, 개인적 질서란 그 틀 속에 넣는 언어적 표현 기교와 사상, 형식미의 창의적 배열 등을 지칭한다. 이정희(시인, 문학박사)는 '현대시조의 당면과제에 대한 제언'(시조문학 2008년 여름호)에서 현대시조의 위기는 두 가지로 나누어진다. 그 하나는 형식적인 파괴이고, 또 하나는 시조 교육 부재이다. 이를 극복하기 위해서는 시조시인들의 노력과 교육입안자들의 각성이 요구된다고 하고 있다. 시조시인들이 귀 담아 들을 만한 말이다.

14. 마무리말

시조(時調)는 우리문학에서 민족(民族)문학(文學)의 꽃으로 생생하게 살아 있어야 한다. 시조에서 가장 중요한 부분은 초, 중장의 열고 이끌음도 중요하지만 시조를 개화(開花)시키는 포인트인 바로 종장이다. 종장이 잘 마무리 되어야 시조는 환한 꽃을 피울 수 있다. 시에서도 마찬가지이지만 특히 시조에서는 짧은 언어의 집합 속에 접속어의 설 자리는 없다. 그래서 접속어는 생략하고 있다. 이는 정형시에서 가지는 언어 절약의 수단이기도 하지만 시적 절제미를 살리기 위한 수법이기도 하다. 시조 속에 접속어를 넣으면 자칫 산문처럼 풀린 묘사나 서술이 된다. 그래서 이를 적극 피하는 것이다. 시조는 단시조(短時調)가 전래의 정형이며 이의 연속에 의한 연시조(聯詩調) 형태가 시대의 흐름을 타고 대세를 이루고 있다. 이는 복잡한 사회 현실의 반영이라는 문학적 역할과도 밀접한 관련을 가진다. 단시조가 의미를 최대한 압축하여 표현하고자 하는 핵심 이미지만을 하나의 정서로 표현하고 있는 문학 형태라면 연시조는 좀 많은 의미를 복합적인 이미지로 풀어 독자에게 접근하는 시적 장치이다. 그러나 단시조이든 연시조이든 제목은 하나의 주제 속에 연결되어야 하고, 표현해 놓은 내용과 연관되어 있어야 한다. 시조 속에서 시적 표현 의미와 주제를 결정하는 것은 체언(명사, 명사형의 단어)이고, 시적 이미지와 역동성, 참신성 등을 결정하는 것은 용언(동사, 형용사의 단어)이다. 이런 점에 유의하면서 우리는 시조를 써야 한다. 덧붙여 말하면 시조는 서술이 아니라 묘사로 마음의 그림을 그려내는 작업이라고 이해할 필요가 있다. 조선 시대에는 많은 시조가 유교적 윤리 개념을 직접적으로 서술하여 일깨우는 교술적(敎述的) 작품이 많았으나 현대시조는 그렇지 않고, 그래서도 안 된다. 문학은 직접 유교적 윤리 도덕을 가르치는 도구가 아니다. 그렇게 윤리 도덕을 가르치고 배우려면 이런 문학 작품을 써서 읽게 할 것이 아니라 논어, 맹자, 소학언해 같은 책을 사서 읽게 하는 것이 더 효과적이다. 그런 문학 작품은 작품성이 떨어져 좋은 작품이 되기 어렵다. 그러니 가르치려 하지 말고 느껴서 감흥을 자아내는 작품을 써야 하리라 본다.

▌참고 문헌▌

권갑하 엮음, 『현대시조대표작(단시조)』, 알토란북스, 2015
권갑하 엮음, 『현대시조대표작(연시조)』, 알토란북스, 2018
한국시조시인협회, 《시조미학》 2017년 겨울호, 송정인쇄, 2017
한국시조시인협회, 《시조미학》 2018년 봄호, 송정인쇄, 2018
한국시조협회, 『현대시조유취』, 도서출판 조은, 2017
정병욱, 『시조문학사전』, 청구문화사, 1971
한춘섭, 박병순, 리태극, 『한국시조큰사전』, 을지출판공사, 1985
조동일, 『한국시가의 전통과 율격』, 한일사, 1982
朴乙洙, 『韓國時調文學全史』, 成文閣, 1978
朴喆熙, 『文學槪論』, 형성출판사, 1980

한국 여류 관련 시조 화창和唱 시화詩話

1. 들어가는 말

우리 조선 시대 시조 문학사에는 여류와 관련하여 시조로 화창(和唱)한 정감 넘치는 시화(詩話)들이 많이 있다. 그런데 여류 시조의 주인공은 거의가 기녀(妓女)들이다. 여기서 이들이 풍류적(風流的)으로 서로의 정분을 애틋하게 나누었던 몇 편의 작품들을 살펴본다.

우리는 이들 작품을 통하여 선인들의 풍류(風流) 어린 멋과 정취(情趣)를 느껴 볼 수 있을 것이다.

2. 和唱 時調 資料

1) 황진이(黃眞伊)와 서화담(徐花潭)

먼저 황진이와 서화담 사이의 시화(詩話)로 허균(許筠)의 『동가선(東歌選)』을 보면 "與徐花潭有約夜 去之則 花潭獨坐 消然歌之暗中作此歌而應之"라 하여 서화담이 깊은 밤 홀로 앉아 황진이를 그리며 자신의 외로운 밤 쓸쓸한 정경을 노래를 부르니, 황진이가 이에 응답하여 가을에 잎 지는 소리로써 자연에 의탁(依託)한 정분(情分)의 절절함을 노래로 지어 화창(話唱)하였다고 한다.

ᄆᆞ음이 어린 후(後)ㅣ니 ᄒᆞᄂᆞᆫ 일이 다 어리다.
만중 운산(萬重 雲山)에 어ᄂᆡ 님 오리마ᄂᆞᆫ
지ᄂᆞᆫ 입 부ᄂᆞᆫ ᄇᆞᄅᆞᆷ에 ᄒᆡᆼ여 귄가 ᄒᆞ노라

—徐花潭

ᄂᆡ 언제 무신(無信)ᄒᆞ여 님을 언ᄌᆡ 속엿관ᄃᆡ
월침(月枕) 삼경(三更)에 온 ᄯᅳᆺ지 전혀 업ᄂᆡ
추풍(秋風)에 지ᄂᆞᆫ 닙소ᄅᆡ야 ᄂᆡᆫ들 엇지 ᄒᆞ리오.

—黃眞伊

서화담은 황진이(임)를 생각하는 마음을 스스로 어리석다 하면서도 님을 향한 마음을 잎 지는 소리, 바람소리를 님의 발걸음 소리, 님의 자취로 착각하는 환청 현상을 자아내고 있다. 이에 대하여 황진이는 자기의 속내를 딴청 피우기 수법으로 응답하고 있다.

허균의 성옹식소록(惺翁識所錄)에 보면 "……唯花潭先生 呢處累年 給不及於亂 是眞聖人……"이라 하여 황진이는 뭇 남성을 희롱(戲弄)하였으나 화담 선생만은 평생을 연모하며 진정한 성인(聖人)으로 여겼다고 기록하고 있다.

2) 황진이(黃眞伊)와 벽계수(碧溪水)

황진이와 벽계수와의 일화(逸話)도 우리의 마음을 끄는데, 종실(宗室) 중의 한 사람인 벽계수는 그 지절이 높기를 스스로 자랑하는 이로 일개 기녀 황진이가 풍류와 미모가 진실로 뛰어나다 할지라도 어찌 대장부가 혹(惑)하랴 하였다 한다. 송도 명기 황진이가 이 말을 듣고 그가 만월대를 구경 왔을 때 그가 지나는 다리 근처에서 말고삐를 잡

고 다음 노래를 부르니 벽계수가 이것은 천상(天上) 선녀(仙女)가 하강한 것이 아닌가하여 넋을 빼앗겨 정신없이 말에서 내리니 황진이가 웃으며 당신은 명사는 아니고 풍류남아로다 하였다는 고사(故事)가 서유영(徐有英)의 금계필담(錦溪筆談)에 있다. 즉, "……碧溪水 聞此歌 不能去 到橋還回顧 濠落驪眞娘笑曰 此非名士 乃風流郎也. 卽徑還碧溪水 慚恨不已"라 하였다. 그 시가(詩歌)는 다음과 같다.

청산리(靑山裏) 벽계수(碧溪水)야 수이 감을 즈랑 마라
일도(一到) 창해(滄海)ᄒᆞ면 다시 오기 어려오니
명월(明月)이 만공산(滿空山)ᄒᆞ니 쉬여 간들 엇더리.
—黃眞伊

깊은 산 벽계수(碧溪水)는 속연(俗緣)이 본디 없고
가슴 속엔 굽이굽이 푸른 꿈이 용트림하거늘
어떻다 명월(明月)에 홀려 갈길 잃고 헤매리.
—靑沙

벽계수(碧溪水), 명월(明月)의 중의법을 사용하여 벽계수가 풍류를 뒤로하고 바삐 떠남을 꼬집으며 시간과 인생은 다시 돌아오지 않으니, 이 송도에 명월 황진이의 미모가 가득하니 풍류를 즐기고 가라고 붙잡음의 적극적 수법을 사용하고 있다.

3) 황진이(黃眞伊)와 이사종(李士宗)

황진이와 이사종 사이를 유몽인(柳夢寅)의 『어우야담(於于野談)』에 "宣傳官 李士宗 善歌 嘗欲與之遊 御鞍天壽院川邊 脫冠加腹而臥

高唱數三曲 眞伊異之 ……風流客 李士宗 當代絶唱必此人也……士宗 餉眞伊 一家一如 眞伊餉士宗以報之者 適三年 眞伊曰 業已遂約期滿 矣 遂辭而去"라고 기록하여 그 일화를 소개하고 있다. 이 시가는 특히 '서리 서리'와 '구뷔 구뷔'의 대구법을 사용하여 우리말의 특성을 살리면서 흐르는 시간까지도 접고 펴며 끌어올 수 있는 사물로 환치하여 사랑의 집념을 표현하였다. 무형물을 유형물화한 그 수법이 뛰어나다.

동지ㅅ달 기나긴 밤을 한 허리를 버혀 내어
춘풍 니블 아래 서리 서리 너헛다가
어른 님 오신 날 밤이여든 구뷔구뷔 펴리라.

—黃眞伊

4) 황진이(黃眞伊)와 일서생(一書生), 임제(林悌)

다음 황진이와 일서생과의 일화가 얽힌 작품으로는 다음과 같은 것이 있다.

어뎌 닉 일이여 그릴 줄을 모르던가
이시라 ᄒᆞ더면 가랴마는 제 구ᄐᆞ야
보닉고 그리는 정은 나도 몰나 ᄒᆞ노라.

—黃眞伊

조선말 시인, 문장가인 김택영(金澤榮)의 『소호당집(韶護堂集)』권14에 "十五之時 隣有一書生窺而悅之 欲私果遂因緣或疾死 柩發至眞門前 馬悲鳴不行 先是書生病 其家頗聞其事 乃使人懇眞 得眞襦覆諸

柩然後 馬乃行眞大感動於是 遂稍稍以娼行"라 하여 이웃 한 서생이 황진이의 모습에 반하여 황진이를 훔쳐보고 기뻐하였는데 이런 사적인 연모가 병이 되어 상사병으로 죽었는데, 장례를 치르려고 상여를 출발하여 황진이의 집 문 앞에 이르니 상여가 움직이지 않으므로 이 노래와 함께 황진이 치마를 상여에 덮어주니 그 영혼도 감동하여 그의 장의 행열이 떠나갔다는 말이다. 순우리말의 묘미가 솟아나는 황진이의 작품 중 가장 가품(佳品)이다. 특히 '제 구투야'와 같은 행간의 걸침 수법이 이 작품의 기교미를 더하고 있다. 이에 비하여 이제(林悌)가 황진이(黃眞伊) 무덤에 바쳤다는 작품에 얽힌 이야기가 『해동가요(海東歌謠)』에 나타나는데 "號白湖 宣廟朝正郎 見松都名妓眞伊塚上 作歌(作詞)弔之"라고 기록되어 있다. 이에 해당하는 작품을 소개하면 다음과 같은데 임제는 이 일로 파직(罷職) 당하였다고 한다.

청초(青草) 우거진 골에 즈는다 누엇는다
홍안(紅顔)을 어듸 두고 백골(白骨)만 부쳣는다
잔(盞) 잡아 권(勸)ᄒᆞ리 업스니 글을 슬허 ᄒᆞ노라.
—林悌

5) 홍장(紅粧)과 박신(朴信)

『동인시화(東人詩話)』에 보면 "朴惠肅信 少有時譽 按江原 愛江陵妓紅粧 情頗珍重 秩滿將還 府尹趙石磵云仡 趙云粧而他巨 朴悼念思想 破不不自聊 府有鏡浦臺 形勝爲關東第一 尹邊廉使出遊……"에서 보는 바와 같이 강원 감사 박신은 홍장을 남달리 사랑하고 있었는데, 박신이 강릉을 떠나 한양으로 간 후로 홍장을 잊었는지 찾지 않으니 홍장이 안타까운 마음에 지었다는 작품이 있다.

한송정 ᄃᆞᆯ ᄇᆞᆰ은 밤의 경포대에 믈결 잔제
유신(有信)ᄒᆞᆫ 백구(白鷗)ᄂᆞᆫ 오락가락 ᄒᆞ건마ᄂᆞᆫ
엇더타 우리의 왕손(王孫)은 가고 안이 오느니.
—紅粧

옛날에 함께 즐기던 한송정에 달빛이 그윽하고, 배 띄워 놀던 경포대 물결이 잔잔하니 백구는 서로 즐기며 서로의 믿음을 한가로이 나누는데, 님은 어찌하여 한 번 가고는 오지 않는가? 홍장의 애틋한 심정이 잘 나타나 있다. 이 두 사람의 설화는 「紅粧故事ᄅᆞᆯ 아ᄂᆞᆫ다 모ᄅᆞᄂᆞᆫ다」 하여 관동별곡에도 나타나 있다.

6) 진옥(眞玉)과 정철(鄭澈)

『근화악부(槿花樂府)』에 "鄭松江與妓眞玉相酬答"이라 하였는데,

옥(玉)이 옥(玉)이라커ᄂᆞᆯ 번옥(燔玉)만 너겨ᄯᅥ니
이졔야 보아ᄒᆞ니 진옥(眞玉)일시 적실ᄒᆞ다.
내게 ᄉᆞᆯ송곳 잇던니 ᄯᅮ려 볼가 ᄒᆞ노라.
—鄭澈

하니, 이에 진옥(眞玉)이 응답하여 지은 것이 다음이다.

철(鐵)이 철(鐵)이라커늘 섭철(-鐵)만 너겨ᄯᅥ니
이졔야 보아ᄒᆞ니 정철(正鐵)일시 분명ᄒᆞ다.
내게 골풀무 잇던니 뇌겨 볼가 ᄒᆞ노라.
—眞玉

'ᄉᆞᆯ송곳' '골풀무' 같은 남녀 성기의 은유적 수법과 언어적 유희를 통하여 관능적 표현을 서슴지 않고 있다. 남녀상렬(男女相悅)의 극치를 이룬 화답가라고 할 수 있다.

7) 한우(寒雨)와 임제(林悌)

위 송강과 진옥의 경우보다는 덜 육욕적이지만 은근한 비유의 관능성을 보여주고 있는 것으로 한우(寒雨)와 임제(林悌) 사이의 「화답가(和答歌)」가 있다. 『해동가요(海東歌謠)』에 보면 "林悌 字子順 號白湖 錦城人 禮曹正郎 詩文俱奇 歌琴亦善 豪放之士 見名妓寒雨作詩 是夜 與寒雨同枕"이라 하였다.

북창(北天)이 ᄆᆞᆰ다커ᄂᆞᆯ 우장 업시 길을 나니
산의ᄂᆞᆫ 눈이 오고 들에ᄂᆞᆫ 챤비 온다.
오ᄂᆞᆯ은 챤비 마ᄌᆞ시니 얼어ᄌᆞᆯ가 ᄒᆞ노라.
—林悌

어이 얼어 잘이 므스 일 얼어 잘이
원앙침(鴛鴦枕) 비취금(翡翠衾)을 어듸 두고 얼어 자리
오ᄂᆞᆯ은 ᄎᆞᆫ비 맛자신이 녹아 잘ᄭᅡ ᄒᆞ노라.
—寒雨

위의 작품들은 'ᄎᆞᆫ비'의 중의법과 '얼어ᄌᆞᆯ가' '녹아잘ᄭᅡ' 등의 풍자법을 적절히 구사하여 은밀한 정분을 표현하고 있다.

8) 계랑(桂娘)과 유희경(劉希慶)

『병와가곡집(甁窩歌曲集)』에 보면, "桂娘扶安名妓 有梅窓集以村隱劉希慶所眄 劉上京後 頓無音信故 作此歌守節"이란 구절이 있는데 '유희경이 서울에 간 후 소식이 없어(頓絶) 계낭이 이 노래를 짓고 수절했다고 한다.

> 이화우(梨花雨) 훗뿌릴 제 울며 잡고 이별한 님
> 추풍(秋風) 낙엽(落葉)에 저도 날 생각는가
> 천리에 외로운 꿈은 오락가락 흔다.
>
> —桂娘

봄철에 서로 눈물을 훔치며 떠나기 아쉬운 이별을 겪었건만, 님은 한 번 가 계절이 바뀌어도 오지 않고, 그리는 마음은 더욱 절절한데, 이런 내 마음처럼 그도 나를 생각하며 나와 같은 심정으로 지내는지? 천리나 먼 곳의 임을 밤마다 그리며 꿈속에서나마 임을 뵈니 더욱 외로움을 뼈저리게 느낀다는 연가이다.

3. 韓國 女流 關聯 時調 和唱 詩話

한국 여류관련시조 화창 시화는 위에서 본 대로 대부분 기녀의 작품인데, 그 내용을 보면 대부분 사랑과 이별의 정을 표현하고 있다는 공통점이 있으며, 조선조 윤리 강령에 얽매인 사대부와는 달리 인간 본성이 꾸밈없이 표출되어 적나라한 관능미를 보여주고 있다는 점이다. 그리고 그 표현 가락이 유장(悠長)하여 홍겨움을 주고, 표현 내용이 절절하여 가슴을 파고드는 특징을 간직하고 있다. 문학 작품은 일반적 원리로는 그 출발점이 인간 심리의 오묘한 작용이라고 볼 때 위의 작품들은 그 면을 잘 보여주는 문학성이 뛰어난 것들이라 생각한다. 문학 작품은 독자와의 공감대 형성으로 독자에게 읽는 기쁨을 주어야 하는데 그 기쁨을 주는 핵(核)은 꾸밈없는 감정의 유로(流露)이다. 그런데 여기 기녀들의 작품은 진솔하며 유열감을 자아낸다. 그래서 그들의 작품이 세월을 뛰어넘어 오늘날에도 회자(膾炙)되는 것이 아닌가 한다.

장형시조長型時調는 어떻게 써야 할까

여기서 장형시조(長型時調)란 사설시조(辭說時調), 엇시조(旕時調)와 평시조, 엇시조, 사설시조가 혼합 연속된 형태의 시조작품들을 다 아우른 말이다. 그럼 장형시조(長型時調)는 과연 어떻게 써야 할까? 이 문제를 풀기 위해서 이 시조의 탄생(誕生) 및 활동(活動) 시기에 어떻게 쓰였으며, 이것이 현재는 현대시인들에게서 어떻게 받아들여져 어떻게 활용되고 있는가 하는 점을 살펴본다.

1. 장형시조(長型時調)의 출현(出現)

시조(時調)는 그 연원(淵源)을 멀리는 신라 향가에 뿌리를 두고, 고려속요의 문학적 향기를 이어 고려 말에 출현한 문학 장르로 어느 다른 문학 형태보다 오랫동안 우리와 호흡을 같이 하며 성장 발달해온 우리 민족 고유의 숨결이다. 그런 시조가 위기에 봉착한 것은 영·정조 이후이다. 조선조 6세기 동안 이 땅을 지배했던 주자학이 영·정조에 이르러 인습의 화근으로 전락하면서 이에 대체될 사상(思想)이 필요했는데, 이때 나타난 것이 실학사상(實學思想)이다. 이 사상적 추이(推移)가 문학에도 미쳐 운문(韻文)전성(全盛)에서 산문문학의 터를 닦게 되었다. 이에 시조문학도 심각한 반성의 압력을 받아 유교(儒教) 이념의 질곡(桎梏)에서 숨을 돌려 인간성 회복의 삶을 부르짖게 되었는데, 이 흐름으로 새로이 나타난 것이 장형시조(長型時調)이다. 형식면에서는 삼장체(三章體)의 특성을 살리며 초, 종장에 큰 변화를 가져오지 않는 범위에서 낡은 허울을 깨뜨리고, 내용면에서는 영탄(詠歎), 서경(敍景)의 경지를 벗어나 폭로적(暴露的) 묘사(描寫)와 상징적(象徵的) 암유(暗喩)로 다채로운 주제를 다루게 되었다.(박을수, 『한국시조문학전사』, 성문각, 1978 pp104~105 요약)

원래 사설시조(辭說時調) 즉, 장형시조(長型時調)는 창(唱)에서 유래한 말이다. 창(唱)에서는 이를 만횡청(蔓橫淸)이라고 하여 사용하고 있는데, 만횡(蔓横)의 내용은 『가곡원류(歌曲源流)』에 보면 "蔓横俗稱 旕弄 興三數大葉同頭而爲弄也"라 하였으니, 엇농(旕弄) 즉 "질러내어 홍청거리는 창조"이며, "세 수의 큰 가락으로 희롱조로 홍취를 돋우는 것"이라고 하였다. 어쨌든 이때의 장형시조(長型時調)는 형식면에서 길이가 길어졌고, 가사투(歌辭套), 민요풍(民謠風)대화(對話) 등이 삽입되고 내용면에서는 구체성 있는 이야기, 비유(譬喩)의 도입과 인간본심의 적극적 표현이 자유분방(自由奔放)하게 표현되었다.

2. 장형시조(長型時調)의 본질(本質)

시조가 다른 문학 장르와 구별되어 '시조(時調)'란 이름으로 분류되는 공분모적(公分母的) 요소, 즉 본질은 무엇인가 우리는 곰곰 생각해 볼 필요가 있다. 그 일차적 본질은 '삼장(三章) 구조(構造)'라는 점이다. 시조에서의 장(章)은 음악적(音樂的) 분절(分節) 단위이면서 동시에 의미적(意味的) 분절(分節) 단위이기도 하다. 그러나 시조를 가창할 때는 시조를 5장으로 잘게 나눠 부르고 있음으로 3장 구성이란 말은 음악적 구조 단위라기보다는 3단위 의미구조 단위라 보아 문학적 측면에 그 무게를 두어야 한다. 어떤 작품이 시조란 이름으로 불릴 수 있게 되려면 연(聯)의 수(數)에 관계없이 세 단위의 의미 분절성을 이루고 그게 통합되어 하나의 일관된 주제를 형성하는 시적 구축이 이루어져야 한다. 이것이 시조의 전통 골격(骨格)이다. 이 삼장(三章) 구조(構造)에 대하여 백수(白水) 정 완영은 "옛날 밤을 새워가면서 잣던 할머니의 물레질, 한 번 뽑고(초장), 두 번 뽑고(중장), 세 번째는 어깨너머로 휘끈 실을 뽑아 넘겨 두루룩 꼬투리에 힘껏 감아주던(종장)것, 이것이 바로 다름 아닌 초·중·종장의 3장으로 된 우리 시조의 내재율이다"라고 하였다. 이와 같은 것이 장형시조가 현대 자유시나 산문시와 구분되는 제1의 조건이라고 본다. 다음 두 번째 본질은 '단형시조와 형태상뿐 아니라 제재의 시적 형상화 방법이 차이'를 보이고 있다는 점이다. 즉 소재가 단형시조에 비하여 더 일상화되고 속됨을 보여주고 있다. 단형시조에서 속에 숨어 있던 비속한 소재가 표면으로 부각(浮刻)되어 하나의 뚜렷한 흐름을 보여주고 있다. 이로 볼 때 장형시조는 단형시조의 서정 영역 확대(擴大) 및 전성(轉成)이라고 볼 수 있다. 세 번째 장형시조가 보여주는 본질적 특성으로는 단형시조가 대상의 단면을 포착하여 폐쇄적 구조 속에 담아내는 완결성 장르인 반면 이 장형시조는 '개방적(開放的) 구조(構造)'로 양식은 서정적 양식이지만 서정성만 고집하지 않고 주변 상황에 대한 서사적 양식, 극 양식, 교술 양식을 두루 수용하는 개방성을 보여주는 장르적 지향성과 단형시조의 우아미(優雅美), 숭고미(崇高美)에 이 장형시조는 골계미(滑稽美)까지도 수용하는 미적(美的) 기반(基盤)을 보여 준다. 또한 단형시조가 배타적 자기 세계적 경향이 강하다면 이 장형시조는 타자와의 열린 시선으로 타자의 말에 귀를 기울이는 적극적인 시양식이다. 즉 이질 요소에 대한 열린 구조이다. 그러나 이 이질 구조는 서로 조화를 이루어 미적 구조를 창출한다. 마지막으로 장형시조의 본질적 특성은 '산문적 경향' 이다. 여기서 산문성이라 하니까 리듬감을 상실하고 표현의 이완성(弛緩性)을 보여주는 것으로 오해하지 쉽지만 그것은 아니니다. 여기에도 좀 약하지만 이미지가 제시되고, 암시(暗示)와 응축(凝縮)이 있다. 다만 이런 문학적 요소들을 하나의 이야기성으로 사슬 엮듯 이행(移行) 연장해 간다는 뜻이다. 장형시조(長型時調)는 평시조로 풀어내지 못할 능청과 해학, 그리고 애환(哀歡)어린 역사의식 등을 표현하는 시조의 한 틀이라고 보아야 한다. 이를 오해하고 어떤 상황을 설명하기 위하여 마련된 마당이 인 줄 착각하고 있는 이들이 있는데 이는 비문학적이기에 민족시가인 시조로나 문학으로나 불행한 일이다. 엄밀한 의미로 이는 시도 시조도 아니니다. 문학 작품이 될 수 없다는 말이다. 장형시조(長型時調)는 시조가 추구하는 '이완(弛緩)과 역음의 미학(美學)'을 가장 절정에서 보여주는 미학적(美學的) 특성을 구현(具現)하는 양식(김학성, 『한국시가의 담론과 미학』, 보고사, 2004, P171)으로, 맺고 푸는 시가 형식이다. 그러기에 이 장형시조는 맺고, 옹이를 지우고, 풀되 굽이치는 여울을 둔다.(윤금초, 『현대시조 쓰기』, 새문사, 2003, p161) 장형시조(長型時調)는 생래적(生來的)으로 서민의 삶의 애환과 사회비판적 목소리를 담는 민중적 문학양식이고, 정제된 사설조로 삶의 애환을 풀어내야 한다. 이것이 시조 형식의 변주(變奏)이다. 그리고 그 율격은(단형시조에서 보였던) 율격 규칙의 자동화로부터 탈피된 상태이다. 즉, 불규칙의 리듬에서 활력적이면서도 개성적인 리듬감을 느끼게 되고, 이 불규칙 다음에 오는 규칙의 엄수는 그것대로 새로운 생명감을 가진 리듬으로 재출발한다. 시조가 3장이라는 것은 의미 매듭이 세 개라는 뜻이다.(임종찬, 『장시조의 문예학적 연구』, 부산대 박사학위논문1983, 8. pp29~30) 그러므로 장형시조도 이의 예외가 아니며, 무엇보다도 풍자성(諷刺性)과 해학성(諧謔性), 우의성寓意性), 희화화(戲畵化) 등이 리듬감 있는 가락으로 형상화되어 있어야 한다.

3. 장형시조의 시적 장치와 미의식

1) 시적(詩的) 장치(裝置)

현대시에서의 시적 장치만큼 다양성을 띠지는 않지만 장형시조(長型時調)는 그만의 독특한 시적 장치가 있다. 풍자적 알레고리(Allegory—寓意, 諷喩), 아이러니(irony—역설, 반어적 수법), 패러디(parody) 등이 사용되고 있는 점이다.

먼저 풍자적 알레고리에서 알레고리(Allegory)는 본뜻을 감추고 표현되는 내용을 추리하게 하는 문장 수사법이다. 행위자의 행위, 배경을 축어 적으로, 또는 1차적 의미 수준으로 그럴 듯하게 표현하고, 이들 사건이 서로 연결되는 2차적 의미 수준에서도 모종의 의미를 갖도록 꾸며내는 서술 체계이다. 즉, 가공의 껍데기를 가지고 있는 것이 알레고리로 이 껍데기가 벗겨질 때 표현자의 의도가 나타난다. 알레고리를 보이고 있는 것들은 우화(寓話fable), 비유담(比喩談parable), 예화(例話exemplum)들의 특수한 유형으로 나타나고 있다. 그리고 풍자(Satire)는 라틴어 satura(포만, 잡다함)에서 유래한 말로 현실의 부정적 현상이나 모순을 신랄한 어조나 비난 등으로 우스꽝스럽게 하거나 즐겁게, 때론 분노, 모욕, 멸시로 문학적 기교를 부려 웃음을 자아내게 하여 그를 무기로 빗대어 작품 밖의 대상을 표현하는 것을 말한다. 여기서 예시하는 다음 작품들에서 '/'는 의미 단위를, '//'는 장 단위를 표시한 것이다.

> 大川바다/ 한 가온대/ 中針細針/ 빠지거다
> 열나믄 沙工놈이/ 긋 므딘 사엇대를 긋긋치 두러메여/
> 一時에 소릭 치고 귀거여 내닷 말이 이셔이다./ 님아 님아//
> 온 놈이/ 온 말을 ᄒᆞ여도/ 님이/ 짐쟉ᄒᆞ쇼서. —작자 미상, 전수

이 작품에서 중장은 '열나믄~내닷 말이 이셔이다.'는 타인의 말로 예화(例話), 속언(俗言)을 예시하는 알레고리로 보여 주고 있으며 이를 통하여 이면 주제인 임을 일깨움이 나타나게 하고 있다.

임의 어리석음에 대한 풍자가 이중 의미구조로 표출된 것이다. 대천바다—넓고 넓은 큰 바다—한가운데 빠진 가는 바늘, 중간 바늘을 무딘 삿대로 꺼냈다는 허황된 말에 누구도 현혹되지 않을 것은 뻔하지만 이를 굳이 내세워 강조하는 것이 이 작품의 기교이다. 겉으로는 공손한 어조로 임에게 진언하는 점잖은 어투로 되어 있지만 실제로는, 즉 이면적으로는 '임'이 그런 말도 안 되는 허황된 말에도 넘어가는 어리석은 존재임을 비웃는 태도가 숨어 있다. 이와 비슷한 유형으로 동물을 통하여 풍자적 알레고리를 보여주는 작품도 있는데 여기서도 표현해 보이는 것은 마찬가지이다.

개아미 불개야미/ ᄌᆞᆫ등 부러진 불개야미/
압발에 정종(疔腫)나고/ 뒷발에 죵 귀난 불개야미//
광릉(廣陵) 쉼재 너머 드러/ 가람의 허리를 ᄀᆞ르 무러 추혀 들고/
북해(北海) 를 건너닷 말이 이셔이다/ 님아 님아//
온 놈이/ 온 말을 ᄒᆞ여도/ 님이/ 짐쟉ᄒᆞ쇼서. —작자 미상, 전수

표층적(表層的) 언어 의미와 심층적(深層的) 언어 의미가 이중적으로 사용되고 있다. 원관념보다는 보조관념의 언어만 표출된 강한 비유로 되어 있는 작품이다.

표층적(表層的)으로는 개미가 잔등이 부러지고 앞, 뒷발에 종기가 나 있어 걸을 수 없는 불개미인데 범의 허리를 물어 치켜들고 북해를 건넜다는 말이 있으나 임이 잘 짐작하라고 하고 있지만, 이면적(裏面的) 즉, 심층적으로는 말도 안 되는 있을 수도 없는 그런 허황된 말에 임이 쏠려 있거나 믿고 있다는 전제 밑에 그런 것도 분별(分別) 못하는 임을 비웃고 있다. 과장과 풍자가 하나의 알레고리로 나타나고 있는 작품이다. 현대시조 중 이런 유형(類型)을 보여주는 장형시조(長型時調)로 다음과 같은 작품이 있다.

강원도/ 어성전 옹장이/
김 영감/ 장롓날

상제도 복인도 없었는데요/ 30년 전에 죽은 그의 부인 머리 풀고 상여 잡고 곡하기를 "보이소 보이소 불길 같은 노염이라도 날 주고 가소 날 주고 가소" 했다는데요/ 죽은 김 영감 답하기를 "내 노염은 옹기로 옹기로 다 만들었다 다 만들었다" 했다는/ 소문이 있었는데요

사실은/
그날 상두꾼들/
소리/였대요. —조오현 「무설설(無設說)1」, 전수

이 시조에서 종장 처리에 한 음보가 없어서 구성상 흠결을 보이지만 이를 제외한다면 장형시조의 격은 갖추고 있다. 옹장이 죽음에 대한 이야기를 우화적(寓話的)으로 표현하고 있는데, 시조의 파격을 보인 중장에 상상의 대화를 넣어 김 영감의 불길 같은 노염과 옹기 가마의 실제 불길을 상응(相應)시켜 상호 전화(轉化)과정을 상두꾼 소리를 통하여 대비(對比)하고 있다. 다시 말하면 사실과 허구의 상상적 통합으로 고달픈 서민의 삶을 은연중에 우화적 풍자의 알레고리가 있다. 이렇게 풍자적 어조가 알레고리로 나타나고 있는 것이 장형(사설)시조의 한 양태(樣態)이다. 비꼼, 조롱, 냉소적 형태가 내재된 작품으로. 동물의 속성을 인간화(人間化)하여 사회의 모순과 갈등, 불합리를 열거법(列擧法)과 우의법(寓意法)을 동원하여 그 효과의 폭을 넓히고 있는 작품도 있다. 장형시조(長型時調)는 그림으로 치면 민화(民畵)이다. 세련미는 없지만 리듬이 경쾌하고 익살스럽고 해학적이며 구성져 서민들의 고단한 삶의 탈출구로 카타르시스 역할을 한다는 면에서 이 둘은 공통점이 있다. 민화(民畵)가 대비와 조화로 보는 이로 하여금 감흥(感興)을 불러일으키듯 장형시조도 마찬가지 역할을 한다. 특히 민화(民畵)의 백미(白眉)로 꼽히는 호작도(虎鵲圖—호랑이와 까치)의 바보스럽고 우스꽝스러운 호랑이와 소나무 위에 앉아 이를 조롱하는 듯한 까치는 무능 부패한 관리(호랑이)와 백성(까치)을 희화화(戲畵化)하여 비꼬고 조롱하는 집단적 카타르시스를 표현하고 있는데 이 점에서도 다음 장형시조와는 닮은꼴이다.

둑거비/ 뎌 둑거비/ 흔눈 멀고 다리져는/ 져 둑거비//
흔나래 업슨 파리를 물고/ 날랜체 ᄒᆞ야 두험 ᄊᆞ흔 우흘 속꼬다가/
발딱 나뒤쳐/ 지고거나//
모쳐로/ 몸이 날낼세망정/ 衆人險視에/ 남 우릴번 ᄒᆞ거다. ―작자 미상, 전수

두꺼비의 위선적 모습과 언행은 지배층 관리나 도덕군자연(道德君子然)하는 양반네의 행위로 치환(置換)되어 희화화(戲畫化)되고 있다. 육체적으로도 온전하지 못한 병신인 주제에 못난 짓, 못난 생각까지 하며 우쭐대는 꼴사나운 두꺼비의 언행과 되먹지 못한 관료의 언행이 병치(倂置)된 이중구조(二重構造)로 짜여졌으며, 비꼼과 야유가 우화적(寓話的) 알레고리로 표출되어 있다.

다음 장형시조(長型時調)의 시적 장치로 아이러니(irony)를 보이고 있는 작품들이다. 이 아이러니는 풍자를 위한 교묘한 수법으로 자리잡은 하나의 표현 틀로 두 가지 가치평가와 만나게 된다. 역설적(逆說的) 수사법, 반어적(反語的) 수사법으로 긍·부정의 야유적(揶揄的) 성격을 지니고 있으며, 때로는 불가능성을 가능성으로 예정하고 표현하는 역설논리(逆說論理)의 표현기법(表現技法)이 사용된 경우도 있다.

이 몸에/ 가진 病이/ 흔두 가지/ 아니로되//
보아도 못보는 눈/ 드러도 못듯난 귀/ 마타도 못맛는 코/
말 못ᄒᆞ는 입이로다//
잇다감/ 腰痛과 腹痛이며/ 眩氣 면氣 痰帶症)은/
別症인가 ᄒᆞ노라// ―金敏淳

중장 '보아도~못ᄒᆞ는 입' 등에 아이러니적 요소가 있다. 즉 상반된 상황에 의한 부조화와 모순된 의미 상황에서 독자는 작중인물보다 우

월한 입장을 가질 수 있으므로 아이러니적 성향 표출을 할 수 있다. 역설적, 배반적 모순어법의 말을 열거법(列擧法)으로 반복(反復)함으로써 조소적(嘲笑的) 아이러닉한 분위기를 만들고 있다.

> 노새 노새/ 매양 쟝식 노새/ 낫도 놀고/ 밤도 노새//
> 壁上의 그린 黃鶴 수둙이/ 뒤ㄴ래 탁탁치며/
> 진 목을 드리워셔 홰홰쳐 우도록/ 노새 그려//
> 人生이/ 아츰 이슬이라/ 아니 놀고/ 어이리 —작자 미상, 전수

인생은 아침 이슬처럼 허무하니 실컷 놀기나 하자는 내용이다. 벽에 그린 황학 수놈이 뒷날개 치며 울도록 놀자고 하고 있다. 그림 속의 동물이 실제 동물로 살아나 날개 치며 운다는 것은 실현 가능성이 전혀 없는 이야기이다. 그러나 이가 가능한 것처럼 역설적으로 표현함으로써 공감적(共感的) 시선(視線)을 유도한 상황(狀況) 아이러니를 나타내고 있다. 여기서 우리는 장형시조의 또 하나의 특이하게 사용되는 어휘를 만나게 되는데, 그것은 의성어와 의태어 사용을 통한 표현의 발랄성이다.

마지막 장형시조(長型時調)의 시적 장치로 등장하는 패러디(parody)를 통한 표현이다. 패러디(parody)는 서툴고 익살맞은 흉내내기 표현으로 연상되는 텍스트를 대비, 대치, 적용하여 표현 의미를 확장하는 것이다. 또한 이 패러디(parody)는 다른 작품을 배경으로 이동하면서 그것을 폭로(暴露)한다. 장형시조에서의 패러디(parody)의 요소는 평시조와 관련성을 가진 것이 대부분이며, 그 외 민요, 속요, 고사, 속담, 경구 등이다. 패러디는 형식보다는 말 모방이 중점을 이룬다.

가마귀를 뉘라/ 물드러 검다 ᄒᆞ며/
백노를 뉘라/ 마젼ᄒᆞ야 희다ᄒᆞ랴//
황새다리를 뉘라/ 니워기다 ᄒᆞ며/
오리다리를 뉘라/ 분질러잘으다 ᄒᆞ랴//
아마도/ 검고 희고 길고 잘으고/
흑백장단이야/ 일어 무슴 —작자 미상, 전수

이 작품은 "가마귀 거므나다나 해오리 희나다나/ 황새다리 기나다나 올히다리 져르나다나/ 세상에/ 흑백장단(黑白長短)은/ 나는 몰라/ 하노라.// 하는 평시조를 모방한 것이 틀림없다. 그러나 시적 분위기나 시적 화자의 어조는 상당히 차이를 보이고 있다. 평시조가 담담한 진술에 의한 시적 화자의 주관적 감정의 토로(吐露)라면 장형시조는 이에 몇 마디 어휘를 첨가하여 골계, 해학적인 성향을 보여주고 있다. 즉, 까마귀의 검음(黑)을 누가 물감으로 물들여서 그렇다고 하며, 백로의 흼(白)을 누가 마전하여(빨아서) 그렇다고 하느냐, 황새 다리는 이어서 길고 오리다리는 분질러서 짧은가 하는 질문에 골계(滑稽)와 해학(諧謔)이 나타나 있다.

2) 미의식(美意識)

과거 고시조 때에도 그랬지만 현대시조에 와서도 평시조가 우아(優雅)한 기품(氣稟)과 균형(均衡)을 중히 여기는데 반하여 장형(사설)시조는 거칠고 활기찬 역동적(力動的) 삶의 모습을 담고 있다. 그리고 장형시조를 지배하는 원리는 웃음의 미학(美學)이다. 현실 모순에 대한 풍자, 해학 등을 주 내용으로 삼고 있다.

장형시조(長型時調)는 형식면에서는 ①사설조로 길어지고, ②가사

투, 민요풍이 혼입(混入)하며, ③대화가 많이 쓰이고, ④새로운 종장 문구(文句)를 개척하였다. 그리고 내용면에서는 ①구체적, 서민적인 소재와 비유가 도입되고, ②강렬한 애정과 육욕(肉慾)이 표현되며, ③어희(語戱), 재담(才談), 욕설이 삽입되고, ④거리낌 없는 자기 폭로, 사회 비판 등이 다루어졌다. 또한 작자층과 향유 계층의 평시조에서 추구하던 우아미와 숭고미 대신에 골계미(滑稽美)를 추구하게끔 하였으며 정서의 부조화(不調和), 표현의 사실성(事實性) 등 장형시조 특유의 기법이 작품을 형상화시키고 있다.

장형시조에 나타난 내용면에서의 뚜렷한 특징은 비판성(批判性), 해학성(諧謔性), 본능(本能) 발현성(發現性), 유락성(遊樂性) 등을 들 수 있으며 이는 서민적 특성으로 인하여 생긴 것으로 보인다.

비판성(批判性)이 표출된 작품의 특징은 가정 내에서 발생하는 고부(姑婦) 간(間)의 갈등(葛藤)에서부터 탐관오리(貪官汚吏)의 부패상에 이르기까지 현실에 대한 비판이 광범위하게 나타나는 것을 볼 수 있다. 장형(사설)시조에 이러한 특성이 내재하는 데는 형식의 완화와 작가 층이 주로 서민층이라는 데에서 들 수 있다. 이런 장형시조(長型時調)의 미학적 특질과 형식을 모두 다 인식하고 그것을 현대 장형(사설)시조의 창작 지표로 삼아 모범적으로 작품을 쓴 이를 찾아보기는 쉬운 일이 아니다. 그러나 이런 점에 유의하면서 그 일면 또는 몇 면을 보여주는 현대시조 작품을 쓰고 있는 이들은 없지 않다. 장형(사설)시조의 형식과 미학적 특질에 대하여 홍성란은 '풍골 그리고 문자향' (《시조월드》 2006 봄호 p66을 약간 첨삭함)에서 다음과 같이 제시하고 있다.

① 통사의미론적 연결고리를 이루는 3개의 장(초·중·종장)으로

하나의 시상을 완결하며, ② 각 장은 4개의 통사 의미 마디 단위구로 형성되며 각 장은 2음보 연속격으로 엮어 짜는 길이의 융통성을 갖는다. ③ 시상의 전환과 완결을 위해 종장의 첫 음보는 3음절로 고정시키고 둘째 음보는 5음절 이상으로 늘여 변화를 준다. 장형시조는 평시조의 형식적 정체성을 이어받아 초 중 종장의 3장으로 구성한다. (사설시조의 정형성) 단 평시조가 각장 4개의 음보로 이루어지는 반면 사설시조는 4개의 통사 의미 마디 단위로 이루어진다. 4개의 통사 의미 마디 단위가 연속체로 이루어지고 그 길이는 상당수 늘어날 수 있다. (사설시조의 비정형성) 그러나 장형(사설)시조는 아무리 말이 많아도 대개 4개의 통사 의미 마디 단위로 구성 된다.(물론 현대 장형시조 가운데는 예외도 존재하고 있다.) 그러면 위에서 지적한 장형시조의 여러 면을 고려하여 현대시조 작품 가운데에서 이를 확인해 보기로 한다.

영변/ 약산 동대/ 소월의/ 진달래꽃

핵 공장 차리면서 뿌리째 밀어붙인 꽃 이삭 긁어모아 팔도 도붓장수로 떠난다./ 경의선 남행열차 철로변 곳곳이 열어놓은 간이역, 본역 설 적마다 나눠주고 서울역 닿기 무섭게 도매금에 싸구려로 반남아 떠넘기고 갈아 탄 순환열차 멈춰서는 지경 지경 소매로 갈라주고/ 천릿길 귀떨어진 진주역에 닿을 쯤이면 서산에 걸려 떨던 해는 까무라치고 짓뭉개져 볼꼴 없는 찌꺼기를 석새베 씨도 안드는 소리 한참 주워다 섬겨 떠리미로 받아 왔다./ 석삼년 내리 든 흉년 넘긴 쑥 범벅 보리개떡 열 두 폭 화선지에 덕지덕지 떡칠을 해댔으니

밤새운/ 시조 한 구절/ 거들떠볼/ 이도 없다. ㅡ 박재두 「봇짐장수」, 전수

위 작품을 보면 초장과 종장은 평시조의 율격을 따르고 있으며, 중장은 '핵 공장~떠난다.' '경의선~갈라주고' '천릿길~왔다.' '석삼년~해댔으니'의 4개의 통사 의미 마디 단위(/)로 구성되어 있음을 확인할 수 있다.

가난에 쪼들린 민중의 삶의 애환을 사설조의 리듬을 살려 우화적으로 표현하고 있다. 여기에도 장시조 고유의 기법이랄 수 있는 희롱(戱弄)의 살수(殺手)기법이 쓰이고 있다. 핵 공장으로 상징되어 표현한 현대화, 산업화로 말미암아 삶의 터전을 상실하고 떠르미(떨이)로 살아가는 민초(民草)의 애환이 담긴 작품이다. 조선 시대 유학자들의 외장적(外裝的) 수사(修辭)로 민중 정서가 질식할 뻔한 것을 풍자(諷刺)와 냉소(冷笑) 어린 평민 언어로 되살려 놓은 그 시적 수사가 여기에도 살아나 있다. 서민들의 걸쭉한 입심이 인간적인 진한 사설 미학으로 그 묘미를 터뜨리고 있다. 그것은 다음을 보면 알 수 있다.

> 풀무잡이 3년 망치잡이 3년 집게잡이 3년은 해야 대장간 강아지만큼 눈치가 생긴다는디/ 내사 눈을 감아도 절로 손이 움직이니 어깐?/ 망치밥 묵은지 햇수로 하마 마흔 해가 넘었웅께/ 그럴 법도 하지 안?
>
> 제대 이듬 해 봄에 무작정 상경해서/ 그냥 굴러다니는 쇠붙이들을 긁어 모아설랑 풀무질을 했지/ 일할 때믄 몰골이 좀 거시기해서 글치/ 맹글어 논 물건이 어디 썩기를 하나 유행을 타나 할만은 하지 뭐
> 거 뭐냐,/ 로케트 맹그는 사람이나 나나/ 쇠 만지기는/ 매 한가지여
>
> —박기섭 「엮음 수심가 김예섭」 전수

이 작품은 모든 장을 4개의 통사 의미 마디 단위(/)로 구성하고 있다. 그리고 표현기법에서 회화체 방언을 부연하여 해학적인 분위기

를 경락에 대침 놓듯 행간에 꽂아놓고 있다. 특히 유장한 언어 기법과 종장의 시침떼기 기법이 이 시조의 묘미를 더해 주고 있다.

이 작품은 얼핏 보면 자유분방한 것 같지만 정제된 형식미를 잘 갖추고 있음을 볼 수 있다. 자칫 이런 장형시조는 자유시와 혼동될 염려가 있지 않나 하는 의구심을 가지게 되지만, 시조로서의 음보와 장 배열이 잘 갖추어진 작품으로 이 장시조도 정형시의 한 틀임을 잊어서는 안 된다.

시조의 장(章)은 자유시의 행(line)와 다르다. 시조는 크게 3개의 의미 단위가 유기적으로 연결되어 완결되는 시 형태이다. 이를 간과해서는 안 된다.

> 들엔들 귀 없으랴/ 천년을 우는 파도 소리, 소리……,/ 어질머리로다. 어질머리로다./ 내 잠머리 밑의 물살을 뉘 보낼 것이냐.
>
> 천년을 유수라 한들 동해 가득히 풀어놓은 내 꿈은 阡의 용의 비늘로 떠 있도다./ 나는 金을 벗었노라. 머리와 팔과 허리에서 新羅 文武王 그 榮華 아닌 束縛, 安存 아닌 고통의 이름을 벗고 한 마리 돌거북으로 귀닫고 눈멀어 여기 동해 바다에 잠들었노라./ 천년의 잠을 깨기는 저 天馬 炤知王陵의 부름이거니와 아아 살이 허물러지고 피가 허물어져 불 타는 저 新羅 어린 계집애 벽화의 울음소리,/ 사랑의 외마디 동해에 몰려와 내 귀를 열어,//
>
> 大王巖/ 이 골짜기에/ 나는 잠 못 드는/ 한 마리 돌거북.
>
> —이근배 「동해 바닷속의 돌거북이 하는 말」 전수

이 시조 역시 장형시조의 특징인 2음보 연속체 사설 엮음을 하고 있다. 그리고 각장마다 4개의 통사 의미 마디 단위(/)를 유지하고 있으며 예화를 통하여 비장미와 숭고미(崇高美)를 느끼게 한다. 신라의 소지왕(炤知王 21대)과 문무왕(文武王 30대)은 약 200년의 시차(時差)가 있다. 문무왕은 죽어서 동해 바다에 수장된 왕으로 동해의 용이 되어 왜구의 침략을 막겠고 한 분이다. 왕은 영화롭고 편안한 존재로 생각하지만 속박과 고통의 삶이었음을 말하며, 죽어서 그런 모든 듣지도 보지도 않고 속세의 것을 다 벗고 잠들려 하나 천년을 넘게 몰아치는 파도소리와 물살에 어지럼을 겪고 있다. 그러나 그 소리는 다름 아닌 소지왕릉(炤知王陵)에 순장(殉葬)된 16세 된 왕의 후비 벽화의 슬픈 울음소리인 것이다. 이렇게 시간을 초월하는 역설의 미학을 통하여 아이러니를 표출하고 있다.

> 사람이/ 어쩌면 이렇게/ 슬퍼할 줄/ 안단 말이냐
>
> 팔 벌려 환히 웃던 내 마지막 아버지, 다시 올 수 없는 먼 길 떠나시고/ 울음은 죄이라 울음은 죄이라서, 베인 살 파고드는 소금강(江) 흐른다 입동무렵 저녁강(江), 벙어리 울음강(江) 붉게 흘려보낸다/ 살아생전 효도하라 누가 먼저 말했느냐, 누가 말해버렸느냐 옛사람 그 말 할 줄 몰랐다면 뼛속까지 저리진 않으리/ 사진 속 아버지 끌어낼 수 있다면, 마흔넷 아버지 마음 외톨이 배고픈 아이는 헤아릴 수 있으리
>
> 석류빛/ 큰키나무 속으로 춥다 춥다 하며 가는 실루엣,/ 너 무슨 새라/ 했느냐 – 홍성란 「벙어리 울음강(江)」 전수

이 장형 시조도 각 장 4개의 통사 의미 마디 단위를 이루어 시조 형식의 틀을 지키면서, 각 장을 2음보격 연속체 사설 엮음으로 짜내어 보통의 평시조가 다 담아낼 수 없는 설움과 한을 한껏 풀어내고 있다.

초장에서 '사람이 어쩌면 이렇게 슬퍼할 줄 안단 말이냐'고 화두를 던진 다음 중장에서 회상과 탄식으로 그 슬픔의 구체적 사연을 하나하나 자세히 펼쳐 보이고, 종장에서는 비유적 이미지를 통하여 시적 이미저리를 갈무리하여 맺음을 했다.

다음은 옴니버스 시조 형태가 1970년대 이후 새로이 시도된 현대 장형시조 형태로 등장하였다. 이 옴니버스시조는 한 편의 연작시조(連作時調) 속에 앞에서 말한 평시조 · 사설시조(엇시조 포함) 등 다양한 시조 형식을 아우르는 혼합(混合) 연형시조(連形時調) 형태를 가진 장형시조이다. 이런 작품의 시발점이 된 것은 윤금초의 장형시조 「청맹과니 노래」로 보고 있다.

현대 사회는 복잡다기(複雜多技)하고, 하루가 다르게 급변하면서 인간들의 심리도 중층구조(重層構造)가 되어 이에 부응할 시조의 새 양식으로 등장한 것이 이것이다. 서사시조의 양태를 띠면서 시조문학의 새 지평을 열어가는 모습을 보여준 것이다. 이 옴니버스 시조는 "누벨 바그 운동(새 물결)"에 참여하고 있는 이들이 시도하여 문단의 조목을 받고 있다.

— — — Ⓐ — — — —

[1] 쑥대머리
사람의 설움이 어지간해야 눈물이 나오는 법이지, 기가 차고 멱이 꽉 차면 뛰고 미치고 환장을 하는 법이렷다. —판소리 「심청전」에서

쑥대머리 애원성을

임방울만 울었다더냐.
한 세상 오만 시름
시궁을 딛고 서서

여보게,
우리네 연꽃
살 비비고 오리라.

2 사동(私칫)*짓소리

두들겨라
지게 장단,
어서 노를 휘저어라.
그 무슨 젓대를 불어
이 아픔을 하소하랴.
환장할 경치를 지고
떼거지로 그렇게.

조지고, 비비 틀고, 직신작신 할퀸 세월.
더러는 혼을 챙겨 공출 나간 아수라장, 도솔천 차양을 드린 그 마름 야로
속에 모가지 얼레에 감긴 참혹한 생애던가.
어이어, 어여하 어이. 어이 어이 어여하.

풀고
풀어볼수록
가슴 조이는 사슬,
끝끝내 무르팍에
찬바람 절로 인다.
비비쫑

우니는 새야
형극의 강 비켜 날고.
이승을 닫아 건 보릿대 쓰디 쓴 연기.
글러먹은 연대의 글러먹은 식리(殖利)였네. 등줄기 휘인 채로 요역, 공신
죄구렁의 거만(鉅萬)의 농장에 갇혀 불지짐 효수할 때
거꾸로 매달린 목숨, 오리무중 달은 지네.

으스스 멀미난다.
어시 새끼 누역이 탄다.
피의 소금 긁어내듯
조공 받던 손갈퀴로 앗아간 태평성대
찰진 내 사랑은 차마
손톱마저 짓물러…

여보게, 하늘도 정녕 목이 잠겨 누웠는가.
어석석한 세간살이 쓸개라도 갉아 두게. 연옥리 마구간 마소의 엉덩이살
그건 바로 우리들의 살이어든
회초리 후리친 권신, 어휴 저 넉살 좀 보게.

지느러미 너울대던 아사녀 치맛자락.
유리 하늘 노대 아래 사타구니 헝클린 능욕의, 주육을 짓이겨댄 아, 우악스런 생채기로
끊길 듯 끊기지 않는 끝없는 저 무두질.
징그런 못자국의 살에 새긴 문신처럼
한 거풀 가죽을 벗겨 먹물 수결을 씻어낼까.
죽었다 거듭 난 찰라, 도로 천적(賤籍)을 입는 너.

—윤금초 「청맹과니 노래」 전수

— — — Ⓑ — — — — —

[1]
천수만 뼛속 깊이 범벅이 된 검은 아픔
차마 눈길 못 떼고 피눈물 쏟는 낙조(落照)
어부(漁夫)넨 꿈 다 분질러져 죽음에 입 맞추고.

[2]
지난 해 막바지는 가슴 치는 먹빛이었다.

온 해안 속살까지 침투한 검은 앙금, 타르덩이 풀린 바다 물결마다 그늘이고, 푸른 삶 뛰놀던 자리 어둠이 발 뻗었다.
웃음 잃은 얼굴엔 바람마저 흐느끼고, 가뭇한 수평선 따라 피 토하는 햇살 무리, 펼쳐진 저 망연한 꼴을 차마 말로 어이 하리.
하얗게 둘러붙어 죽음 씻는 자원(自願) 손길, 파도 타며 광란(狂亂)하는 그 떼거리 감당 못해, 추위에 식은 땀 흘리며 이 악물고 견딘다.

어쩌랴, 퍼내도 끝없이 엉겨 붙는 저 더께를.
— 필자, 「태안(泰安)반도(半島) 정경—2007.12.7 유조선 기름 유출 이후」 전수

— — — Ⓒ — — — — —

1.
코카콜라 뚜껑이 버려진 잔디밭에
푸르름은 그들의 작업을 봄이라 부르며 땅 깊이 산발한 머리를 가지런히 빗고 있었다. 그들의 생명 위로 쓰레기가 버려져도 푸르름은 열심히 땅을 일구고 뿌리내릴 양분을 채웠다. 돋아나는 새순에 풀벌레 스며들면서 푸르름의 목소리는 한 뼘이나 커졌지만 빌딩 숲을 이고 있는 숨 가쁜 흙에서는 아늑한 숲의 향내가 새나올 수 없었다. 어느 날 문득 푸르름의 어깨 위로

낯설고 고운 아이의 손길이 내려와 버려진 장난감 같은 코카콜라 뚜껑을,
진달래 꽃잎에 미끄러진 햇빛을 줍고 있었다.
겨울의 빨간 귓불에 피가 돌고 있었다.
2.
끊임없이 표정 바꾸는 자화상을 그리며
봄아, 너는 투명한 손이다 아이처럼
흩어진 햇빛 조각을 이파리에 입히는.

—현상헌, 「봄, 유년, 코카콜라 뚜껑」 전수

윤금초 시인은 위와 같은 시조를 선보이면서 '옴니버스시조는 다양한 변주를 시도할 수 있는, 이 시대에 걸맞은 그릇'이라고 말하고 있다. 평시조의 단조롭고 틀에 박힌 가락을 한 단계 뛰어 넘어 스케일이 웅장한 서사 구조(敍事 構造)의 시조를 시도할 수 있는 형식 장치로 등장한 셈이다. Ⓐ는 평시조+평시조+사설시조+평시조의 형태로 결합되었고, Ⓑ는 평시조+사설시조가 어울린 장형시조로 사설시조 중장에 평시조형이 삽입된 옴니버스형 장형시조이다. Ⓒ는 사설시조에 평시조가 이어진 형태의 옴니버스형 장형시조이다. 이런 종류의 장형시조 형태가 요즘 심심찮게 등장하고 있는데 그 모습은 '단순 사설시조형' '사설시조+평시조형' '평시조+사설시조형' 등의 연속 반복 연결 모습이거나, 사설시조의 중장이 다시 평시조형이 되어 삽입되는 예이다. 이렇게 혼합 연형된 시조를 우린 편의상 옴니버스형 장형시조라 칭한다. 그러나 여기에 보인 작품 가운데 Ⓑ을 제외하고는 대개의 장형(사설)시조가 유지하고 있는 4개의 통사 의미 마디 단위 구성에서 예외를 보이고 있다. 이것은 위에서 보통의 장형시조보다 더욱 많은 이야기가 삽입되는 서사성이 중시되다 보니, 4개의 통사 의미

마디 단위 구성만으로는 그 표현 의도를 다 수용하지 못하기 때문인 듯하다. 이는 과거 고시조에도 무절제하게 나타나고 있던 모습이지만 이들을 혼합하여 놓은 형태는 새로운 시도로 어찌 보면 이것은 윤금초류(類)의 시조쓰기인지는 모르지만 현대시와의 구분이 불분명하여 이를 시조의 범주에 넣어야 할지 문제가 된다.

4. 현대 장형시조(長型時調)의 문제(問題)

현대시조(現代時調)가 성장 발달하지 못한 이유를 시조를 평하는 평자들에 의하면 고루(固陋)한 형식에 젖어 그 탈을 벗어나지 못했기 때문이라고 한다. 그 이유는 너무 시형(특히 글자수)에 얽매여 있고 시행 배열 역시 3장으로 규제한 제약 때문이라고 한다. 그러나 일본의 하이구나 서양의 소네트는 글자 수나 행수에 엄격한 제약이 있지만 우리의 시조는 그에 비하면 너름새가 있음을 간과하고 하는 말이다. 그리고 현대시조는 표현의 특성인 펼침과 맺음(닫힌 맺음을 열린 맺음으로까지 확산시킴)의 미학을 살려 우리 민족의 전통시로서 그 몫을 넉넉히 수행하며 조용하나 다양하게 발전해 왔고, 과거의 전래적 주정주의 시조에 주지적, 주의적 시조로까지 다양성을 보여주고 있다. 그러기에 시형과 시행 배열에 이유를 제기하는 이들을 향하여 서울대 오세영 교수는 “시조는 엄격한 형식을 지켜야 하고 글자 수도 주어진 조건에 맞추어야 한다. 그 이유는 시조는 우리 전통의 정형시이기 때문이다. 이를 부정하면 정형시가 아니기에 혹시 예외를 범하는 경우가 있을 수 있으나 의식적으로 이를 파괴해서는 안 된다. 이는 시조를 위한 고언(苦言)이다. 이를 어기는 이들이 더러 있는데 그런 이는 정형시 작가를 포기하고 자유시를 써라. 역사적으로 볼 때 자유시는 정형시의 해체에서 발생한다. 원래 자유시(vers libres)란 말은 자유로운 운문 즉 다소의 파격을 지닌 운문인데 이는 자유시의 고전적 개념이다. 그런 면에서 요즘 시조시단에서 쓰이는 파격적인 시조는 고전적 개념의 자유시에 해당한다고 말할 수 있다."고 환기(換氣)의 말을 해주고 있다. 이는 우리 시조단이 귀 기울여 들어야 할 말이다. 그래서 어떤 학자는 이 사설시조는 우리 전래의 시조와는 다른 문학 장르로 해야 한다고까지 주장하고 있다. 그러므로 우리는 이런 민족 시가(民族 詩歌) 양식을 일부러 파괴하고 서양문화에 귀가 솔깃하여 그에 기우러져 있는 이들은 현 세계에서 자기 나라만의 고유한 정형 시가를 가지고 있는 나라는 10여 개국에 불과한데, 이들 국가는 모두 세계 문명과 문화를 선도하는 나라들이라는 점을 눈여겨봐야 하고, 그들이 문명, 문화의 선도국이어서 그런지는 몰라도 그들 나라에서는 자기 나라만의 시가를 가지고 있음을 민족의 자부심으로 알고 이를 소중하게 여겨 가꿔나가고 있다는 점에 눈길을 돌려봐야 할 것이라고 일깨워 줄 필요가 있다. 요즘 부쩍 우리 시조단에 무분별한 시조쓰기를 하는 이들이 심심찮게 눈에 띈다. 시조의 현대화란 미명 아래 이런 짓을 함부로 하는 이는 없어야 하겠다. 굳이 새로운 시대의 요청이라며 발전적 시도라고 장형시조를 쓰면서 멋대로 시조의 형을 파괴하면 여기서 문제가 발생한다. 아무리 장형시조라 하더라도 정제된 형식미는 갖추고 있어야 하며, 율격과 음보는 잃어선 안 된다.

그러면 자유시와 지금 문제로 제기한 장형시조(長型時調)는 어떤 관계일까. 오세영 교수가 지적하고 있는 것은 분명 평시조 율격을 두고 한 말이기 때문이다. 그러나 그가 말하고 있는 것은 우리 조상이 오랜 세월을 두고 갈고 닦아 정착시킨 시조의 본질을 깨먹고 부수지 말고 그에 충실해야 한다는 뜻으로 한 말이지 꼭 평시조형만을 고수(固守)하고 장형시조 등은 배척하라는 뜻은 아니라고 본다. 세상에 뿌리(근원) 없이 태어난 것은 하나도 없듯이 이 장형시조도 엄연히 시조라는 장르에 뿌리를 두고 있기 때문이다. 그러므로 단형이든 장형이든 시조를 쓸 때 시조라는 뿌리를 바꾸는 일은 없어야 하고, 그 뿌리 위에 가지와 잎, 꽃을 피워야 한다.

이렇게 볼 때 우리가 추구할 장형시조는 형태면에서 3장(초, 중, 종장)이 분명 있어야 하고, 각 장은 4개의 통사 의미 마디 단위(편의상 '긴 4음보율격'이라 한다)를 지켜야 한다는 점이다. 이 4개의 통사 의미 마디 단위인 긴 4음보율은 호흡의 단위이기도 하다. 우리 시조에 사용되는 호흡에는 긴 호흡과 짧은 호흡이 있다. 단형시조에 주로 쓰이는 것은 짧은 호흡률이고, 장형시조에 쓰이는 호흡은 긴 호흡률이다. 그러니까 장형시조는 긴 4음보율격으로 해야 한다. 또한 종장 첫구 3음절 1음보는 시조의 불문율이므로 꼭 지키며, 초, 중 종장은 의미상 하나의 통사 연결고리로 묶여져야 한다.

다만, 형태는 단순 사설시조 형태나 평시조 형태에 사설시조 또는 엇시조 형태가 적절히 연속 접속되어 구성되는 옴니버스형 혼합 연형시조로의 장형시조가 있는데, 이 옴니버스형 혼합 연형시조는 스케일 넓은 서사시조일 때 많이 나타나는 모습이다. 그래서 이에 꼭 상응하지는 않지만 표현 내용면에서는 설명, 해설이 아닌 상징성(象徵性), 해학성(諧謔性), 우의성寓意性), 아이러니, 역설(逆說), 풍자(諷刺), 냉소(冷笑) 등이 어울려 있어 은연중에 골계미(滑稽美), 유락미(遊樂美)와 같은 웃음의 미학이 발현(發現)될 수 있어야 한다. 그럼으로써 단형시조(短型時調)인 평시조(平時調)가 담당할 수 없는 영역을 대신할 수 있어야 한다. 이런 제반(諸般) 면(面)을 상고(詳考)할 때 그 가락을 비유적으로 말하면 단형시조는 대중가요의 트로트 리듬이라고 한다면, 장형시조인 사설시조나 특히 옴니버스시조는 랩이나 힙합조 리듬에 트로트 리듬을 가미한 것이라고 말할 수 있다. 또한, 단형시조가 '낭창'이라면 이 장형시조들은 '능청'이라고 해야 하겠다. 아울러 여기에 한 가지 더 덧붙이고 싶은 말은 단형시조거나 장형시조거나 우리는 작품을 쓸 때 표어나 구호처럼 A를 A로 말해서는 안 된다는 것이다. 그것은 시조가 아닌 서사 단문이기 때문이다.

시조는 반드시 B로 A를 말해야 하며, 그 문학적(文學的) 흐름은 강물처럼 유연해야 하고, 구와 장은 서로 유기성을 가지고 있으며, 자유시적(自由詩的) 잔재가 없어야 함은 물론 멋대로 행갈이를 하여 시조로 위장(僞裝)해서는 안 된다는 점이다. 이는 자유시(自由詩)도 마찬가지이다. 행(行)만 바꾼다고 서사적 산문이 운문이 되는 것은 아니다. 행(行)이나 연(聯)을 바꿀 때에는 그만한 시적(詩的) 사유(思惟)의 마디가 있어야 한다.

새 천년에 본 현대시조의 제 양상

1. 들어가는 말

새 천년(千年)의 시조에 대하여 각계 시조시인들이 언급하고 있는 것을 보면, 다양하다. 그러나 그들 모두의 공통점은 전래의 시조 틀을 완전히 부수는 일이 있어서는 안 된다는 말이다. 우선 이들의 언급을 소개해 본다.

오세영(시인, 서울대 인문대 교수)은 「정형시(定型詩)로서의 시조」란 글에서 "시조는 원래 정형시이고 정형시가 아닌 것은 시조가 아니다. 따라서 시조의 현대성이란—새로운 정형시형의 확립을 제외할 경우—그 형식의 일탈(逸脫)이나 파괴로 이루어질 수 없다. 형식이 사라지면 그 시 자체가 사라지는데 어떻게 '없는 시조'를 두고 현대성을 운위할 것인가. 다만 현대성을 운위할 수 있다면 아마도 그것은 내용적인 측면(소재)이나 어휘 선택 수준일 것이다."라고 하고 있으며, 유성호(문학평론가, 한국교원대 교수)는 「타아(他我)가 발화하는 심연(深淵)의 언어」란 글에서 "시조는 정형 양식의 속성을 견고하게 유지하면서 그 안에 이채로운 형이상학적(形而上學的) 경험과 근원적 감각을 담아내야 한다."고 하였다. 그리고 임종찬(시조시인, 부산대 교수)은 「현대시조의 진로 모색과 세계화 문제 연구」란 글에서 "현대시조는 자유시의 자유분방함을 경계하면서 정제된 형식미를 존재 이유로 삼아야 한다."고 하며, '함부로 시조의 형식을 부수면 시조가 되지 못한다. 시조는 통사 구조가 맞아야 하고, 음보 개념을 무시해서는 안 된다.'고 하고 있다. 또한 최승범 시인은 "운미(韻味)와 홍(興)을 동시에 품은 시의 세계, 글맛은 풍부하면서도 천박하지 않고 깊으면서도 다 말해버리지 않는 말 밖의 풍취는 시조의 미학(美學)이요, 많은 여운과 함께 동시에 물씬 풍기는 함축미는 시조의 미덕입니다"고 하였으며, 김복근(시인, 문학박사)은 「현대시조의 리듬과 이미지」란 글에서 "시조를 구성하는 요소로서 과거에는 음악적 요소인 운율과 리듬을 중요시한 반면 현대에 와서는 회화적(繪畵的) 요소인 이미지를 중요시하고 있다. 결국 시조는 리듬과 이미지의 조화로운 결합이 작품을 지배하는 요소이다. 시적 이미지란 감각적 성질을 지니고 있는 생명의 유기체(有機體)라 할 수 있다."고 하였다. 이외에 이에 대한 언급을 한 것을 소개하면, 김학성(성균관대 교수)은 「현대시조의 좌표와 방향」에서 "현대시조는 현대+시조라는 명칭에서 드러나듯이 현대성과 시조성을 동시에 충족해야 하는 위치에 놓여 있다. 즉, 현대성을 충족해야 역사적 사명을 다하고 사라진 고시조의 빈 공간을 메울 수 있는 존재이유가 되고, 시조성을 확고히 해야 자유시와의 경쟁관계에서 미래를 보장받을 수 있다. 현대성을 무시하고 시조성만 추구한다면 현대인의 까다로운 미의식(美意識)에 걸맞은 공감대를 획득하기 어려워 시대착오적인 복고주의 혹은 국수주의로 매도되어도 할 말이 없고, 반대로 시조성을 무시하고 현대성으로 과도하게 기울면 자유시와 경계선(境界線)이 무너져 차라리 자유시 쪽으로 나오라는 비난에서 자유로울 수 없다. 이처럼 양쪽으로부터 경계와 비판의

곱지 않은 시선을 받아야 하는 것이 현대시조의 문학사적 위상이고 좌표다. 그렇지만 현대시조는 고시조가 갖지 못한 현대성을 갖기에 현대에 존립해야 할 명백한 이유를 가지며 자유시가 갖지 못한 시조성(時調性)을 갖기에 자유시와 당당하게 맞서 경쟁관계를 가지고 존립할 수 있는 기반을 가지므로 미래에 대해 비관적으로 생각할 일은 아니다"고 하였으며, 신범순(서울대 국어국문학과 교수)은 「현대시조의 실험양식과 자유시에의 경계」에서 "현대시조의 나아갈 길은 과연 무엇이겠는가? 먼저 그것의 첫 번째로 필자는 전통적 이념의 새로운 발견에 두고 싶다. 시조의 정형 속에 스며있는 오랜 철학적 이념을 사라진 것으로서가 아니라 부활되어야 할 것으로 생각할 때만이 현대에 시조의 존속 이유와 근거가 될 수 있을 것이다. 현대적인 문명을 시조의 본래적인 이념으로 비판하고, 현대문명과 불화관계에 빠진 시조의 형태를 불안하게 뒤흔들린 모습으로 창조하는 것은 따라서 의미있는 시도이다'라고 하였다. 어쨌든 현대시조의 특징을 들면 첫째 현대시조는 내용을 축약(縮約)·암시할 수 있는 제목을 반드시 붙이고 있다. 둘째 시형(詩形)의 배열이 비교적 자유롭다. 현대시조는 그 배열에 수별(首別)의 별도처리는 말할 것도 없고, 초·중·종장을 구별하고 시각적 효과를 통한 배열도 고려하여 쓰고 있다. 셋째 요즘 들어 단시조 운동도 벌어지고 있지만, 연시조를 쓰는 경향이 많았다. 넷째 허사(虛辭)가 배제된다. 다섯째 율격(律格)을 음수율에만 의존하지 않고 낱말이 지니는 의미나 호흡에서도 율(律)을 잡아 음보율로 잡는다. 여섯째 감각적, 비유적 표현을 통한 화화 시조를 많이 쓰고 있다. 여섯째 음풍농월조(吟風弄月調)의 외면세계를 다루거나 표피적 감정처리를 하는 데 그치지 않고 감각적 비유적 메타포(metaphor)를 즐겨 사용하면서 내면세계로 파고들어 인성(人性)의 심층묘사나 사상성을 다루고 있다."

위와 같은 면들을 고려하여 2000년 이후 시조 전문지 몇 개와 신춘문예, 인터넷에 소개된 작품 등 1,200여 편을 살펴보았다. 그런데 여기서 논의의 대상으로 살펴보려고 하는 것은 전체 작품 중에서 새로운 시도로 문제가 되는 작품을 중심으로 한다. 여기서 새로운 시도(試圖)란 표현 양식과 표현기법이 전래의 통상적 시조 의 꼴에서 벗어난 것을 말한다.

대상 작품(1,200편)의 통계 숫자는 〈㊞1〉과 같다.

새시대시조 작품 분석표 〈㊞1〉			
구분	분류	작품수	해당 부분 예시 작품
형태면	수 행 불구분	21	*이종문, 「축사에 앉아서」, 〈시조월드〉, 2006, 상반 *문주환, 「고물상 부근」, 〈시조월드〉, 2007, 상반 *한분순, 「푸념조」〈한국시조협연간집〉, 2007 *문수영 「먼 길」, 〈중앙신인문학상〉, 2005
	단장시조	4	*최승범, 「임종」, 「백합」, 〈현대시학〉, 2000.7 *반영호, 「아침이슬」, 「일출」, 시집 『퇴화의 날개』
	연첩시조	1	*최승범, 「고원의 노래」, 〈현대시학〉, 2007. 7 월호
	옴니버스시조	4	*추창호, 「우기를 지나며」, 〈시조월드〉, 2005,.하반 *서석조, 「하늘 7」〈한국시조시협연간집〉, 2007 *박지현, 「둥글다는 것」, 〈시조월드〉, 2007. 상반
	탈시조	6	*윤여옥, 「둥지에서 날개를」, 〈시조월드〉 2005.하반 *박희정, 「가지치기」, 〈시조월드〉, 2007. 상반 *양점숙, 「별」, 〈시조월드〉, 2005. 하반 *김경자, 「길」, 〈월간문학〉, 2000.7 월호
	전형적인 시조	1,164	*오영환, 「가시뽑기」, 〈새시대시조〉, 2007. 겨울호 *나태주, 「사위 최성우에게 난초를 보내며」〈새시대시조〉 2007. 겨울호
내용면	자연현상	343	*서벌, 「그 사람의 함박눈」, 〈시조월드〉, 2005. 하반
	사물속성	368	*윤현자, 「단비」, 〈시조월드〉, 2005. 하반

<table>
<tr><td rowspan="3">내용면</td><td colspan="2">정서적 사실묘사</td><td>237</td><td>*김춘랑「새 아침」, 〈시조월드〉, 2005. 하반</td></tr>
<tr><td colspan="2">추상물의 사물화</td><td>121</td><td>*청정화「마음 겨루기」, 〈새시대시조〉, 2007. 겨울호</td></tr>
<tr><td colspan="2">사물의 인간화</td><td>131</td><td>*조동화, 「월식」, 〈시조월드〉, 2007. 하반</td></tr>
<tr><td rowspan="10">표현면</td><td colspan="2">앞뒤수의 호응</td><td>6</td><td>*하영필, 「소요」, 〈새시대시조〉, 2006. 가을호
*김병훈, 「자가용」, 〈새시대시조〉, 2006. 가을호
*채천수, 「보험」, 〈시조월드〉, 2007. 하반</td></tr>
<tr><td rowspan="3">맺음기법</td><td>열림</td><td>46</td><td>*안영준, 「훈풍」, 〈새시대시조〉, 2008. 봄호
*김한석, 「쌀」, 〈한국시조시협연간집〉, 2007
*현원영, 「목련」, 〈시조월드〉, 2007. 상반</td></tr>
<tr><td>닫힘</td><td>1,089</td><td>*이도현, 「보세 양한」, 〈한국시〉 2007. 3 월호
*이수용, 「앙코르와트」, 〈미래문학〉, 2007. 겨울호</td></tr>
<tr><td>단절</td><td>59</td><td>*유상용, 「농가일기」, 〈새시대시조〉, 2008. 봄호
*이용호, 「시카고 산조」, 〈미래문학〉, 2007. 겨울호</td></tr>
<tr><td rowspan="3">방법</td><td>묘사</td><td>417</td><td rowspan="3">*손영자, 「그리움」, 〈새시대시조〉, 2008. 봄호
*송선영, 「저 산이 새라니」, 〈시조월드〉, 2005. 하반
*김종렬, 「천수만 가창오리」, 〈동아일보〉 신춘문예, 2008</td></tr>
<tr><td>사실</td><td>641</td></tr>
<tr><td>비유</td><td>142</td></tr>
<tr><td rowspan="3">음보</td><td>음보 확장</td><td>2</td><td>*홍성란, 「별」, 〈새시대시조〉, 2006. 가을호
*박옥위, 「오늘 아침풀꽃」, 〈시조월드〉, 2007. 하반</td></tr>
<tr><td>과한 소음보</td><td>1</td><td>*반영호, 「노을」, 〈부산일보〉 신춘. 2003</td></tr>
<tr><td>음보 이탈</td><td>8</td><td>*황다연, 「오월 포플러 1」, 〈한국시조시협연간집〉, 2007
*임채성, 「까마귀가 나는 밀밭」, 〈서울신문〉 신춘문예, 2008</td></tr>
</table>

통계 작품 편수에서 '수의 호응'과 '장의 연이음', '음보(音步)의 확장(擴張)', '지나친 소음보(小音步)', '음보(音步)의 이탈(離脫)' 등은 타 통계와 겹쳐서 처리되었다. 통계에서 보면 표현기법에서 닫힘과 단절, 표현 방법에서의 묘사와 사실적, 설명적인 것은 시조의 대부분을 차지하고 있다. 이는 지금까지의 전형적 시조 양태임으로 여기서

는 별문제가 되지 않는다. 여기서 주로 문제 삼아 살펴보아야 할 것은 새로운 시도를 보인 단장시조, 연첩시조, 탈 시조, 수 구분 불명 시조이고, 장의 연달음질을 한 것과 앞 뒤 수가 서로 호응하여 연결되는 것, 음보가 한 장 4음보를 넘긴 것과 한 음절을 한 음보(音步)로 한 지나친 소음보(小音步) 배치, 그리고 시조의 기본음보가 빠진 것들이다. 이것들이 새 천년에 들어 새로이 시조의 한 지평을 열어가도 되는지 따져볼 필요가 있기 때문이다. 필자의 소견으로는 시조는 기본음보인 4음보를 유지하고 종장 첫 구 음보를 필수 요건으로 하고 종장 둘째 구의 과음보(過音步)는 시조 틀에 맞도록 5~8자 정도의 통합 1음보가 배치되어야 하며, 자유시와 혼동을 야기할 요소는 제거되어야 한다고 본다. 이런 면에서 볼 때 절대 시조 작품에서 금해야 할 것은 탈 시조형태의 모습을 보이는 시조작품과 음보가 이탈되는 작품이다. 종장 맺음 기법인 열린 기법과 특별한 음보 이탈이 이루어지지 않은 작품들은 요즘 심심찮게 나타나지만 이는 시조문학의 자연스런 한 형태로 받아 들여야 한다고 본다. 왜냐하면 이는 표현의 기법을 넓히며 시조의 영토를 확장할 수 있는 여지가 보이기 때문이다. 지금까지 현대시조로 자리 잡아 통용되고 있는 시조형태는 평시조, 연시조, 사설시조(辭說時調)가 주류이고 70년대 들어와 윤금초 시인이 시도한 옴니버스 시조가 몇몇 관심 있는 시인들에 의하여 발표되는 정도이다. 다만, 단장시조와 연첩시조는 최승범 시인이 시도하여 선을 보이고 잠복하여 있는 상태이다. 이 단장시조와 연첩시조는 좀 더 두고보며 발전시킬 여지를 실험해 보아야 할 것이다. 이 두 형태는 이제 이 땅에 시조의 봄을 만나 가까스로 돋아나려고 고개를 내민 시조의 여린 싹인지도 모르기 때문이다. 이 점을 유의하여 우리 기성 시조시인이 신인을 문단에 앞서서 안내할 때 바르게 하고 본인들도 이런 점들을 유의하여 작품을 생산하여야 한다고 본다. 〈㊉1〉에 해당 작품 예시는 몇 분만 빼고 주로 2000년대 이후 등장한 신인 시조작가들의 작품을 들었다. 이들의 작품이 주로 새로운 시도를 꾀하고 있다.

2. 문제(問題) 작품(作品) 살펴보기

1) 형태면(形態面)

① 수(首)·행(行) 구분 불명(不明)

이는 연시조의 경우 두 수(首) 이상으로 구분되어 한 편의 작품을 이루는데 그 수(首)가 나누어지지 않고 행(行)의 전후(前後)가 연달아 이어져 표기되는 예이다. 전통적인 시조는 장(章)이나 구(句)는 장별, 또는 구별로 배치하는 것이 예사(例事)이다. 그래서 이들을 장별(章別) 배행 시조, 구별(句別) 배행시조라 한다. 그런데 시조에서 이런 면을 허물고 무더기로 이어 쓰는 모습이 나타났다. 어찌 보면 현대 산문시의 행 배열을 연상케 하는 배행 없는 시조들이다. 잘못하면 현대시가 아닐까 혼동을 자아내게 한다. 그러나 장별 4음보를 지키고 있어 시조로서의 양태는 지키고 있어 문제가 되지 않고 있다.

㉮ 집을 짓더라도 축사는 짓지 말게. 소 돼지 똥오줌이 오염의 주범일세.
결국은 바로 니 입에 똥오줌이 들어가
니 지금 뭐라카노, 축사를 짓지 말어?
그 무슨 잠꼬대고, 집 한채 지어놓고 그 속에 들어가 살면 그게 축사 아니가

님,
선생 하고 '님'자를 한 옥타브 높이거나 선생님!, 하고 '!'자를 붙이지마
이유도 묻지 말아줘, 지금 여기
축사야

—이종문, 「축사에 앉아서」 전수, 시조월드, 2006, 상반

㉯ 네가 말 없을라치면 나도 별수 없다. 형틀에 묶인 채 와아 천년도 넘게 산다. 비단 꽃 피워내듯이 꿈이 눈치껏 깊다.

정이야 들었던 걸, 조용히 업을 치러야지. 열 지어 달려드는, 굉음(轟音) 저 파도소리. 꽃 핀 듯 푸르른 속살에 두어 칸 청사(青紗)가 짜여……

—한분순, 「푸념조(調)」 전수

㉰ 먼지를 닦아내고 허전함 걷어내고 그림을 걸기 위해 벽에다 못을 칩니다
아무나 가 닿지 못할 허공인 줄 모르고

버티는 벽 속엔 무엇이 숨어 있기에 번번이 내 마음 튕겨져 나오나요?
액자 속 망초 꽃들은 우수수 지는데……

어쩌면 나 모르는 박쥐의 집이 있어 햇살에 눈이 부셔 창문을 닫은 걸까요
오늘도 몸 웅크리고 밤이 오길 기다리며

어둠 하나 보지 못한 그런 눈을 갖고서 날마다 겉모습만 꾸미고 살았으니
한 뼘도 안 되는 거리가 참 아득한 강입니다

비지땀 흘리면서 내일은 산에 올라 내 안에 흐린 안개 죄다 풀어내고 싶습니다.
발 뻗고 누웠던 집이 상처위에 핀 꽃이라니!

— 문수영, 「먼 길」, 중앙신인문학상, 2005, 전수

㉣ 꽃 피는 봄 한 때를 풍미했던 세간 살이 볼트의 살점들이 시간으로 조여지면 뼈마디 헐거워져서 퇴적층도 흔들린다. 어디쯤 밀려나가 늑장이 벗겨질까 구멍난 어둠 속에 햇빛이 스며들어 짓눌려 아픈 육신을 철사줄 동여맨다. 무수한 잔해물과 질곡의 흔적들이 이 시대 깊은 상처 질펀하게 널려지고 묻혀진 과거사 정리 그 진상을 증언한다.

— 문주환,「고물상 부근」 전수

위 작품들은 얼핏 보면 자유시 가운데 산문시 유형을 연상하게 하는 시조이다. 그러나 겉보기는 산문성이지만 자세히 보면 ㉮와 ㉣는 평시조 세 수, ㉯는 평시조 두 수, ㉰는 평시조 다섯 수로 이루어진 연시조이다. ㉮는 세상 오염이 축사에서 비롯됨을 첫수에서는 훈계를, 둘째 수에서는 듣는 상대가 맞받는 말로 인간도 집 한 채 짓고 살면 축사라고 인간과 동물을 동일시하고 있으며, 셋째 수에서는 인간도 동물과 다를 배 없으니 존경의 '님'자에 톤을 붙여 부르지 말라고 하는 재미있는 시적 발상이 평범(平凡) 속에 비범(非凡)으로 이루어진 작품이다. 일종의 실험적 발상의 작품이고 ㉯는 세상살이의 얽힘을 죄스러운 시선으로 처리한 작품이다. 서민의 애달픔을 낭만적으로 표현하고 있다. 삶의 현장에는 언제나 굉음과 파도소리가 출렁인다. 그러나 청사초롱 밝히고 사는 꿈이 또한 있다. 그러나 그 꿈은 고이 간직하는 것으로 만족해야 한다. ㉰는 심사위원의 말을 인용하면 '비근한 일상사를 밀도 높게 천착한 점과 시조 고유의 가락에 의도한 바를 처음부터 끝까지 물 흐르듯 자연스럽게 담아낸 형상 능력이 돋보인다. 또 신인으로서 완결의 미학에 근접한 기량과 안목을 갖추고 있다는 점도 신뢰가 갔다. 그리고 다섯 수 모두 초. 중장을 각각 한 행으로 배열한 것과 끝수 종장의 결구는 인상적이다. 다만 내 안에 흐린 안개

죄다 풀어내고 싶습니다.'에서 '죄다 풀어내고'와 같은 구절은 한 음보로서 가락이 순탄치 못하다는 점을 당선자나 그 밖의 모든 응모자도 유의해야 할 것이다.'고 하고 있다. 그리고 ㉣는 존재의 대상을 감각적으로 표현하고 있다. 의미 구조에 무게 중심을 두고 인간 삶의 질곡(桎梏)을 주제로 내세우고 있다. 어쩌든 이들이 유장한 가락으로 새로운 시도를 한 점은 인정되나 현대시조의 배열 방법에서 현대시의 배열과 유사한 점을 간과할 수 없어 그 혼란의 기미를 준 점은 생각해 볼 일이다.

② 단장시조(單章時調)

이 시조의 형태는 평시조를 더욱 압축하여 초·중장을 제쳐놓고 종장만으로 시조의 맛을 내게 하려는 변형 시조이다. 일명 절장 시조라고도 일컬어지고 있다. 이 를 두고 유성호 교수는 '단장(單章)의 미학을 살리기 위한 모험(冒險)'이라고 하였고, 이 시조형(時調型)에 대하여 이근배 시인은 '우리 시조의 뿌리를 찾는 이근배의 시조읽기'(현대시학 2000. 7월호)란 글에서 "절장(단장)시조가 왜 좀 더 일찍 그리고 좀 더 널리 쓰이지 않았는지 궁금할 만큼 최승범의 실험은 성공적이다.'"고 하였다. 이 작품은 그 간결성에서 일본의 하이쿠와 비견(比肩)되고 있다. 대부분 사람들은 이를 실험적으로 단순한 시도에 불과한 형태라고 치부하며 일단 시조의 논의에서 제쳐두려고 한다. 그러나 아주 간결하면서도 서정성이 높은 톤으로 부각되는 이 시형이야말로 시조란 이름으로 도모해 볼 만한 면이 없지 않음을 염두에 둘 필요가 있다. 언젠가 현대 시인이 쓴 4행시를 현대문학에서 만나고 참 신선한 시형이라고 느낀 적이 있다. 시조에서도 한 번 도모해야겠다고 하였는데 그간 까먹고 있다가 우연한 기회에 이런 시조형(時調型)을 만났다. 시조에서 절장이 어디냐고 하면 바로 종장이라고 해야 한다. 그 종장만을 가지고 작품을 쓴다는 것 자체가 매력을 풍기지 않는가?

㉮ 내 머릴 선산발치에 돌려다오 호곡 없는
요(寥)
요
적(寂)
적

— 최승범, 「임종」

㉯ 풀섶길 달려오는 소녀, 하이얀 컬러에 젖어든 향내

— 최승범, 「백합」

㉰ 날밤을
지새우고 나면
외려 밝은
눈망울.

— 반영호, 「아침이슬」

㉱ 수억 번
졌었음에도
다시 뜨면
순결해.

— 반영호, 「일출」

반영호는 그의 시집 『퇴화의 날개』에서 이 단장시조를 그 간결성에 매료(魅了)되어 썼다고 한다. 그러면서 노산(鷺山) 선생이 시도(試圖)했던 양장시조도 본격 시도하여 볼 요량이라고 하였다. 이런 반

시인의 시도를 두고 유성호(한국교원대 교수, 문학평론가)는 세상에서 가장 짧은 시라고 하며, 반 시인의 『퇴화의 날개』를 평하는 글에서 "단장시조는 이러한 단형의 정형(定型) 미학이 갖고 있는 미적 정수(精髓)를 매우 충실하게 담아내고 있다. 반 시인은 할 말을 자제하면서 제 할 말을 다하는 역설적(逆說的) 태도를 분명하게 보여주고 있는데 그 결과 언어를 통하여 그 언어(言語)를 넘어서려는 시적(詩的)욕망(慾望)을 스스럼없이 내비치고 있다. 다시 말해 언어와 침묵(沈黙)을 공존시키면서 그 것을 찰나 속에서의 영원으로 표현하는 목표를 집중적으로 수행하고 있다."고 밝히고 있다.

③ 연첩시조(連疊時調)

이는 단장(單章), 양장(兩章), 삼장(三章)이 서로 어울려 혼합 구성된 형태(形態)의 시조를 말한다. 이 연첩시조는 2000년대에 들어와 처음으로 시도(試圖)된 시조 형태이다. 이는 이미 이근배 시인이 지적했듯이 아직은 이름도 낯설고 형식도 낯설어 서먹하다. 그러나 노산(鷺山) 이은상이 시조는 '정형이비정형(定型而非定型)'이요, 비정형이정형(非定型而定型)'이라고 하여 형식의 탄력성(彈力性)을 말하고, 양장시조이란 새 시조 형태를 실험(實驗)하여 선보였듯이 이 시조(時調) 형태(形態)는 고하(古河)가 시조쓰기의 새 지평을 열기 위하여 제시한 방법이라고 이해해 둘 필요가 있다. 고하(古河)가 한 번 시도하고 접었는지 버렸는지는 확실하지 않지만 세상에 선보였기에 소개한다.

1
여울져 오는 길은 안개 눈앞을 가린다.

2
쪼달림에 겨운 서러운 처갓집들
꽃봉오리 부풀듯 화사한 걸 바랄 수 없고
늙으신 어머니처럼 산과 들도 여위었다.

3
물줄기 파고드는 인정만을 가슴한 채
되오른 차 안이어도 걷히질 않는 눈안개…….

— 최승범, 「고원의 노래」 전수, 현대시학 7월호, 2000

위 작품은 단장시조, 연시조, 양장시조를 어울려 쓴 작품이다. 모든 것이 다 바랜, 그래서 하얗게 비어버린 공허한 가을의 모습을 애잔한 심경으로 표현한 것이다. 이런 시조형태가 아주 이상적인 모형이라고 생각하여 시도한 것은 아니고 한 번 선보이고 잠들게 하기는 아까운 것 같아서 이런 시형도 현대에는 시조형태로 고려해 볼 만한 것이 아닌가 하여 문학지에 선보인 것 같다.

④ 옴니버스 시조(時調)

"옴니버스시조"란 말은 한 편의 연작 시조를 쓸 때 평시조 · 사설시조 · 엇시조 · 양장시조 등 다양한 시조 형식을 아울러 쓰는 형태의 시조로 사설시조의 한 유형을 말한다. "형식이 내용을 지배하는 것이 아니라, 내용이 형식을 지배한다."는 전제 아래 1970년대 이후 윤금초의 장편시조 「청맹과니 노래」를 그 시발점으로 한 새로운 장형시조 형태이다. 이 시조형(時調型)은 젊은이들 사이에 많이 시도되고 있는 실정이다.

㉮ 1
부도난 공장처럼 침울한 저자 거리
점포 정리 원가 판매 나풀대던 현수막은
쏟아진 억센 장대비로 후줄근히 젖고 있다.

2
젖어 침몰하는 건
오늘만이 아니었다.

동이 채 쏟아 붓는 사라호의 위세 앞에 아픔을 견디다 못해 허리춤을 꺾던 강둑 갖가지 잡동사니 손때 묻은 조각들은 허허이 동동대며 지형조차 바꿔 갔고 끝내 빈손으로 무너지던 초가 한 채 목이 멘 아버님이 서러움을 말아 피며 황톳물 갈앉은 터에 억새처럼 세워 가던

그 구멍/ 송송 뚫린 천막에도/ 햇살은 쏟아졌다.

3
짓밟힌 잡풀 하나 고개 세워 웃는 아침
젖은 옷 어진 가난 집게 물려 말려 갈 때
하늘은 파란 물감을 풀어내고 있었다.
—추창호,「우기를 지나며」전수

㉯ 구성진 노랫가락이 바람 따라 빗금 지는
장터어름 골목에서 사방을 둘러본다.
오가는 사람은 몇몇 가게는 절반 문을 닫고

아가씨가 새로 왔으니 놀다 가란 다방에도
굳세어라 금순아로 간판 올린 술집에도
사막의 신기루처럼 낮 등불이 켜져 있다.

저 다방 탁자에서
저 술집 술상에서

아가씨들 둔부에 눈길 모으며
시시닥시시닥 시간을 갉아 먹으며
손가락 끝 줄줄이 그려보던 가야할 길의
그림들,
그러다 그러다 미로의 광장으로
호기롭게 나서던 날,
천만 기침 무릅쓰고 힘겨이 전을 펴며
힐끔힐끔 바라보던 골동품 노점상 그 어르신,
오늘은,
비 오는 오늘은 보이지 않는다.

산을 걷어치운다.
하늘을 보기 위하여.
—서석조, 「하늘 7」 전수

㉰ 김포 검단사거리 지나 이주 노동자 집이 있다.
눈빛만으로 귀 열리는 말씀만으로 배부른
허기에 굶주린 날들 손 내밀면 보풀 이는

몽골인이 주먹을 쥔다. 지구본이 생긴다. 도드라진 힘줄에 이야기 그려 넣으면 지상은 잘 여문 만삭의 과수원 된다. 네팔인이 은근슬쩍 어깨에 힘을 준다. 무딘 연장 보듬어 깎고 또 다듬는다. 깎고 또 보듬으면 상처도 아물 건가. 오늘 하루도 깽깽이걸음 골목길로 내달린다. 세상 곳곳 희고 둥근 것 어디 외따로 있나 굴려보면 네모도 세모도 다 둥근 것 어머니 자궁 속에서 진작 굴러다닌 것을 김포 아득한 들판 이삭 같은 이주 노동자 직선보다 곡선에 기댄 저들 내몰린 삶이, 막장 길 굴렁쇠 엮어 둥글둥글 굴려본다.

공장 담벼락에 기댄 무지갯빛 얼굴들이여
발바닥 티눈 박혀도 일어서는 억새풀이여
두둥실 떠오른 달이 둥글둥글 환하다.
—박지현, 「둥글다는 것」 전수

일반적으로 보통의 시조라고 지칭되는 것이 양반 문학의 후예라면 이 사설시조라 지칭되는 양식은 서민문학에 뿌리를 두고 꽃과 잎을 피운 것이다. 그러므로 사설시조(辭說時調)에 대하여 필자가 '장형시조(長型時調) 어떻게 써야 하나'란 글에서 지적(指摘)한 바 있듯이 표현 내용면에서는 설명, 해설이 아닌 상징성, 해학성, 우의성, 아이러니, 역설, 풍자, 냉소 등이 어울려 있어 은연중에 골계미(滑稽美), 유락미(遊樂美)와 같은 웃음의 미학이 발현(發現)될 수 있어야 한다. 그리고 그 표현 언어는 능청 한 가락을 가지고 있어야 한다. 그것이 사설시조의 본맛이다. 결국 일반시조와 사설시조는 그 족보(族譜)가 다른 채 그냥 같은 공간에서 함께 생명을 잇고 있을 뿐이다. 그런데 어느새 이 둘의 관계가 한 가족 관계나 된 것처럼 다루어지고 있다는 점이다. 이는 당연히 따로 논의 되어야 할 문학 장르라고 생각한다. 사설시조와 일반 시조의 공통점이 있다면 다만, 3~4음절을 1음보로 하여 성립(成立)되는 전통적 운문 문학이고, 형식상 초, 중, 종장의 형태를 취하고 있음이다. 그래서 혹자(或者)는 이 사설시조는 현대시의 모태(母胎)라고도 하였다.

⑤ 탈시조형(脫時調型)

시조는 각수(各首)가 수(首) 단위로 표현 의미가 독립적으로 이루어져 완결되는 시형이다. 그렇게 된 시형들이 다음 수로 이어지면서

의미가 증폭(增幅)되어 전체적으로 하나의 시상으로 통합되는 것이 일반적이다. 어쩌면 이것이 시조문학의 불문율(不文律)이다. 그런데 이에 부합(附合)하지 않는 시조 작품들이 심심찮게 눈에 띈다. 이런 작품을 보이면 다음과 같다.

㉮ 언뜻, 빈혈이었을까
이십 수 년 불임의 세월 품어온 빈 둥지 속
퍽퍽한 기억 틈새로
외로이 솟구쳐 오르다 낙하하는 어린 바람
—윤연옥, 「둥지에게 날개를」 첫수

㉯ 곁가지 비비대며 그 봄을 맞기보다 상동 잘려나가 내 이름 달고 싶다
비틀어져 빼빼 말라 바람에 서걱거리다
몇 마디 옹이로 남는 아, 산화하는 그날까지
—박희정, 「가지치기」 전수

㉰ 갇혀 사는 안락은 그 날 같은 하루
일어나 밥 먹고 자다 깨다 ______
창밖은 사철 바빴다/ 꽃이 피고 또 지고
—양점숙, 「벽」 첫수

㉱ 밧줄에 주렁주렁 매달려 피맺힌 말편자
유목민의 고단한 삶 끈기로운 일기를 보았다.
물 없는 사막의 길에서 정신 속 물의 솟구침을 보았다.
— 김경자, 「길」 둘째 수

위 ㉮,㉯,㉰에서 ___친 것이 바로 문제가 되는 부분이다. ㉮,는 초,

중장의 음수율인 초장 4음보와 중장 4음보를 세 줄로 하여 음보 수는 맞지만 행 배열을 억지로 하여 그 호응에 무리가 따르게 배치한 것이다. 즉, 초장의 1 구(句)를 1행으로 하고, 초장 2구와 중장 1구를 합하여 2행에 배치하고 중장 2구를 3행에 배치하고 있다. 그러다 보니 장(章) 사이의 호응이 이루어지지 않고 있다. 시조를 억지로 현대시(現代詩)처럼 행 배열을 하고 있어 시와 시조의 경계(境界)를 모호하게 하고 있다. 시조는 시조로서의 장 배치가 드러나야 하는데 위와 같이 장 사이를 섞음 배치함으로써 탈시조의 양상을 보이고 있다. 그리고 ㉯는 초장이 3, 4, 3, 4, 6, 3, 4, 또는 3, 4, 3, 4, 2, 4, 3, 4로 되어 있어 군더더기 음보가 덧붙여 있다. 그래서 비시조(非時調)가 되었다. 또 ㉰는 시조의 음보 개념(概念)을 무시하였기 때문에 시조답지 않은 작품이 되었다. 이 작품의 음보를 억지로 초장을 4, 3, 4, 2로 4음보로 잡아준다고 하더라도 중장은 3, 3, 4로 밖에 음보를 잡을 수밖에 없다. 그렇다면 중장에 한 음보가 없다. 여기에 비하여 ㉱는 아예 음보가 엉망이 되었다. 초장, 중장이 5음보가 되었고, 종장은 3, 3, 3, 3, 2, 4, 3의 자수율에 의항 음보율을 구성하고 있어 7음보가 되어 종장의 자수율 3, 5, 4, 3을 완전히 외면하였다. 구래도 표현 기법은 '말편자'가 '유목민 일기장' '정신 속 물의 솟구침'으로 환치되는 은유(隱喩)를 사용하여 치환(置換) 은유적 구성방법을 취하고 있어 기법상으로 볼 때는 바람직하다 할 수 있다. 그러나 음보(音步) 배치(配置)가 이렇게 되면 시조가 될 수 없다. 평시조는 3장 6구 12음보임을 잊어서는 안 된다. 이를 어기면 시조라고 할 수 없다. 다행히도 2007년 한국시조시인협회 연간집『초록동행』에는 이런 시조가 실려 있지 않았다.

다음 작품은 2007년 조선일보 신춘문예(新春文藝) 시조(時調) 당선작(當選作)인데 작자도 이 시조를 당선시킨 심사위원도 시조로서 틀과 율격을 깜박한 작품이다. 이 작품을 음보율에 따라 '/'로 표기하여 나누어 본다.

뜨건 국밥/ 후후 불며/ 젖 물리고/ 앉은 여자
어린 건/ 한껏/ 배불리/ 빨다가/ 조몰락대다
꽉 쥐고/ 해살거리며/ 또글또글/ 웃는다.

한길에는/ 늦게/ 깨어난/ 게으른/ 햇살들이
엉덩이를/ 흔들며/ 사뿐사뿐/ 걸어가는
살짝 휜/ S라인 여자들/ 발꿈치를/ 좇고 있다.

공갈빵처럼/ 부푼 가슴/ 아슬아슬한/ 실루엣
필라멘트/ 깜빡깜빡/ 전류를/ 방출하는
뾰족한/ 고욤 두 개가/ 손끝만 대도/ 터질 듯

휘청/, 가는 허리/ 애기집/ 하나/ 못 얹어도
둥지 속/ 알 넘보듯/ 집요한/ 사내들의 눈/ 왜일까,
늪에/ 빠지듯/ 지독한 허기/ 몰린다.

순환소수처럼/ 잇고 이어/ 사람에/ 사람을/ 낳은
빌렌도르프/ 비너스/ 따뜻한/ 양수의 기억
넉넉히/ 젖 물려주는/ 그런 여자가/ 그립다.

—노영임, 「젖 물리는 여자」 전수

이 작품을 두고 심사위원은 "당선작으로 택한 노영임의 「젖 물리는

여자」는 외모 중시의 덫에 치여 점점 나약해져가고 있는 현대의 잘못된 여성상에 일침을 가하고 있는 의미 있는 작품이다. 동시에 시상을 잡아나가는 구성과 묘사가 빼어나다. 같이 응모한 작품들도 모두 정제된 수준을 유지하고 있어 신뢰를 얻을 만하였다."고 구성과 묘사가 뛰어나다고 하였지만, 실제로는 ___친 부분과 같이 문제 야기(惹起)가 되는 부분이 태반이다.

이는 시조의 기본율을 무시한 현대시적 발상이다. 첫 수 중장과 둘째 수 초장은 5음보이며, 넷째 수는 문제투성이이다. '애기집/ 하나/ 못 없어도'는 '애기집 하나/ 못 없어도'로 해야 하나 '애기집/ 하나 못 없어도' 또는 '애기집/ 하나/ 못 없어도'로 하여야 하나 문제가 되고, 중장은 아무리 보아도 5음보이고, 종장은 2, 3, 5, 3의 4음보를 이루어 종장 첫구 3 , 5를 완전 이탈하고 있다. 억지로 중장 '왜일까'를 종장 첫머리로 옮기면 음수율은 맞으나 음보가 하나 늘어난다. 아래 2) 표현면(表現面)의 ⑤ 음보(音步)의 확장(擴張), ⑥ 음보(音步) 지나친 축소(縮小) 및 생략(省略), ⑦ 음보율(音步律) 이탈(離脫)도 탈시조성(脫時調性) 작품이다. 그래서 시조라고 불러주기가 약간은 주저(躊躇)된다.

2) **표현면(表現面).**

① 앞뒤 수(首)의 호응(呼應)

시조에 있어서 수(首)의 호응(呼應)은 앞 수 전체와 뒤 수가 서로 하나의 의미 연결고리로 통합되어 어울려야 하는데 이 경우는 끝맺음이 열린 구조어가 아니고 연결어미로 이루어져 다음의 단어가 필요하다는 것이다. 이는 시조의 완결성이란 면에서 볼 때 흠결이 아닐 수 없다. 시조는 한 수 한 수가 완결미가 있어야 비로소 시조가 그 역할을 다하였다고 볼 수 있다.

> ㉮ 추더위 막아주고 어두움 밝혀주고
> 소식도 전해주고 노래도 불러주어
> 그 속은 편안도 하여 우리 집 안방 같고
>
> 물 조금 먹여주면 언제나 말 잘 듣고
> 어디를 다녀와도 나 알고 그만 알고
> 자가용 타고 친정 가면 출세를 하였다고.
> ㅡ김병훈, 「자가용」 전수
>
> ㉯ 입 밖으로 잘 내지 않는 불안과 희망들을
> 세세하게 끄집어내 내 것이 되게 하는
> 감정을 심는 솜씨에 보험 하나 들었는데
>
> 마음은 보험이 안 돼 깨우친 게 하나 있지
> 정을 내며 사는 것이 마음 보험 드는 거라고
> 사람이 사람에 치어 눈물 나고 사무쳐도.
> ㅡ채천수, 「보험」, 둘째, 셋째 수

위의 작품들은 모두 앞 수의 종장 끝 처리어가 닫힘이나 단절, 열림의 기법으로 되지 못하고 연결형으로 되었다. 그래서 뒤 수의 초장 첫머리에 연결되는 양상을 보이고 있다. 즉, ㉮는 '우리 집 안방 같고'가 '물 조금 먹여주면 언제나 말 잘 듣고'로 곧바로 의미구조가 이어지고, ㉯는 '보험 하나 들었는데 마음은 보험이 안돼'로 이어지고 있다. 그래서 첫수는 둘째 수가 필수적으로 있어야 의미 구조가 맞는 양상을 보이고 있다. 그리고 이 작품에서 또 문제가 되는 것은 '자가용 타고'와 '감정을 심는'이란 구절이다. 종장 음보 처리는 3, 5— 8의 모습이 되어야 하는데 이 경우는 전수(前首)는 5, 4로, 후수(後首)는 5, 3의 음수율을 가진 역 음보가 되었다.

② 열림 맺음기법

이는 종장 맺음을 종결어미로 끝맺지 않고 연결어미를 배치하여 생략을 통한 상상의 공간을 제공하는 시와 시조에 있어서의 표현 기법이다.

㉮ 한나절이 짧아라.
한생 또한 짧아라.

공들여 차린 밥상
들자마자 비운 친구

봄바람
쑤시는 삭신
다 잊으라 심방 오는
—현원영, 「목련」 전수

㉯ 소리 없이 흐르면서
깊어지는 강물이,
모난 돌을 수도 없이
애무하며 지나가니,
조약돌
사랑의 돌로

강가를 수놓듯이.

우리네 빛바랜
평생의 빈 하늘
훈풍이 불어와서
안개를 걷어 가면,
세상은
하늬바람에
초원으로 될 터인데.
—안영준, 「훈풍」 전수

위 작품들은 시조의 일반적 규율인 각장 4음보, 1음보 3~4 음절, 종장 첫 구와 둘째 구 3, 5 음절 배치가 아주 정확하게 배치되어 있다. 그리고 종장 마무리 단어가 '~는' '~듯이' '~인데'로 다음에 어떤 말이 연결될 공간을 제공하며 끝맺음을 하는 생략과 여유의 미를 가진 어미 처리를 하고 있다. 이는 읽는 이에게 상상의 공간을 제공하는 열린 기법 종장처리이다.

③ 닫힘, 단절 맺음기법

원래 시조는 초장에서 상(想)을 일으키고, 중장에서 그 상(想)을 다듬어 종장에서 상(想)의 점층과 전환을 이룬 다음 종료(終了)하는 것으로 그 맥을 이어 왔다. 그래서 백수(白水) 정완영 선생도 이를 물레질에 비유하여 "옛날 밤을 새워가면서 잣던 할머니의 물레질, 한 번 뽑고(초장), 두 번 뽑고(중장), 세 번째는 어깨너머로 휘끈 실을 뽑아 넘겨 두루룩 꼬투마리(가락꼬치)에 힘껏 감아주던(종장)것, 이것이 바로 다름 아닌 초 · 중 · 종장의 3장으로 된 우리 시조의 내재율이다.”고 하였다.

단힘, 단절 맺음법은 종장 끝머리 처리에서 정서의 마감을 하는 마무리 법이다. 과거에도 그랬지만 현재에도 이 방법은 대부분의 시조 작품에서 나타나는 모습이다.

㉮ 꽃대인지 잎사귄지/ 그만그만한 귀한 녀석/
마사토 분을 열고/ 한 열흘 눈치 보다/
미사일 발사 전야처럼/ 꽃대 하나 서더라.//
—이도현, 「보세양란」, 첫수

㉯ 참새
멧새
원앙
제비
검수리
기러기
무리들
꿈을 찾아
창공을 간다.
참새는 방앗간을 찾고
멧새는 덤불을 간다.

원앙은 蓮堂에 제비는 江南을 가고
검수리 동행하던 길 잃은 기러기
옛 들녘
찾은 因緣 따라
달빛 아래 날고 있다.
—장춘득, 「同行·2」 전수

㉰ 만 리를 간다 해도 알아볼 이 없더니만
어느 날 우연히도 바람에 실려 온 구름
인연의 끈을 잡은 무지개는 행운의 실타래.
—이용호, 「시카고 산조(散調)」, 다섯째 수

㉱ 몸을 낮추고 허리 굽혀
말하는 저 개울물
토담집 연기 흔들고
문 밖에 선바람,
조상이
놓고 떠나신
산촌의
고운 인심.
—유상용, 「농가일기」 전수

닫힘의 방법에서의 종결어미는 대개 '~다.' '~네' '~더라' '~일세라' 등으로 표기되어 나타나고, 단절의 방법에서는 '명사'나 '명사형'으로 끝맺음을 하고 있다. 위에서 ㉮와 ㉯는 '서더라.' '간다' '있다'로 닫힘의 기법을, ㉰와 ㉱는 '실타래' '인심' 과 같이 명사로 단절의 기법을 사용하고 있다. 위 작품은 사물의 인간화, 무형물의 사물화 기법을 동원하여 작자의 외형적 정서를 감각적으로 표출하고 있다. ㉮는 인간과 자연의 동질감을 통하여 사물의 인간화를 이루고 있는 작품이다. 그리고 ㉯는 도형(圖形)시조 기법을 동원하여 새들의 질서정연히 나는 모습을 시각화하여 표현하고 있다. 짐승들의 사는 모습을 통하여 인간의 모습을 조명해 본 작품인 듯하다. 또한, ㉰는 이국 만 리 타향에서 느끼는 자연의 섭리를 표현하고 있고, ㉱는 토속적 향촌의 정경을 청각을 동원하여 회고하고 있다.

④ 표현(表現) 방법(方法)

시조의 표현 방법으로는 묘사적, 사실적, 비유적 기법이 있다. 이들은 별개로 작품마다 한 가지씩 사용되는 것이 아니고 서로 얼려 복합적으로 나타나고 있다.

그 예로 2008년 동아일보에 신춘문예로 당선되었다가 지방 모 신문에 중복(重複) 투고한 것 때문에 당선이 취소된 작품이기는 하지만 이 부분을 설명하는데 적절할 것 같아 소개해 보기로 한다.

㉮ 1.
들레는 늦가을 날
하늘 길 빗장 풀 즈음
천수만 저 갈대밭 빈방 여럿 예비하고
제 몸 확! 불질러놓고 연방 풀무질한다.

밀레의 대작이다,
모이 줍는 가창오리
비로소 붓질하듯 군무(群舞)는 펼쳐지고
휑하던 너른 그 들녘, 아연 잔칫집인가.

일 년을 하루같이 덧칠만 되풀이하는
감 물든 여문 해가 낙관 하나 꾹 쏟아내고
저 멀리 물러선 방죽, 타닥타닥 잔불 끈다.

2.
간월암 갈마드는 갯바람에 실린 물결

무르녹은 나의 하루 놀빛 속에 깃들어도
예인선, 예인선처럼 산 그림자 끌고 간다.
—김종렬, 「천수만 가창오리」 전수

㈏ 저 산이 새라니
꿈꾸는 푸른 새라니

뉘 몰래 뉘도 몰래 육중한 날개 펼쳐

창 닫고
세상이 잠 들 때
땅을 치며 날겠지.

산이 제 살갗 위에
나무 애써 가꾸는 건

하늘 철썩일 날개, 깃털로 쓰기 위함이라

세상 짐
잠시 벗어놓고
별 찾을 꿈 때문이리.
— 송선영, 「저 산이 새라니」 전수

위 작품 ㉮를 두고 심사위원이 '그림에서 선과 색채가 예술성을 가름하듯이 시에서는 언어의 연출이 시의 완성도와 직결된다. 이 작품은 4수의 연작인데 1부는 3수, 2부는 1수로 장면을 가른 것도 구성의 치밀성을 보이고 있다. 철새 떼의 군무가 펼치는 스펙터클이 마음껏 휘두르는 언어의 붓끝에서 눈부시게 살아나고 있다'고 말하고 있듯이 노을 물든 서해안 천수만 가을 들녘에 무리지어 둥지 틀고 하늘을 수놓는 가창오라 떼들의 한 바탕의 선회 군무 모습을 홍취 있게 표현하고 있다. '들레는 늦가을 날' '모이 줍는 가창오리' '붓질하듯 군무' '감물든 여문 해가 낙관 하나 꾹 쏟아내고' '산 그림자 끌고 간다.'와 같은 표현법은 다분히 묘사적, 사실적 표현으로 하나의 시각적 이미지를 구축해 줌으로써 한 폭의 그림을 상상의 망막에 그려주고 있다. 그리고 노을의 피어오름을 '풀무질'이라고 비유하고 있으며, 이 외에 '잔칫집' '잔불'은 다분히 비유로 이루어진 단어이다. ___친 부분이 과음보로 쓰였으나 지나치게 눈에 거슬리지는 않는다.

㉮에 비하여 ㉯의 작가는 우리나라 시조단의 원로인데 이 작품은 산을 새로 환치 은유시켜 상상의 날개를 활짝 펴주고 있다. 비상하는 이미지가 신선하다. 시나 시조에서 이미지의 간극(間隙)이 클수록 상상의 폭이 넓어 큰 감흥을 자아낸다고 알려져 있다. 이 작품은 이미지의 간극이 넓고 크다. 산이 새가 되어 훨훨 나는 모습이 눈앞에 선하다. 시각적 이미지를 통한 치밀한 묘사로 회화성(繪畫性)이 두드러진 작품이다.

⑤ 음보(音步)의 확장(擴張)

음보(音步)를 지나치게 덧붙여 표현함으로써 시조의 모습을 상실하게 한 작품이다. 즉 시조에 사족(蛇足)을 붙인 꼴이다. 뱀을 그리라고 했으면 뱀을 충실히 그려야지 있지도 않은 발까지 그려 넣었으니 작품을 망친 것이다. 쓸데없이 음보를 확장하여 표현한 것이다. 그래서 시조의 얼굴을 찡그리게 한 예이다.

㉮ 먼지만한 사람으로 와 손을 잡기도 하고 뿌리치기도 하고
먼지만한 사람으로 와 오만 허드렛일 붙이다가
없는 몸 없는 이름에 무한천공 떠다닌다.
—홍성란, 「별」 전수

㉯ 입혀준 옷이 너무 곱구나.
조촐한 마음으로도
한 세상 맑게 사느니
피었다 진다해도
걱정 없어라
홀씨는 스스로 날개를 달고
먼 고향 꿈을 그리느니
바람결에도
향방을 알고 있구나.
우리 가는 길
슬퍼말아라
이슬이 영롱한 것은
세상이 아름다운 까닭이다.
오늘 아침풀꽃
반짝이는 햇살
—박옥위, 「오늘 아침풀꽃」 전수

㉮의 ＿친 부분을 보면 한 음보로 잡기가 벅차다. '손을/ 잡기도 하고' '뿌리치기도/ 하고' '오만/ 허드렛일'로 2음보를 아마 여기서는 1음보로 취급하여 그리 쓴 모양이다. 그러나 1음보로 하기는 무리가 조금은 따르는 게 사실이다. 의미 표현을 위해서 시조가 여기까지는 감당할 영역은 아닌 성싶다. 이에 비하여 ㉯는 어디까지가 첫수이며,

어디까지가 초장인지 수와 장의 구별이 어렵고 어떻게 음보율을 잡아야 할지 알 수 없는 시인지 시조인지 그 작품 성향을 가늠하기 어려운 작품이다. 그러나 시조 전문지에 발표된 작품이다.

⑥ 음보(音步) 지나친 축소(縮小) 및 생략(省略)

음보(音步)에는 평음보가 대표적인데 이것이 우리 민족의 입이 무르녹은 음보이다. 그런데 이보다 한, 두 음절 적은 음보가 있는데 이를 소음보라고 한다. 그런데 여기서 문제가 되는 것은 지나치게 축소된 1음절 1음보를 이룬 예이다. 그리고 시조는 한 장이 4음보로 되는 것은 불문율(不文律)인데 이를 무시하고 한 음보가 사라짐으로써 위 ⑤와는 상반된 결과를 유발하였다.

<u>저</u>
피 토하며 꺼져가는
운명을 보라

애절함이 분노처럼 <u>끓어 넘치는</u>
차라리 황홀하고도
아름다운
장엄한 이별

저토록
처절한 아픔을 어이 하리
저토록
처절한 사랑을 어이 하리

해질녘
붉은 물결에
꽃그늘로 지는 바다
—반영호, 「노을」 전수

위 작품은 2003년 부산일보 신춘문예에 당선된 것이다. 이 작품을 두고 심사위원들은 "해설적 형상화적 일반적 시조 작법을 완전히 배제하고 순수한 이미지만으로 해변의 저녁노을을 표현하였다. 이런 자유시적 수법이 시조의 표현 영토를 넓히는데 일조가 되리라 기대한다"고 하였다. 그러나 위 작품을 음보를 맞추어 보니 초장의 첫 음보를 '저' 한 글자로 하고 있다. 차라리 그것이 유의한 명사였다면 좀 덜 했겠는데 '저'라는 막연한 거리를 나타내는 미지칭 대명사로 하여 허사에 가까운 말로 음보를 삼았음을 알 수 있다. 뿐만 아니라 중장은 '애절함이 분노처럼 끓어 넘치는'이라고 표현하였는데, 이는 아무리 억지를 부려도 '끓어 넘치는'을 2음보로 보기는 어렵고 1음보로 보아야 한다. 그렇다면 한 장 4음보 중 1음보가 빠진 꼴이 되니 시조로서는 감당하기 힘든 너무 지나친 음보 배치라고 본다.

⑦ 음보율(音步律) 이탈(離脫)

위에서 문제 삼은 것이 지나친 음보의 덧붙임과 생략이라면 여기서 보이는 것은 음보율(音步律) 잡기의 무리가 따르는 예이다. 억지로 그렇다고 우기면 우길 수는 있으나 곰곰이 따져 볼 문제점이 발견되는 작품들이다. 수식어와 피수식어의 관계는 1음보인가 아닌가, 부사어+용언의 한 음보 잡기는 어디까지 허용해야 되나, 1음절어는 어떤 경우에도 1음보가 안 되고 다음 단어와 연결되어 하나의 음보를 형성하는 것일까 등등이 시조의 음보 잡기에서 혼돈(混沌)되어 표기되고 있다. 그러나 이렇게 하기는 음보율 잡기의 찜찜한 구석임에 틀림없다.

㉮ 윤오월 밑그림은 늘, 눅눅한 먹빛이다.
노란 물감 풀린 들녘 이랑마다 눈부신데
그 많던 사이프러스 다 어디로 가 버렸나.
소리가 죽은 귀엔 바람조차 머물지 않고
갸웃한 이젤 틈에 이따금 걸리는 햇살
더께 진 무채색 삶은 덧칠로도 감출 수 없네.
폭풍이 오려는가, 무겁게 드리운 하늘
까마귀도 버거운지 몸 낮춰 날고 있다.
화판 속 길은 세 줄기, 또 발목이 저려 온다.
모든 것이 떠나든 남든 내겐 아직 붓이 있고
하늘갓 지평 끝에 흰 구름 막을 걷을 때
비로소 소실점 너머 뉘가 새로 열린다.
—임채성, 「까마귀 나는 밀밭」 전수

이 작품은 2008년 서울신문 신춘문예당선작으로 '오베르에서 보내온 고흐의 편지'란 부제가 붙은 작품이다. 심사위원들은 이 작품은 현대시조 100년을 넘어서면서 새 지평을 여는 작품이라고 말하며, 새 아침의 언어가 신설처럼 차고 희다고 극찬하고 있다. 그러나 이 작품은 음보율을 상실한 곳이 있고, 수(首)의 구별도 없어 시적 내용 호흡으로 볼 때 12행 자유시에 가깝다. 특히 ___친 곳 '늘, 눅눅한'은 짧은 단어지만 두 음보이며, '무겁게 드리운 하늘'은 '무겁게/ 드리운/ 하늘'의 3음보가 되어야 자연스럽다. 그리고 '흰 구름 막을 걷을 때'는 '흰 구름/ 막을/ 걷을 때'의 3음보로 나누어져야 한다고 본다.

㉯ 파랗게 숨 쉴 때마다 높은 물결 소리 낸다.

물 냄새 나는 수채화
생기 띤 나뭇잎 물고기

아까운 한순간마다 하나로 움직이는 마음

저 혼자의 별자리 숨겨둔 나뭇가지

나의 사랑아, 바람의 말
거둬들여 오래 빛나는

말갛게 여유로워서
무한진리 여기 머문다.
—황다연, 「오월 포플러 · 1」 전수

앞의 '까마귀 나는 밀밭'과 같이 이 작품도 두 음보를 한 음보로 삼아 표현한 ___곳이 친 부분에 나타나 있다. 특히 '물 냄새 나는 수채화'나 '생기 띤 나뭇잎 물고기'는 확연(確然)한 3음보가 2음보로 취급(取扱)되어 나타났다. 이렇게 함으로써 시조의 기본 음보를 상실하여 시조로서의 모습을 의심받게 하고 있다.

3. 마무리말

위에서 2000년대 나타난 시조의 여러 모양새를 살펴보았는데, 시조는 우리의 전통을 잇는 문학 장르임으로 세월이 흘러도 그 장르의 특성을 잃어서는 안 된다는 것이다. 시조가 그 특성을 잃을 때 시조는 전통(傳統)문학, 고유 문학(文學)으로의 정형시(定型詩) 위치도 상실하게 된다. 그러므로 시조는 그 형식은 유지되어야 하며 그 형태는 발전적으로 변모할 가능성을 열어두어야 한다는 점이다. 그런 면에서 볼 때 시조라는 장르는 3장 6구 12음보를 기본으로 함을 깊이 새겨 음보율(音步律)이 여기에서 벗어나지 않도록 하여야 하며, 3, 4 음절 1음보의 기본을 유념하여 1음절로 1음보 삼거나, 1음보가 5음절을 넘어 초, 중장에서 이루어지는 일이 없도록 하여야 할 것이다. 그리고 종장 두 번째 구(句)도 7음절 이상이 되지 않도록 하여야 할 것이다. 음보는 호흡률임으로 이에 어긋나지 않게 하여야 한다. 2000년도 들어와 특히 젊은 세대들에 의하여 시도되고 있는 제 양상 가운데 위와 같은 점은 고쳐야 할 것이며, 음보의 과대 배치도, 수와 수 사이의 연결어 맺음도 고려할 점이다. 이런 모든 면을 앞으로 눈여겨보며 이의 발전 가능성이 엿보이는 것은 심도 있게 다루어 보아야 한다고 본다.

이를 위해 언제 지어졌는지는 정확히 모르나 새로운 지평을 여는 시조의 하나가 아닌가 하여 김호길이 자선(自選)한 대표작(代表作) 하나를 소개해 보기로 한다.

내 영혼의 수풀 속에 딱따구리 한 마리 산다.

피로와 나태가 감겨
혼곤해진 순간이면

딱,
딱,
딱,

부리로 쪼아
번쩍
불침을 놓는다.
—김호길, 「딱따구리」 전수, 시조집 『절정의 꽃』에서

이 작품은 '딱, 딱, 딱' 하는 청각적 이미지를 종장의 행갈이로 선택하여 시각적으로 배치함으로써 시적 이미지를 적절히 살려내고 있다. 작품의 신선도를 높이려고 시행 배열법에 낯설게 하기 기법을 사용한 듯하다. 딱따구리가 나무에 앉아 나무 옆구리를 쪼아대듯 영혼이 '피로와 나태가 감겨/ 혼곤해진 순간이면' 딱따구리처럼 영혼을 쪼아 늘 깨어 있고자 하는 작자의 긴장감을 표현하고 있다. 전통적 음보 개념과는 딱 들어맞지 않지만 시조에서의 한 음보는 한 호흡 마디임을 잘 보여주는 작품이다.

위에서 살펴본 대로 이렇게 지금 이루어지고 있는 새로운 시도(試圖)는 아직 시조가 유동성을 가지고 발전하고 있다는 증좌(證左)이기는 하지만 한편으로는 시조에 대한 확립(確立)된 이론이 불비(不備)하다는 말도 되기도 한다. 현대시에 대한 연구는 많이 이루어져 그 이론적 뒷받침을 마련하고 있지만 현대 시조에 대한 이론적 뒷받침은 아직 요원(遼遠)하다. 하루 빨리 지금도 헤매고 있는 시조란 명칭의 구구한 설과 함께 시조의 음보, 장과 구 등이 우리 정형시로서의 확실한 면모를 갖추게 정립되어야 할 문제이고 더불어 요즘 나타나고 있는 시조의 새로운 시도가 확고한 시조 틀의 하나로 정착될 것인지 아니면 일회성(一回性)애 그칠지는 두고 볼 문제지만 이에 대한 논의도 이루어져야 할 것이다.

현대시조現代時調에 나타난 서정성抒情性

1. 들어가며

문학의 궁극적인 본질은 미적가치(美的價值)이다. 이 미적가치(美的價值)는 작품의 사회성과 자율성(autonomie)에 연관되어 있어 그리 간단명료(簡單明瞭)하게 말할 문제가 아니다. 현대시조에서의 미적가치(美的價値)와 서정성의 진폭(振幅)은 변하는 사회의 모습과 같이하여 나타나고 있다. 과거의 시조작품들이 관념과 풍류 일반이었던데 반하여 현대시조는 심리적 잠재적 감정의 질서가 드러나고 있다. 문학은 시대적 반영이요, 개인적 삶의 구조적 반응이라는 문학의 일반론이 현대시조에 그 모양이 드러나고 있다. 여기서 작품들은 작자와의 정서와 정체성(identity)의 끊임없는 소통(疏通)과 대립 갈등(葛藤)으로 생성되는 언어의 교직(交織)을 통하여 태어난다. 그러므로 작품의 감상 이해도 이와 무관하지 않다. 한 편의 시조를 동물(사람)에 견주어 보면 이미지는 살, 리듬(음보)은 피 흐름, 표현되는 의미는 뼈이다. 이들의 조화(調和)로 작품은 탄생한다. 우리는 작품을 이해 감상할 때 이 점을 간과해서는 안 된다. 가람문학도 이제 성년을 지나 공자가 말하는 입신(立身)의 경지에 들어섰다. 그래서 근년(近年) 들어 몇몇 가람문학 식구들이 중앙 시조문학지와 가람문학에 발표한 작품을 중심으로 그 작품들이 보여주는 서정성의 모양새를 살펴보기로 하였다. 그러나 한 편의 시조 작품은 프리즘 같아서 만나는 독자에 따라 이미지로서 스펙트럼을 일으키고, 그 느낌도 골짜기 사이를 울리는 메아리 같아 읽고 듣고 보는 이에 따라 감흥이나 이해도에 차이가 있을 수 있어 일도양단(一刀兩斷)으로 시조를 재단(裁斷)할 수는 없다. 그러기에 나름으로는 객관성 유지에 초점을 맞춰 작품 속에 나타난 주의식을 중심으로 나눴다.

2. 현대시조(現代時調)의 서정성(抒情性)

2.1 정체의식(正體意識)과 서정성(抒情性)

정체의식은 '본래적 자아' 즉, '스스로'를 발견하는 존재의식과 동일선상에 있다. 오늘의 인간의 기능화와 도구화가 가져오는 소외의식은 존재의 위기를 가져오고 정체성의 혼란을 초래한다. 여기서 자기진단을 바탕으로 인간 삶의 참모습을 찾아 나서게 되고, 정체의식을 발로하게 한다. 즉 현대시조는 개별적 의식인 자아의식의 겪음을 현실 국면의 겪음으로 전이(轉移) 확장(擴張)하여 본래의 자아발견을 기도하게 한다. 이에 해당하는 작품으로는 우제선의 「갈대」와 이상덕의 「보이지 않는 얼굴」이다.

곧은 줄기 푸른 잎이/ 영원을 살고파라/
햇살을 머금고서/ 반짝이는 은빛 머리/
애오(愛惡)를 아예 모르는/ 달관(達觀)의 몸짓이여

바람의 횡포 앞에/ 흔들려 시달려도/
다소곳 허리 굽혀/ 우쭐대지 않는 겸허(謙虛)/
보이지 않는 암향(暗香)은/ 고고(孤高)한 체취(體臭)ㄹ러라.

눈길 끌고 싶은/ 애교도 모르는 듯/
순수한 너의 진실/ 꼿꼿한 그 모습에/
내 마음 사랑에 젖어/ 네 곁에서 살련다."

—우제선, 「갈대」 전수〈시조문학〉 가을호, 2003

이 시조에 나타난 리얼리티는 자연물을 통한 서정성에서 찾아진다. 시인은 자연의 섭리와 그에 따른 현상을 민감하게 포착하여 이를 정서적으로 승화시키는데 있다는 점을 잘 알고 있는 듯하다. 자연 현상을 인사(人事)에 접목시켜 자아의식을 표출하고 있다. 현대시조가 지향하고 있는 구상적 개성어로의 참신성을 추구하지는 못했지만 '애오(愛惡)' '달관(達觀)' '겸허(謙虛)' '암향(暗香)' '고고(孤高)한 체취(體臭)'와 같은 추상어로 옛 시조의 냄새를 은연중 풍겨나게 하는 아쉬움은 있지만 이를 통하여 시적 진폭(振幅)과 자아 추구의 이상점(理想點)은 충분히 살려 정체성을 확보한 작품이라 볼 수 있다. 이런 추상어를 시에서 과용(過用)하면 자칫 과거 지향적 퇴영(退嬰)에 빠지기 쉽다는 점도 환기할 필요가 있다. '고고(孤高)한 체취(體臭)'와 같은 구절은 우리 귀에 익숙한 전래의 관용구이기도 하다. 또 둘째 수 종장 첫 구에 "보이지 않는 암향(暗香)은"이라고 표현했는데 '않는'은 보조용언(補助用言)임으로 "보이지"에 따라붙어 '보이지 않는/ 암향은'으로 읽어야 되니, 이렇게 될 때 5, 3의 음수율이 되어 음보가 어긋남을 유의할 필요가 있다. 갈대에서는 흔히 대나무의 이미지로 등장하는 선비의 고절(孤節) 같은 것이 느껴진다. '바람의 횡포' 이는 아마 세상 강자(强者)들이 부리는 약자(弱者)에 대한 횡포이리라. 그 횡포에 시달려도 우쭐대지 않는다고 했는데 이는 우쭐대는 것이 아니라 속뜻은 '맞서는' 것이라 파악된다. 그런데 '갈대'는 무슨 향기를 풍겨내고 있을까. 갈대꽃은 향기가 없다고 흔히 말하는데 이는 보통의 후각(嗅覺)으로는 챙길 수 없는 향기이기 때문이란다. 그래서 우제선 시인은 그 향기가 체취(體臭)라고 한 듯하다. 화려하지도 애교도 피울 줄 모르는 갈대이지만 그 순수성 속에 숨은 진실성에 시인은 반했고, 그래서 물아일체가 되고 싶은 심경이 일어난 것 같다. 시조에서 중요한 것은 전적으로 관념을 배제하는 것은 아니지만 그보다는 구체적인 심상이나 정서와의 결합을 시작하는 것이다. 그 사례를 이상덕 작품에서 찾아볼 수 있다.

외로움이 가득할 때/ 떠오르는 그 얼굴//
아름다움 찾아와/ 아픔을 달래주는//
그 사람/ 곁에 있으면/ 아픔을 보내겠지.

둥실 떠가는 흰 구름/ 보이지 않는 얼굴//
바위가 반겨주는/ 생각나는 그 얼굴//
그 사람/ 수정 같은 물/ 외로움을 달래겠지.

—이상덕, 「보이지 않는 얼굴」 전수, 새시대시조 봄호, 2009

이 시조의 키워드는 '그 사람'이다. 그 정체는 확실하지 않지만 시인의 시심(詩心)를 용솟게 하는 상상력의 주인공이다. 이상덕 시인에게는 '그 얼굴'은 구상적인 어떤 인물이 될 수도 있고, 추상적 인물일 수도 있다. 아니 절대자이기도 하다고 생각된다. 현상(現象)으로는 보이지 않지만 심상(心象)으로는 환히 보이는 그 존재를 통하여 자신의 삶에 대한 정체성을 표현하고 있는 시조이다. 외로울 때면 그 외로움에 오버랩 되어 나타나는 그 얼굴은 과연 누구인가 궁금증을 자아내게 하는 작품이다. '그 얼굴'은 아름다움을 몰고 와 아픔을 달래주고, 아픔을 가시게도 한다. 막연히 흰 구름 속에 사는 '그 얼굴'—보이지 않는 얼굴은 그리움의 사람으로 이해된다. 그는 수정 같은 마음씨를 지니고 있다. 그는 순수한 마음의 소유자로 외로움을 달래주는 인물이다. 이 작품의 정서는 "외로움"이다. 그래서 '외로움'을 강조하기 위하여 작품의 앞뒤에 수미(首尾)상관(相關)시켜 배치한 것 같다. 인간은 본래 혼자라는 말이 있다. 올 때도 혼자 왔듯이 갈 때도 혼자 가는 것이 인간 삶의 여정이라고 한다. 그래서 생래적(生來的)으로 고독한 존재이다. 그러나 고독을 막연한 희망으로 이기며 그것을 삶의 활력소로 삼아 살아가는 존재가 또한 인간이다. 위 작품에서 작자는 고독을 통하여 현재의 존재감을 느끼고 있다. 이 작품에 나타난 정체의식은 닫힘이 아니라 열림이다. 다만 표현상 유의할 필요가 있는 곳은 둘째 수 초장이다. '둥실 떠가는 흰 구름' '보이지 않는 얼굴' 은 5, 3, 5, 2의 음수율로 5, 5 과음보의 겹침으로 시조의 음보를 힘겹게 하고 있다. 이런 외형적인 점을 빼고 이의 표현상의 작품성을 본다면 영국의 시인이며 비평가인 엠프슨(Empson, Sir William 1906~1984)이 말하는 언어의 뉘앙스로서의 애매성(曖昧性)이 배어 있어 읽는 이들에게 상상력을 자극하는 작품이다.

나무는 입도 없이 물을 잘 빨아올린다.

목숨만큼 계산하고 남는 건 방출하여
순환의/ 깊은 이치를 자연스레 감는다.

숲속의 맑은 흐름 강과 바다 얼우다가
하늘을 높이 올라 구름 끝을 희롱하고
나무숲/ 그리운 밤엔 빗살 곱게 또 내린다.

넘침에도 부족하다 백 길 천 길 쌓아놓고
헛기침만 쏟으면서 인간들은 투정인데
이슬에/ 가슴 씻는 나무, 네 눈빛은 사랑이다.

—문복선, 「나무와 물」 전수, 〈가람문학〉 30호

이 작품은 나무 삶의 신비와 물 삶의 순환성, 인간 삶의 패턴을 세 수의 작품 속에 담아두고 있다. 우리 인간들은 우리의 삶의 편리대로 각 사물이나 일에 의미를 붙이고 그 의미대로 그 사물과 일을 이해하고 생각한다. 그래서 작자는 나무는 입이 없다고 했나 보다. 그러나 어찌 나무가 입이 없겠는가. 입의 역할이 영양분을 흡수하는 기관이요, 숨통의 보조기관이라면 나무에게선 뿌리나 잎이 바로 입이 아닐까. 어쩌든 나무는 인간이나 동물들이 가지고 있는 입과는 생판 다른 뿌리로 생명수를 뽑아 올려 마시고 있다. 나무는 분수를 안다. 안분지족(安分知足)의 지혜를 지니고 있다. 자기 생명체 유지에 필요한 만큼만 취하고 나머지는 밖으로 내보내 되돌려준다.

'물'은 생명체에 있어서 언제나 생명의 원소(元素)이다. 나무는 제 나름의 생명체로서의 정체성을 지니고 이에 어긋나는 짓을 하지 않는다. '물'은 우주 자연의 섭리인 생명의 순환을 하며 세상과 어울려 하나의 세상이 되고 있다. 천지를 오가며 생명체를 기른다. 불교사상으로 보면 '물'은 윤회(輪廻)를 하고 있다. 자기의 본체인 순환(循環)의 정체성을 자연 속에서 발휘하고 있는 것이다. 그런데 인간은 어떤가. 인간의 욕심은 하늘을 뚫고도 남는다고 누가 말했던가. 우리 관용 어구에 '줄수록 양양한다.'는 말이 있다. 작자는 다른 생명체에 비하여 문명된 인간의 삶 누림은 넘친다고 보고 있다. 그런데도 헛기침하고 투정부리고 한다고 작자는 이를 질타(叱咤)하고 있다. 본디 인간의 본체는 나무와 같이 순수한데 살면서 생긴 욕심의 그물에 걸려 이를 벗어나지 못하고 있다. 이에 비하여 나무는 이슬로 욕심의 보따리가 든 가슴을 맑게 씻어내고 욕심 대신 사랑의 눈빛을 세상에 투사(投射)하고 있다. 이 작품은 존재의 본질을 천착하며, 그 본질을 통한 정체의식을 바탕에 깔고 쓴 서정시조라 생각된다.

2.2 현실의식(現實意識)과 서정성(抒情性)

"현실 의식이란 주어진 사물과 생의 총체로부터 그것과 더불어 그것의 형상인 현실을 인식하고 파악하는 의식 및 그 내용이다. —현실의식의 기초는 통각(統覺) 체험에 있다. 통각은 소여(所與)를 수동적으로 접수하는 일상적 지각경험을 전제로 하여 이루어진다. —현실의식의 능동성은 치열한 역사적 체험에서 그 절정을 이룬다."(김지하, 「현실 동인 제1선언」, 「현실의식이란 무엇인가」란 글에서) 어느 시대이고 그 시대에 알맞은 현실의 개성적 풍속이나 의식이 하나의 상징적 기호로 나타난다. 이때의 상징적 기호는 그 시대의 분위기 반영물이다. 개인의 정서는 그 개인이 속한 사회 현실과 유기적으로 긴밀한 관련이 있다. 따라서 시인도 시조의 대상이 현실의 현상임으로 시조는 그런 현실의 인식 속에서 출발하여 사물에 대한 새로움과 그 기능을 대상으로 할 수밖에 없다. 이 때 시인이 대하는 현실은 대개 두 가지의 행동 양태의 서정성을 띠게 된다. 하나는 현실 초월한 입장이며 또 하나는 그 현실과 마주선 대결의 입장이다. 김영환의 「숭례문을 보내며」와 이건영의 「꽃사슴에게」는 후자에 속하는 것으로 현실적 시대 의식을 대립 반영한 작품이다.

지구는/ 온난화로/ 이변(異變)들이 이어지고//
인성(人性)은/ 기절한 채/ 깨어날 줄 모르는가.//
문명이/ 허물고 있네./ 우주의 법칙 자연을.//
—김영환, 「숭례문을 보내며」 전수, 〈시조문학〉 여름호, 2008

위 시조 작품에서 만나는 현실은 현실과 대결하여 직접적 행동을 유발하는 현장성 현실이다. 이 작품은 초장과 중장의 대구(對句) 배치로 전형적인 시조 형태를 보여주면서 인간들의 무분별성(無分別性)과 탈인간성(脫人間性)을 고발하고 있다. 그리고 종장에 가서 그 결과를 배치하고 있다. 이 작품은 시조의 유형으로 볼 때 개념시조에 해당한다고 보겠다. 인성(人性)의 실종(失踪)이 가져오는 환경 파괴를 직설적으로 '온난화' '인성' '기절' '문명' '우주법칙' 등의 추상적 어휘를 사용하여 표현하고 있다. 문명 비판하면서 순수 자연에의 회귀(回歸)를 소망하는 작자의 마음이 여과(濾過)없이 표출되었다. 문명이란 이름으로 파괴되는 자연은 인간에게 재앙(災殃)을 가져다주는데 오늘도 세계 곳곳에서 그것이 멈춰지지 않고 있다. 그 멈춰지지 않는 현실에 대한 안타까운 마음을 "우주의 법칙, 자연이."란 강조법상 도치법을 사용하여 표출해 내고 있다. 주제 의식이 아주 적나라하게 드러난 작품이다.

여기서 '우주의 법칙'은 '우주 법칙'으로 하면 어떨까. 이 작품은 전형적인 전통시조 양식인 초중장의 대구 형식 배치와 종장의 환기가 있어 시조의 정격에 딱 들어맞는데 '우주의 법칙'이 어긋나 있다. 그리고 조금 더 문학성을 생각하여 직설보다는 비유를 통한 사상(寫像)이 살아 숨 쉬는 표현의 묘를 살렸으면 하는 마음도 있다. 이 작품의 모티브는 2008년 2월 10일 밤에 발생한 숭례문 방화 사건이다. 그 많은 전화(戰禍)에도 끄떡 않고 지켜져 왔던 민족 자존심의 상징이었던 국보 제1호가 겨울의 끄트머리를 잡고 고요히 깊어가는 밤에 늙은 망령(「방화」, 채종기·당시69세)이 세상을 뒤집어 놓은 사건이다. 온 민족을 멍한 아픔에 빠뜨린 사건에 대해 조금은 한숨 서린 심회를 보편적 개념으로 단수(單首)에 담아 표현하고 있다.

혹한을 참아 사는 민초(民草)들 신음소리
이념의 울타리 속 꽃사슴 너는 알까
칼보다 무서운 말씀 살을 에는 하루여.

—이건영, 「꽃사슴에게」 전수〈새시대시조〉 봄호, 2009

전형적인 정격시조의 본모습을 보여주는 작품이다. 끝없이 삶의 고달픔을 몸에 달고 사는 것이 민초로 대변되는 서민 생활이다. 민초란 말은 서민들의 끈질긴 삶의 모습이 아무렇게나 들판에 버려진 잡초나 들풀과 같다고 하여 비유적으로 붙여진 이름이다. 문명이 발달할수록 그 사회를 지탱하는 도구적 가치의 추구에서 느끼는 개개인의 소외의식은 깊어갈 수밖에 없다. 그 결과 개인은 박탈감에 시달리게 된다. 이를 독일의 철학자인 위르겐 하버마스는 포스트모더니즘 비판이란 글에서 "삶의 세계의 식민지화"라 지칭하고 있는데, 이는 개성의 상실로 인간의 자율성이나 창조성, 내면성의 상실을 가져오게 된 현상을 말한다. 이런 현상은 특히 서민의 삶에서 두드러지게 나타난다. 그러기에 민초들의 삶의 현실은 누구에게나 그 느낌이 고달프고 춥다. 그래서 신음하지 않을 수 없다. 이 작품에서의 '민초'는 여리고 약한 존재의 이미지이지만 '꽃사슴'은 이에 대립되는 고귀한 존재, 아픔을 모르는 존재, 어려움을 모르는 삶의 상위 계층에 속하는 강자의 이미지이다. 그리고 '혹한'은 빈약한 삶을 사는 이들이 떨어야 하는 현실이며, '이념의 울타리'란 말은 사회 선도자들이 내뱉는 자기 합리화적 사고와 행동에 갇혀 주변을 돌볼 줄 모르는 상황이라고 추정되는데, 거기에 꽃사슴이 살면서 민초들에게는 생을 좌우하는 무서운 말들을 아무렇지도 않게 함으로써 민초들로 하여금 하루하루가 살을 에는 삶의 연속임을 느끼고 겪게 한다. 이 작품도 앞의 작품과 같이 현실과의 대결(對決), 고발(告發) 양상을 보여주는 다분히 비평적 시조이다. 대개 사회 고발성이 있는 작품은 직설적이기 쉬운데 이 작품은 표현 기교에서 시적 비유와 상징을 적절히 배치하여 이미지를 통한 통각(統覺) 체험을 경험하게 함으로써 문학성을 얻은 작품이라고 여겨진다.

2.3 서원의식(誓願意識))과 서정성(抒情性)

현대시나 현대시조가 아직도 이 땅의 독자를 확실하게 확보하지 못하고 관심 밖에서 발버둥치는 것은 시인의 시적 상상력이 독자의 공감 밖에서 자아도취(自我陶醉)에 빠져 있던 데에 있었다 한다. 문학은 인간의 정신 통로에서 공감대를 형성하여야 하는데 인간에 있어 공감과 체험의 진폭(振幅)을 넓게 해주는 길 가운데 하나는 서원(誓願orayer)의식이다. 이는 예로부터 기원(祈願)에서 출발하였다. 인간 생활을 혼돈과 어둠, 절망(絶望)의 지평이 펼쳐진 곳에 있다고 보고, 이를 뛰어넘기 위한 마음 자세에서 기원의식이 생기게 된다. 이는 서구 물질주의에 휘청거리는 정신의 기저를 받혀주는 주춧돌 역할을 한다. 우리는 늘 치열한 삶을 살며 이상을 펼치며 절망을 수평선 저쪽으로 멀리 보내려고 쉴 새 없이 기원하고 기도한다. 이런 갈구(渴求)가 바로 서원의식으로 나타난다. 이런 인간의 의식은 시대를 초월하여 존재한다. 인간은 신성(神聖) 회복(回復)을 좋아하는데 이를 위하여 시나 시조는 그 일익(一翼)의 기능자 역할을 한다. 이에 해당하는 것으로는 이도현의 「달항아리」, 김성숙의 「기도」 등이 있다.

> 하얀 마음으로/ 기도하게 하소서./
> 텅 빈 가슴으로/ 사랑하게 하소서./
> 둥글게 하늘 문 열고/ 세상 품게 하소서.
>
> —이도현, 「달항아리·1」 전수〈가람문학〉 30집

달항아리는 국립중앙박물관에 소장된 보물 1437호의 조선 시대 달항아리가 대표적이다. 모양이 달덩이처럼 둥글고 원만하다고 하여 달항아리로 불리는데, 대략 17세기 후반부터 18세기 전반까지 만들어졌다고 한다. 맑은 흰빛과 너그러운 둥근 맛으로 요약되는 조선 백자의 미를 대표하는 항아리로 꼽힌다. 아무런 장식 없이 희고 깨끗한 색깔과 둥글둥글한 생김새에서 넉넉하고 아름다운 보름달이 떠올려진다. 그리고 그 모습이 몹시 순정적이며 티가 없다. 비움의 미학이란 말이 있다. 비움으로써 아름다움을 얻는다는 말이다. 이 작품이 그것이다. '하얀 마음' '텅 빈 가슴' '둥글게' '하늘 문' 등 비움이 있는 시각적 이미지와 촉각적 이미지로 된 비유어를 통하여 욕심 없음을 표출하고 있다. 달항아리의 꾸밈없음을 통하여 스스로도 그리 되기를 소망하는 기원의 시이다. '하얀 마음'은 어떤 물욕도 탐욕도 끼어들어 있지 않은 말 그대로 깨끗하고 청정(淸淨)한 상태를 가지고 무한을 표용할 수 있는 마음 상태를 공감각적으로 표현한 시어이며, '텅 빈 가슴'은 허전한 가슴이 아니라 오히려 순수로 가득 찬 가슴이다. 청정한 마음으로 기도하고, 순수의 가슴으로 사랑을 하게 해달라고 시인은 서원(誓願)하고 있다. '~하소서'와 같은 기원형(祈願形) 어미는 '나'를 존재하게 하고 행동하게 하는 절대자와 연관되고 있다. 논어의 위정편(爲政篇)에 보면 '사무사(思無邪)'라는 말이 있다. '생각함에 거짓됨이 없이 바르다'는 뜻이다. 그 사무사적(思無邪的)인 기원의식이 여기에 숨 쉬고 있는 아름다운 정감이 느껴지는 작품이다.

아득히 먼 하늘을/ 욕심껏 당겨놓고//
황홀하단 거짓말로/ 속 찬 생을 비워내며//
낮아진 순례의 옷자락 뿌리까지 잔잔해.

울음 풀어 씻는 허울/ 갈급한 무릎 사이//
결 고운 호흡으로/ 낯선 길에 접어들면//
걸러서 빚어낸 영혼의 품 안겨오는 백합향.

—김성숙, 「기도」 전수〈시조문학〉 겨울호, 2008

김성숙은 자연미가 풍기는 실용어를 시어로 사용하면서 외면적 자연의 세계를 내면적인 인간의 세계로 끌어당겨 기독교 정신을 바탕한 기원의식을 보여 주고 있다. 이 시조에서 시적 자아는 '당겨놓고' '황홀하단' '비워내며' '순례의 옷자락' 등 적극적이면서도 함축적 의미가 개재된 말들을 구사하여 기원의 마음 자세를 보여주고 있다. 둘째 수의 '울음 풀어 씻는 허울' '낯선 길에 접어들면'은 기원의 자세와는 거리가 있는 듯하나 종장의 '걸러서 빚어낸 영혼의 품'은 절대자에게 안기고자하는 간절한 소망이 절절하다. 다만 이 구절은 시조의 음수 배치에 문제가 있는 듯하다. "걸러서/ 빚어낸 영혼의 품"으로 하여 3, 7로 생각하여 그리한 듯하다. 그런데 이는 언어 구조상 '걸러서'는 '빚어낸'이 받는 부사어로 '걸러서 빚어낸'이 서로 붙어 덩어리 말이 되어야 하니 음보율 배치가 6, 4로 되는 것이 아닐까. 이 작품은 기독교적 믿음이 신앙적 차원에서 승화되고 있음을 느끼게 한다. 현실적 자아와 가치 추구의 자아가 서로 합일(合一)되는 마음을 표현하고 있다. 현실을 삶의 광장과 미래의 참된 나를 만나는 만남의 광장으로 파악하고 있다. 시나 시조에 있어서 신앙적 배경은 시적 화자의 목소리를 더욱 깊고 부드럽게 해주는 구실을 한다. 기원(祈願)의 자세를 통하여 하늘과 자아(自我)의 거리를 좁히고 생의 욕심을 비워내며 종교에의 귀의(歸依)는 마음의 평온을 가져온다고 첫수에서 표현하고 있다. 그리고 둘째 수에서는 세상의 울음을 풀어내며 세상의 길이 아닌 신령의 길이 낯설기는 하지만 그 길은 백합처럼 향기로운 길이라고 하여 깊은 신앙심(信仰心)을 갈망(渴望)하는 기원을 표출하고 있다.

말로 다할 수 없는/ 주신 은혜 감사하고//
은혜가 차고 넘쳐/ 모든 일 형통하니//

여생을 사랑의 빚진 자로/ 섬기면서 베풀리라.

—정순량, 「빚진 자」 전수〈가람문학〉 30집

이 작품에서의 서정적 자아는 은혜를 준 '하나님'에 대한 절대적 믿음에서 출발한다. 이런 마음 자세는 기독교적 세계관과 맥을 잇고 있다. '하나님'은 우주 삼라만상을 주재하는 절대자이다. 이 시에서 시적 자아인 '나'를 존재하게 하고 행동으로 나서게 한 것은 '나' 아닌 '하나님'이다. 이 시 속의 자아는 기독교적 섭리 사관에 크게 기대고 있다. 이 시속의 자아인 '나'는 무한한 은혜와 사랑을 베푸는 '하나님'에 예속(隷屬)되고 있다. '나'는 감동(感動)의 존재일 뿐이다. 무량(無量)한 '하나님'이 주신 은혜, 만사형통(萬事亨通)하게 한 '하나님'에 대한 감사의 마음, 이것은 결국 삶의 빛이 되고 있다.

그래서 남은 생(生) 동안 '하나님'을 섬기며 스스로도 누군가, 또는 어디에 베풀음을 하며 살겠다는 다짐의 서원(誓願)을 하고 있다.

2.4 탐미의식(耽美意識)과 서정성(抒情性)

탐미의식의 문학은 문학을 아름다움 그 자체만을 위한 자족적, 자율적인 존재라고 보고 문학에서의 기교의 가치는 미적 가치의 발현이라고 보는 관점의 세계관을 가지고 표현된 작품이다.

정신보다도 관능을 중시하고, 도덕성보다 미(美)의 세계에 빠지고 내용보다 예술적 형식을 중요시하는 르네상스에서 나타나는 현상이다. 이런 경향은 고대 헬레니즘에서 그 근원을 찾아볼 수 있다. 근대에 와서는 이것이 예술을 위한 예술 'l'art pour l'art' 이론이 퍼지면서 문학은 아름다움 자체를 위하여 존재한다는 생각을 낳게 되었다. 그러므로 현대에 와서의 탐미의식은 주관적이고 감동적인 데에 미적 가치의 중심을 두고 있다. 그러나 단순한 미적 가치뿐만 아니라 관조적이며 사고(思考)적인 미의식(美意識)까지도 포괄하고 있다. 이런 경향의 작품은 신재후의 「수락산」, 김길순의 「연꽃」 등이다.

관악산 우러르며/ 새 소리로 마음 씻고//
동두천 소요산은/ 골짜기도 유아(幽雅)하다//
곡곡(曲曲)의/ 비경을 보며/ 꿈의 시화(詩畵) 엮는다.

노목(老木) 숲 울창하고/ 좋은 조망(眺望) 열려 있네.//
약수굴(藥水窟) 자재암(自在庵)엔/ 원효대사 숨결 들려//
시원한/ 수락산봉은/ 산행 맛이 더 짙어.

—신재후, 「수락산(水落山)」 전수〈새시대시조〉 가을호, 2008

이 작품을 보니 “멀리 한적한 산굽이 비스듬히 휘도는 돌길을 따라 오르니/ 흰 구름 피어나는 곳에 몇 채의 인가가 있어/ 수레를 멈추고 석양에 비치는 단풍 숲을 보니/ 서리 맞은 단풍잎! 이월에 핀 꽃보다도 붉구나(遠上寒山石徑斜/ 白雲生處有人家/ 停車坐愛楓林晩/ 霜葉紅於二月花)” 하는 두보(杜甫)의 「산행(山行)」이란 작품이 떠올랐다. 자연에 동화되어 자연 속에서 자연이 되어 유유자적(悠悠自適)하는 시인의 모습이 선연하다. 일찍이 동양의 시화(詩話)들은 “자연(경치) 속에 시가 있고, 시 속에 경치(자연)가 있다.(景中詩 詩中景)이라 했다.” 신재후 시인은 이 말에 호응(呼應)이라도 한 듯하다. 마음을 새소리로 씻는다는 것은 이미 자연 동화의 경지이다. 그러다 보니 보이는 골짜기는 그윽하고 우아하여 그 자체가 한 폭의 시화(詩畵)가 되고 있다. 시인의 시심(詩心)과 자연인 산심(山心)이 혼연일체(渾然一體)가 된 시조이다. 이 작품은 감정 몰입이 매우 두드러지고 감흥(感興)의 진폭(震幅)이 잔잔한 가운데 넓게 퍼지고 있다. 작자는 약수굴(藥水窟) 자재암(自在庵)에서 원효대사의 숨결을 들었다고 했다. 아마 초자연적 무욕(無慾)의 묵언(默言)을 듣고 공(空)의 세계를 느끼지 않았을까. 이 작품은 탈속(脫俗)의 세계를 우리보고 느껴보라고 하는 듯하다. '우아(幽雅)' '비경(秘境)' '조망(眺望)' 등의 시어는 감정을 차분히 눌러주는 역할을 하고 있다. 풍기는 느낌이 조용함을 자아내게 하는 시어(詩語)이다. 시인은 자연에서 느끼는 격렬한 감정을 차분히 누르고 감정을 곰삭혀 미적 감흥을 표출하고 있는데 그 모든 감흥을 "산행 맛이 더 짙어."라는 시구(詩句)로 요약하고 있다. 자연으로 마음을 씻고, 시화(詩畵)를 엮으며, 자연을 조망(眺望)하고, 자연의 맛을 느끼는 시인은 자연의 미에 홀딱 반하여 자연이 되고 있는 듯하다. 자연을 관조(觀照)한 미적 시안(詩眼)이 유려(流麗)하게 드러난 작품이다. 한 가지 쌀독에 뉘라면 종장의 첫 구에 '의'를 씀은 시조의 대미(大尾)를 장식하는데 전통적으로 안 쓰는 것이 통례라 하여 기피하는데 "곡곡의 비경을 보며" 표현한 점이라 하겠다. 차라리 "곡곡 비경을 보며"했으면 더 좋지 않았을는지.

얼마를 사모하여/ 미소로 피었는가.//
번지는 자리마다/ 차오르는 그리운 빛//
찬 이슬 달이고 달여/ 별빛 되어 달빛 되어.

—김길순,「연꽃」전수〈가람문학〉30집

위 작품은 부여 연꽃 축제 시화전에 선보인 것으로 전통적인 운율 및 음보를 갖춘 평시조의 전범(典範)을 보여주고 있다. 앞의 작품이 인간의 자연화 즉 의물법(擬物法)으로 이루어진 것이라면 이 작품은 자연의 인간화 즉, 의인법(擬人法)으로 이루어진 작품이다. 그리고 앞의 작품이 묘사로 이루어진 작품이라면 이 작품은 '사모하여'→'미소로 피고' '이슬을 달여'→'별빛, 달빛 되어'와 같이 감정이입이 되어 독자로 하여금 내면투사작용(內面投射作用)에 의하여 시적 대상 속에 스스로가 들어가 있는 듯이 느끼게 하는 인과관계(因果關係)에 의한 윤회적(輪廻的) 변이(變異)가 이루어져 순수하고 순박한 연꽃의 이미지가 맑고 밝게 드러나 있다. 얼마나 깔끔하고 얼마나 아름다운 정경인가. 여기에 쓰인 시어는 여성적 이미지가 있는 것들이다. '사모' '미소' '달빛' '별빛' 등이 그것이다. 그래 그런지 이 작품은 교교(皎皎)한 달밤에 한복 고이 차려 입고 뜰을 거니는 젊은 여인의 모습이 떠오른다. 시조는 언외지의(言外之意)나 여운(餘韻)이 표현의 묘(妙)가 되고 있다. 이 작품에서 종장 끝맺음을 "별빛 되어 달빛 되어."라고 하여 열린 구조로 함으로써 그 묘를 보여주고 있다. 그 생략의 내용은 상상하는 이에 따라 아마 여러 가지의 의미 내용을 채워 넣을 수 있을 것이다. 읽는 이에게 숱한 상상의 날개를 펼치도록 하고 있다. 시나 시조에서의 이런 생략 기법에 의한 구조(構造)는 무한한 가능성(可能性)을 열어두는 역할(役割)을 한다.

> 옹이진 아픔 잊고/ 늘 푸른 너이기에//
> 단장한 맑은 얼굴/ 하늘 향해 열렸어라.//
> 고결한/ 청정함이여./ 그대 이름 사랑이라.
>
> —이홍우, 「연꽃의 마음」 전수〈시조문학〉 가을호, 2009

이 작품에 대하여 작품 해설을 쓴 김병희(문학박사)는"물 위에 핀 연꽃의 모습에서 하늘을 향해 열린 마음을 읽어낸다. 고결하고 청정한 존재이기에 꽃잎을 피우는 일조차 하늘과 소통하려는 몸짓이라고 전제하여 시인은 그 마음을 사랑이라 일컫는다."고 하고 있다. 사랑은 세상을 포용하는 마음의 상태를 표현하는 미학적인 단어이다. '아픔도 잊고' '고결하고 청정'하게 티 없는 모습으로 살아가는 청정무구(淸靜無垢)의 삶을 유미적(唯美的) 시야(視野)로 표현하고 있는 작품이다.

2.5 영상의식(映像意識)과 서정성(抒情性)

시조에 나타난 지배적 인식이 영상의식으로 구조 형성된 이미지 중심의 작품을 말한다. 즉, 언어로 그려내는 풍경화 형태를 띤 영상조립시점(frane image— 문덕수, 문장 강의, 시문학사, 1985. p63)으로 구축된 현대시조가 이에 해당한다. 일반적으로 물리적 공간에 시적 시야의 축을 형성하고 가시권 안에서 이루어지거나 있는 일, 있을 수 있는 일을 묘사하는 것은 서경적 회전시점이다. 이는 영상조립시점과는 그 구축하는 면이 똑 같지 않다. 그렇지만 이도 이미지의 시적 경향을 보여주는 현대시조의 한 양상으로 나타나고 있지만 영상의식과는 좀 거리가 있다.

원래 이미지란 말은 심리학적 용어로 마음속에 그려지는 사물의 감각적 영상을 가리킨다. 주로 시각적이나 감각적인 것도 이런 이미지이다. 일찍이 프랑스의 시인이며 비평가인 폴 발레리(Valery, Paul)가 현대시는 80%가 이미지로 이루어졌다고 말했듯이 요즘 시나 시조의 흐름에서 이는 빼놓을 수 없는 감초(甘草)이다. 오래 전에 우리 시조에는 이런 계통의 작품이 있었는데 그것이 현대와 접맥되고 있는 것 같다는 느낌을 가지게 한다. 고려말 이색의 작품 "백설이 잦아진 골에 구름이 머흘레라/ 반가온 매화는 어느 곳에 픠었는고/ 석양에 홀로 셔 이셔 갈 곳 몰라 하노라." 이 바로 그것이다. 은유와 상징이 작품 속에 눈 뜨고 있는 시조이다. 백설이 휘날리고 먹구름이 몰아치는 현실이지만 그것을 이기고 매화꽃은 어딘가 필 것이라는 상상의 날개를 펼치고 있다. 저물녘 갈 곳 없이 홀로 헤매는 이의 모습이 머릿속에 한 폭의 사실적 풍경화를 그려놓고 있다. 여기서 '구름'은 '간신 무리'. '매화'는 '우국지사'. '석양'은 '기울어가는 왕조'이다. 현실적 상황을 자연의 경치에 빗대 표현하고 있다. 스산한 한 폭의 동양화가 연상되지 않는가. 현대시조로 영상의식을 서정적으로 승화시킨 작품으로 이런 환치(換置) 은유를 통한 이미지의 펼침을 보여준 작품엔 필자의 '별' 김옥중의 '달' 등이 있다.

밤하늘 앙가슴에 깨져 박힌 유리조각들
예리하게 반짝이며 어둠살을 저며 낸다.
하얗게 날 세운 날로 우리 죄도 도려냈으면…….

—필자, 「별」 전수〈새시대 시조〉 봄호, 2008

이 작품에 대하여 박영교(한국시조시인협회 수석부회장)는 「좀 더 참신한 시조를 위하여」(새시대시조 2008 여름호 계간평)란 글에서 현대시조는 상식을 초월하고, 의식의 혁명, 패러다임의 변화, 은유법과 상상력을 동원하여 이미지로서 시를 담아내야 한다.(윤금초, 「현대시조 쓰기」의 10계명)는 말을 인용하여 「별」을 읽으면 우리 인간사 속에는 많은 일들이 잘못된 것으로 나타나는 점이 많다는 것을 함께 느낄 수 있었다. 시인은 밤하늘의 별빛을 햇빛 받은 유리조각에 은유하여 표현하면서 그 예리한 빛들은 어둠살을 저며 낸다고 했다. 종장에 가서 시인은 그 어둠살을 저며 내는 그 예리한 빛으로(칼날로 은유) 우리들의 죄(罪)를 도려내 주기를 바라는 마음을 피력(披瀝)하고 있다고 하였다. 이 작품에서 '밤하늘'은 인정이 메말라 가고 거짓이 판치는 어두운 현실(現實) 세계를 은유(隱喩)한 시어이며, '앙가슴'은 그런 음침하고 부조리한 세계에 가슴 조이며 사는 우리들의 모습을, '유리조각'은 별들을 은유한 말로 그런 어둠과 부조리를 도려낼 밝고 환한 세력을 이미지화한 것이다. 밤하늘의 어둠을 뚫고 반짝이는 별이 깨져 흩어진 유리조각 같다는 발상에서 나와 그 별들이 예리한 판단력으로 어둠(부조리)을 도려내고 있는 듯, 시각적 이미지와 촉각적 이미지로 교직(教職)하여 한 폭의 영상 그림으로 표현하려 했다. 또한 생략의 여운을 줌으로써 상상(想像) 날개를 펼칠 공간도 제공하려 했다.

선운사 법고가 하늘에 걸려 있다.
동짓달 바람이 밤새도록 두드려도

두 귀는
어수룩하여
가슴으로 듣고 있다.

—김옥중, 「달」 전수〈가람문학〉 30집

선운사는 전남 고창군에 있는 사찰(寺刹)이다. 이 시를 읽어보면 한적한 그 산사(山寺)에서 불심(佛心)을 염송(念誦)하며 기원하는 불자(佛子)의 모습이 떠오른다. 불법을 가슴에 울려주는 '법고(法鼓)가 하늘에 걸려 있다.'고 하여 불법의 높음을 은연중 표현하고 있다. 인간이 아닌 바람도 나무(南無—신명(身命)을 던져 돌아가 의지함)의 심정이 들었던지 밤 새워 법고를 두드린다. 그러나 귀가 밝지 못하여 귀로는 듣지는 못하고 울리는 소리만 가슴으로 듣고 있다. 원래 불법은 불립문자(不立文字)라 하니 언어 밖의 진리가 아닌가. 그래서 바람도 어차피 속세의 존재이니 이를 쉽게 깨닫지 못하는 게 당연한 것 같다. 작자는 그 진리를 깨우쳐 주는 존재로 '달'을 상정(想定)하고 있다. 달을 법고에 비유(은유)한 것이 새롭고 그 법고를 바람이 두드린다고 하여 울림을 주고 있다. 달은 법고가 되고 바람은 불심을 그리며 염불(念佛)을 드리는 자로 은유하여 머릿속에 영상을 만들어 주고 있다. 동짓달은 한 해를 넘기는 고비의 달이다. 마지막은 언제나 간절한 것이다. 동짓달 바람은 매섭다. 성깔은 매섭지만 그리는 염원은 간절하여 법고를 두드리며 소원을 염(念)하는가 보다. 속세의 만상(萬象)은 본디 무(無)요, 유한한 존재이니 무한 존재의 법도를 어찌 쉽게 눈치 챌 수 있겠는가. 이 작품도 표현에서 시각과 촉각적 이미지가 청각적 이미지로 초, 중장에 대립 배치되어 공감적 언어의 그림을 만들어 내고 있다.

3. 나가며

서정성(抒情性)은 마음 갈피에 일어나는 정서의 물결을 그려내는 한 편의 회화(繪畫)이다. 시(詩)와 시조(時調)는 이를 외면(外面)할 수 없다. 세상이 다변화됨에 따라 문학의 양상도 다기다양(多岐多樣)하게 나타나고 있지만 시문학(詩文學)의 저류(低流)에는 늘 서정성이 흐르고 있다. 현대시조에서의 서정성은 현실적 삶의 조건을 구체적으로 섬세하게 그려내려는 자세에서 드러난다. 시인 자신이 현실의 현상을 보고 느끼고 체험한 미적 정서를 생생하게 나타냄으로써 서정의 물결을 만들어낸다. 이는 시조문학이 가지는 특별한 영역으로 시인의 선명한 자각과 직관을 통한 체험 공간의 확장에 의해서 갖추어진다. 현대에 와서 문학이 추구하던 인간의 초월, 도덕적, 심미적 가치가 차츰 버려지려 하고 있다. 그러나 이는 버릴 수 없는 인간 삶에 있어서의 가치관이기에 문학에서의 서정성 심화(深化)와 확장(擴張)은 시대를 초월한 주요한 과제이다. 그러므로 현대시조는 현실 사회 속에서 그 시적 대상을 새로운 미적 범주로 수용하는 통로를 찾아 창조적 역량으로 서정성을 모색할 필요가 있다. 오늘날 시인들에게 요구되는 것은 지난 연대의 특정한 사회적 정황의 표현을 모방함으로써 작품의 미적 구조를 도외시하는 시조 쓰기를 해서는 안 되고, 모름지기 미적 진정성이 깃든 진지한 작업 'Arveit' 태도를 견지(堅持)한 작업을 하여야 한다고 본다. 현대시조는 추상적(抽象的) 교학적(教學的)인 서술이 아니라 독특한 감흥을 자아내는 미적 가치가 신선한 이미지로 구상적 서정성으로 표출되어야 한다. 아울러 시조의 틀을 망가뜨리는 변형시조(變形時調), 사이비(似而非)시조를 써서는 안 된다. 이는 사람을 성형하여 예쁘게 만든다고 있는 뼈 옆에 쓸데없는 뼈를 더덕더덕 덧대거나 있는 뼈 몇 개를 뽑아버리어 병신을 만든 꼴과 다름이 없다. 아주 부득이 한 경우를 제외하고는 정격(正格)시조(전통율격이 지켜진 것)를 쓰도록 표현에 신경을 쓸 필요가 있다.

회화적繪畵的 경향傾向의 시조 작품들

시조는 어느 문학 장르보다 율격이 중시되는 문학이다. 그 율격을 소홀히 하면 시조의 본성(本性)으로부터 멀어지게 된다. 그렇다고 율격에 그저 말만 붙여 놓으면 되는 것도 아니다. 그래서 시조는 제약이 많아 쓰기에 여간 힘이 드는 것이 아니다. 시조 작품은 작품으로서의 작품성과 함께 백수(白水) 정완영 시백이 밝혔듯이 "날고, 들이고, 후루루 감는" 물레질과도 같은 내용 및 형태 구조도 들어맞아야 한다. 이미 율격에 대하여는 여러 사람이 여러 곳에서 시대를 초월하여 언급하고 있기에 여기서는 부연하지 않기로 한다. 다만 현대시조가 현대시와 다른 점은 무엇인가를 생각해 볼 필요가 있다. 한 마디로 현대시조는 전래의 전통(傳統)이 된 구(句) 및 장(章)의 상호 호응과 대립 등 팽팽한 긴장감 속에 시조의 틀이 짜여야 하며 신선(新鮮)한 여유와 운치가 있어야 하고 종장의 점층적 기법은 잘 살려주어야 한다. 여기서 이런 면을 고려하여 율격을 잘 지키면서도 이미지를 살려 정신적 그림을 오묘하게 표현해 내고 있는 시조 작품들이 있다. 이미지즘의 시를 회화시(繪畵詩)라고 하듯이 이런 시조는 가히 회화시조(繪畵時調)라 할 수 있다. 회화시(繪畵詩)라는 말은 서기 5, 6세기경 그리스 서정시인인 시모니데스가 "그림은 말없는 시이며, 시는 말하는 그림이다."라고 하여 시와 회화의 자매성(姉妹性)을 언급한 것이 효시

(嚆矢)라고 알려져 있다. 이런 문학의 모습은 서양의 풍경화나 정물화 혹은 동양의 산수화(山水畵) 등의 회화의 표현방식과 유사한 경향을 보인다. 그러나 실제의 풍물이나 산수가 아닌 마음과 상상 속의 그것이다. 회화의 중심 시학은 18, 19세기에 들어서면서 활발한 토론의 대상이 되면서 오늘날 현대시와 회화의 장을 풍요롭게 하는 소중한 토양으로 새로운 장르의 시와 예술을 꽃피우게 하였다.

이런 경향은 현대시조에도 영향을 미쳤다. 현대시조에서 이에 걸맞은 몇몇 작품을 여기에 소개하며 감상해 보기로 한다. 시조쓰기에서의 전개 기법에는 여러 가지가 있을 수 있겠지만 여기서는 주로 이미지즘의 시조 작품을 문제로 올려 이미지의 형상화 과정에서 나타나는 그 전개 방식에 따라 선경후정의 원리가 적용된 작품과 상징과 생략의 묘도 빼놓을 수 없는 기법이기에 이런 작품도 만나보기로 한다. 아울러 요즘의 시조 형태는 대체적으로 세 가지 표현 유형을 보여 주고 있는데, 정격, 변격, 변형시조의 모습이 그것이다. 여기서 변형시조란 말은 연형시조도 장형시조도 아닌 어정쩡한 형태를 보여주는 것으로 시조라고 써서 지면을 채우고는 있지만 시조인지 시인지 그 형태가 불분명한 것을 두고 하는 말이다. 이런 변형시조는 엄격한 의미에서 시조가 아니다. 따라서 여기서는 이런 종류는 논의의 대상이 아니기에 제외하고, 이에 알맞은 보기가 되는 작품을 살펴보기로 한다.

이미지 (image)란 본디 '그림자' '모조'라는 뜻을 가진 말인데 우리말로는 '심상(心象)' '영상(映像)'을 지칭한다. 이는 사람의 마음속에 그려지는 사물의 감각적 영상(映像)으로 주로 시각적인 것을 말한다. 하지만 시각 이외의 감각적 심상(心象)도 이미지라고 한다. 따라서 예술분야에서는 표현 대상을 감각적으로 호소하기 위하여 묘사—주로 은유적인 표현—하는 것을 말한다. 우리는 언어로서 시나 시조를 쓰고, 쓰인 시나 시조를 통해서 여러 가지 모습을 마음속에 복사(copy)하게 되는데 그것이 이미지이다. 즉, 우리의 지각이나 감각 작용으로 체득된 경험이 마음속에 잠재하여 있다가 새로운 모습으로 재생되어 표출되는 것이 이미지의 생성이다. 그래 그런지 프랑스의 시인이자 비평가인 폴 발레리(Valery, Paul)는 '현대시는 80%가 이미지로 이루어져 있다'고 갈파(喝破)했다.

1. 이미지가 숨 쉬는 선경후정(先景後情) 원리의 작품들

1.1 선경후정(先景後情) 원리(原理)의 시조 작품

일반적으로 이미지가 살아 숨 쉬는 작품은 대부분 선경 후정(先景後情) 원리를 갖추고 있는 서정 시조이다. 초 · 중장에서는 경치(先景)를 묘사 표출하고, 종장에 이르러 그에 촉발된 작자(시인)의 정서(後情)를 표출해내는 구조를 취하고 있다. 이때 이를 표현하는 이미지들은 대부분 시각적인 것이지만 시각적(視覺的) · 청각적(聽覺的) · 촉각적(觸覺的) 이미지가 결합되어 공감각적(共感覺的) 이미지로 표출되어 나타나는 것이 적지 않다. 이런 표현의 틀은 중국의 한시(漢詩)의 영향을 받은 것이라 짐작된다. 특히 두보(杜甫)의 시에 이런 모습이 두드러지게 나타나고 있다. 이렇게 작품 속의 이미지는 하나의 정신적 그림을 뇌리(腦裏)에 그려준다. 그래서 이런 시조를 회화(繪畫)시조(時調)라 정의(定義)하고 있다.

정오의 빈 들녘에 핏빛 노을이 타오른다.

숨찬 경운기 부대 속속 읍내로 들어서고……

물 건너
몰려온 한파(寒波)
우짖고 있는 풀뿌리.

성난 쌀, 그 쌀 상여여. 전대미문(前代未聞)의 만장이여.

무너진 상복 행렬 쇠장터에 진을 치고……

한겨울
밤이 깊어도
들불 거푸 치솟는다.

어둡고 차운 고개 허위넘는 떼기침 소리

해진 농기(農旗) 몇 개 지쳐 쓰러진 마을 어귀로

뜻 모를
먼동이 튼다.
새벽 닭이 홰를 친다.

송선영 시인의 「신·귀성록(新·歸省錄)」이다. 초, 중장은 장별(章別) 배행, 종장은 구별(句別) 배행을 시킨 작품이다. 들녘, 노을, 풀뿌리, 만장, 상복행렬, 들불, 농기(農旗), 닭의 시각적 이미지와 우짖고, 떼기침, (홰를)친다의 청각적 이미지 그리고 숨찬, 한파, 차운, 허위 등의 촉각 이미지가 어울려 있는 공감각적 이미지로 비통함의 정서를 호소하는 풍경이 그려진 회화 시조이다. 즉, 여러 이미지를 동원하여 쌀 수입 개방에 따른 농촌의 위기 상황과 절박함을 표현해 주고 있다. 한낮에 피땀 흘려 가꿔 거둔 볏가리를 들녘에 쌓아놓고 불 질러 때 아닌 때 서글픈 노을을 만들어 놓고, 경운기를 몰고 항의 시위를 하려고 시내로 모여 외국산 농산물 수입 반대를 외치는 모습과 그에서 느끼는 처연(悽然)함이 첫 수에 그려져 있고, 둘째 수에서는 농민의 성난 인심이 서린 쌀가마를 상여에 얹어 싣고 상복 차림으로 쇠장터에 모여 항의 글귀가 적힌 만장을 앞세워 횃불을 들고 데모하는 모습과 잠 못 드는 농심(農心)을 선명하게 보여주고 있으며, 마지막 수에서는 밤새워 얻은 것은 기침뿐인 몸을 추슬러 돌아온 황폐한 마을 모습을 그렸다. 삶을 알리는 무심한 닭울음소리가 오히려 을씨년스럽다. 이 작품은 주로 초, 중장에서 풍경을, 종장에서 정리(情理)를 표현하고 있다.

봄바람 밀어내고
일렁이는 초록 물결

푸른 숲 푸른 내음
풀꽃처럼 퍼지는데

돌 틈에 녹색 불빛은
나그네를 붙잡네.

이상덕 시인의 「초여름 산」이란 구별(句別) 배행된 시조 첫째 수이다. 이 작품은 시각의 후각화가 이루어진 공감각적 이미지로 시적 정경을 펼친 전형적인 선경후정(先景後情)의 시조이다. 초장 '일렁이는 초록 물결'과 중장의 '푸른 내음'은 짙어지는 신록의 모습을 금방 초여름 산의 싱그러운 모습을 눈앞에 선연하게 한다. 여기서 '밀어내고' '초록 물결' '푸른 내음' 등은 사실적 표현이 아닌 시적 표현이다. 이런 표현이 이미지즘이 되고 있다. 초, 중장이 선경(先景)에 해당되고, 종장이 후정(後情)에 해당하는 한 폭의 그림을 보는 듯한 회화시조라 하겠다. 이 작품에서 초장의 '봄바람 밀어내고'는 역동성(力動性)이 보이는 가구(佳句)이다.

흙 묻은 호미 놓고
땀 밴 웃옷 벗어두고

느티나무 그늘에서
오수(午睡)에 깊이 든 이

꿈에선
어느 영토에
맹주로나 앉았을까.

이 작품은 김광수 시인의 「故鄕抒情·6」이란 구별 배행된 시조 전문이다. 호흡이 길지 않은 단형시조로 초, 중장에서는 한여름 땡볕 아래 호미로 논밭의 풀을 매다가 흥건히 땀이 밴 삼베 등걸이 웃옷을 벗어놓고 느티나무 밑에서 낮잠을 즐기는 시골 고향 사람들의 그리운 모습을 심상 삼아 선경(先景)을 펼쳐 보이고, 종장에서는 현실로는 더 없이 고달픈 존재이지만 꿈에서나마 당당한 영주의 모습으로 앉았을 것이라는 희망적 생각을 심상으로 후정(後情)을 표현하고 있다.

홍화 빛 햇살 한 줌
시린 눈을 비벼댄다.

노랗게 익은 들판
젖은 꿈을 말리었다.

가슴팍 헤집어대며
너울 이는 그리움

양명천 시인의 「석양」이란 구별 배행 시조이다. 이 작품도 전형적인 선경후정(先景後情)의 작품이다. 홍화는 잇꽃이라고도 하는데 여름에 붉은 꽃을 피우는 풀로 꽃은 말려 조혈 화혈(調血和血), 통경지통(通經止痛) 한약재로 쓰인다고 되어 있다. 붉게 타오르며 지는 석양(夕陽)의 모습을 '홍화 빛'이라고 하였다. 종장의 '너울이는'은 '너울 이는'으로 띄어쓰기가 되어야 할 듯하여 그리 표기하였다. 초장에서는 서산에 넘어가는 눈부신 햇살을, 중장에서는 가을 들판의 여문 곡식들의 모습을 꿈에 젖어 바라보고 있는 모습을 선경(先景)으로 표현하고 있으며, 종장에서는 가슴을 파고드는 그리움이 너울처럼 몰려듦을 후정(後情)으로 표현하고 있다. 농부는 한 해의 꿈을 자기가 씨앗 뿌린 가을 들판에 둔다고 한다. 이 작품은 시적 화자가 빨갛게 노을 진 서녘 하늘을 바라보며 꿈이 서린 들판에 익어가는 곡식을 보며 가슴에 차오르는 그리움을 노래하고 있다.

길섶에 서성이던 바람들의 그림자

가느란 햇살 위에 적막으로 내리는데
빛바랜 낮달의 연가 낙엽처럼 떠돈다.

이건영 시인의 「만추(晩秋)」이다. 장별 배행으로 된 시조로 서정적인 정감이 물씬 풍기는 작품이다. '바람들의 그림자' '가느란 햇살에 적막으로 내리는데'는 시인이 추상적 사실을 이미지화하여 구상화한 인상적인 시적 영상 표현이다. 이 작품도 초장과 중장에서 시적 정경을 종장에서 작자가 느끼는 정감을 진술하면서 끝을 맺어 선경후정(先景後情)의 정서를 표현하고 있다.

1.2. 선경후정(先景後情) 원리(原理)가 혼용(混用)·교직(交織)된 시조 작품

선경후정의 원리는 초 · 중장은 가시적 이미지를, 종장은 마음속에 포착된 심상적 이미지(작자의 내면의식)를 표현하는 것이 통례(通例)이다. 그러나 모든 시조가 다 똑같이 이 원리를 그대로 따르는 것은 아니다. 경우에 따라 시적자아의 정감이 먼저 오고(後情), 서경 묘사가 뒤에 오는(先景) 경우도 있으며 이들을 섞어서 표현하기도 하고, 서경 속에 정을 숨기고 있는 경우도 있다. 표현을 엮어 짜느냐, 섞어 짜느냐, 정(情)을 앞에 두느냐, 뒤에 두느냐, 경(景)속에 정(情)을 숨기느냐는 시인의 개성적 표현 특성이나 시조의 소재, 제재에 달라질 수 있다.

성근 숲
여윈 가지 끝에

죽지 접은 새처럼.

물에 뜬
젖빛 구름
물살에 밀린 가랑잎처럼.

겨울 해
종종걸음도
창살에 지는 그림자처럼.

김상옥 시인의 「근황(近況)」이란 음보별(音步別), 구별 배행 시조이다. 숲. 새, 물, 구름, 가랑잎, 겨울 해, 그림자 등의 구체적인 시각적 이미지는 이 작품이 암시(暗示)하는 '근황(近況)'이란 시적 자아의 심리 상황을 엿보게 한다. 현재 처(處)한 시적 자아의 상황을 세 개의 이미지로 내적 심리 상태를 보여주고 있다. 여윈 가지 끝, 죽지 접는, 물살에 밀린, 창살에 지는 같은 하강적(악마적) 이미지 시어들이 쓸쓸하고 초췌한 삶의 모습을 연상시켜 주고 있다. 즉 시각적 풍경을 통하여 그 뒤에 숨은 시적 자아의 정서를 표출하고 있다. 경치와 삶의 사유(思惟)가 상보적(相補的)으로 어울린 작품이다.

눈앞에
다가서는
고향 마당 정자나무

그늘 아래 평상엔
바둑판

세월을 놓고

잎사귀
녹음 사이사이
풍악 걸린
새
소
리

이도현 시인의 「盆栽」이다. 이 작품은 경(景)만 보이고 정(情)이 없는 것 같다. 그러나 정(情)이 없는 게 아니라 경(景) 뒤에 숨어 있다. 이 작품을 대하면 고향 마을 정자나무 그늘 아래 바둑판을 놓고 새소리 벗 삼아 정담을 나누는 정경이 그려진다. 바둑을 신선놀음이라고 하지 않던가. 근심 걱정 다 버리고 정(淨)한 마음속에 유유자적(悠悠自適)하는 모습이 바로 그것이다. 신선(神仙) 같은 평정무심(平靜無心)한 정리(情理)를 전편을 통하여 표출한 시조 작품이다.

앞에서도 말한 바 있지만 모든 시나 시조가 한결같이, 그리고 무슨 공식에 대입하는 것처럼 선경 후정의 원리를 그대로 따르고 있는 것은 아니다. 경우에 따라서는 정(情)이 먼저 오고 경(景)이 뒤쪽에 배치되는 수도 있다. 따라서 경(景)이나 정(情)의 어느 한 쪽이 무시되거나 생략되는 경우도 없지 않으나 그러한 표현 기법을 구사할 때는 고도의 테크닉과 완결구조를 갖추어야 하는 것이다. 여기서 잠깐 시의 자세에 대하여 선인(先人)들이 한 말 몇 마디를 새겨보자.

다산 정약용 선생은 해남 대둔사에서 혜장(蕙藏) 스님을 불러 앉혀 놓고 "진실한 글은 있는 그대로를 써야지. 핍박을 당하는 농민의 괴로움을 그대로 써야 산 글이 되는 게지. 그림도 마찬가지야. 뜻만 그리고 모습을 그리지 않으면 그것은 그림이 아닌 게야."라고 타일렀다고 한다.

또 중국 청나라 때 시인 원교(袁校)는 "시는 말 밖의 말(言之外言), 뜻 밖의 뜻(意之外意), 풍경 밖의 풍경(景之外景)을 담지 않으면 그 맛은 납을 씹는 것과 다를 바 없다"고 하고 또 중국 북송 때 소동파(蘇東坡)는 "시중유화(詩中有畵), 화중유시(畵中有詩)"라 하려 동양의 시화(詩畵)는 시 가운데 그림이 있고, 그림 가운데 시가 있다고 하였는데 이것이 모두 선경후정(先景後情)의 원리이다. 그리고 프랑스의 상징주의(象徵主義) 시인이며 악마주의(惡魔主義) 시의 개척자로 알려진 『악의 꽃』의 시인 보들레르가 말한 물질세계와 영혼세계가 소리와 메아리처럼 서로 화답하고, 물질과 영혼, 인간과 자연, 자연의 상징을 통한 인간(시인)과 영혼의 세계가 서로 상응하니 시인은 만상이 숨기고 있는 뜻을 해독하는 존재여야 한다는 '상응의 원리'나 한시(漢詩)에 보이는 자연에 대한 묘사가 나타나는 전대절(前大節)과 인간의 반응(詩的 話者)이 나타나는 후소절(後小節)의 원리 또한 이 선경후정(先景後情)의 원리와 같다.

2. 이미지가 숨 쉬는 생략(省略)과 상징(象徵)의 작품들

2.1 생략법(省略法)이 나타난 시조 작품

생략법은 문장을 간결하게 하여 언외지의(言外之意)나 여운(餘韻)·암시를 주어 독자가 이를 파악하게 하는 수사법을 말한다. 따라서 시적 변화를 유도하는 표현 방식인데 이런 작품은 크게 두 가지 유형으로 나타나는데 어구를 생략하여 여운을 주는 방식이 그 하나이고, 행간을 통째로 비워 무한한 상상력을 요구하는 것이다. 그러므로 이런 행간 생략의 작품을 이해하려면 다음에 말할 상징보다 덜 하지 않은 고도의 상상력이 필요하다.

생전에 지은 죄업 수미산에 이르는가.
큰스님 열반송은 퇴설당에 잦아들고
해인사 풍경소리에 절로 짓는 염화미소.

이영주 시인의 「해인사에서」란 장별 배행 시조로 행간을 통째로 비워 고도의 상상력을 요구하는 작품이다. 시조 보법이 남다르다. 행간에 숱한 말이 숨어 있다. 잡다한 언어의 군더더기를 대담하게 생략하여 간결하면서도 낭창거리는 리듬감을 살렸다. 그러면서 그 속에 인생의 무게가 실린 사상성까지 아우르고 있다. 이 작품을 읽으면 해인사의 고적(孤寂)함과 고요함 속에 깨달음의 미소가 평생의 죄업을 씻어내는 큰스님 독경(讀經) 소리와 함께 골짝에 물처럼 흘러넘치는 풍경이 그려진다.

다
저문
강 마을에
매화
꽃,
떨어진다.
그 꽃을 받들기 위해 이 강물이 달려가고
다음 질,
꽃 다칠세라

저 강물이 달려오고…

이종문 시인의 「매화꽃, 떨어져서」이다. 어절별(語節)과 음보별 배행이 이루어진 시형의 시조로 어구를 생략하여 여운을 일으키는 작품이다. 이를 찬찬히 음미 감상해 보면 시조의 어절 사이에 잔잔한 이야기가 생략된 채 숨어 있음을 알 수 있다. 이 작품에 대해서 '낙조와 낙화의 모습과 강물의 움직임을 수직과 수평 방향의 형태 상징을 통해, 나아가 그 속도감의 대비마저 여실히 포착해 그려내고 있다'(정재찬 청주대 교수)고 언급했는데 바로 본 것 같다. 이 작품은 형태만 보아도 떨어짐과 펴짐을 상징적으로 보여 주면서 많은 말을 그 속에 감추고 있다. 즉, 고도의 생략기법을 시용하고 있다.

(하루해가 뉘엿뉘엿 넘어가는 날) 저문 강 마을에 (희망과 꿈의 상징인) 매화꽃이 떨어지고, 그 꽃잎 받들러 가려고 강물(근처의 세월)이 달려가고 (아직은 남아 기쁨과 희망을 주는 매화꽃이) 다음에 질 텐데, (그때 혹시 지다가) 다쳐서 흠집이라도 날까봐 (두려워) 저 멀리서 강물(오는 세월)이 달려와 (그 꽃잎을 받들려고 애타게 주시하고 있다) 강 마을에 매화꽃이 피었다가 한 잎 두 잎 떨어져 강물에 실려가는 모습이 눈에 그려지는 동양화 같은 회화성이 돋보이는 시조 작품이다. 여기서 '…'은 '달려가고, 달려오고'의 반복어구(反復語句)가 시간(時間)과 공간(空間) 속에 생략되어 있다.

2.2 상징(象徵)이 나타난 시조 작품

상징(symbol)말의 원뜻은 동사로 '조립한다, 짝 맞추다'의 뜻이고, 명사형으로는 표상, 표시, 기호를 뜻한다. 다시 말하면 상징은 두 가지의 연결, 결합의 복합 의미를 가진 말로 표상, 표시, 기호로 다른 것을 대신 표현하는 것이다. 이 상징에는 대나무(절개), 장미(사랑), 태양(희망), 뿌리(전통), 칼(무력)과 같이 이미 제도화하여 전래되는 상징인 관습적(제도적) 상징이 있고, 시에 주로 나타나는 문학적(개인적) 상징이 있는데 이는 심상의 일종으로 장미꽃이란 심상이 정렬. 영원한 사랑의 아름다움 등을 암시하고 있으면 이는 개인적 상징이라고 볼 수 있다. 이렇게 상징이란 추상적 사물을 구체적으로 적시하여 나타내는 것을 말한다. 즉 A는 B다와 같은 등식(等式)을 가진 비유법인데 A가 깊이 숨어 있고 B만 나타난 것이다. 그래서 상징을 두고 최고의 은유(隱喩)라고 한다. 만해 한용운(韓龍雲)의 시에 나타난 '님'은 불타(佛陀)나 조국 등 다양한 상징체계를 갖추고 있다. 또한「사미인곡」「속미인곡」등 주옥같은 가사 작품과 훈민가 같은 단가를 남긴 송강 정철과 기생 진옥 사이에 주고받은 농염한 "에로 단가"에 나오는 "살송곳"과 "골풀무"는 상징수법의 한 극치를 보여준다. 어쩌면 인간은 태생이 상징적인 동물이고 자연은 상징적 암호로 소리 없는 말을 한다. 시조에서의 상징 기법은 생략만큼이나 절제된 언어구사 수법이다. 여기서 고도의 문학적 상징수법을 구사한 시조작품 몇 편을 알아본다.

그대 앞에 나는 늘 새벽 여울입니다.

그 여울 소리 끝에 불 켜든 단청입니다.

다 삭은 풍경(風磬)입니다.
바람입니다. 춤입니다.

박기섭 시인의 「춤」이란 장별 배행과 구별 배행이 섞인 시조 작품이다. 상징적 이미지가 충만한 시조이다. 상징적 이미지란 최고의 낯선 상황을 표현하는 일종의 확장된 은유 이미지라 볼 수 있다. 이 작품은 여울이라는 물의 원형 상징에서 출발하여 단청, 풍경(風磬), 바람, 춤이라는 개인적 상징으로 시상을 연결시켜 놓고 있다. 즉, 시적 자아의 생명의식이 행간에 상징으로 연결되어 신선하고 아름다운 정서를 환기시키는 잔잔한 파동으로 한 폭의 동양화를 보여주고 있다.

바닷물은 얼마나
공덕을 쌓은 걸까

활활 타는 불볕에
다비식을 치르니

사리가 수북이 쌓여
햇살 속에 반짝인다.

윤성의 시인의 「소금밭에서」 전문이다. 이 작품은 구별 배행 시조로 표현의 핵심이 초장에 있다. 소금물(바닷물)을 염전에 가두어 놓고 활활 타는 땡볕에 물을 증발(增發)시켜 소금을 만드는데 이런 일련의 작업을 '다비식'으로, 그렇게 하여 생성된 소금을 '사리'라고 상징 비유를 하고 있다. 세상사 다 공덕(功德)을 쌓지 않으면 이루어지는 일이 없음을 초장에서 설의법으로 강조하여 표현하고 있다. 염전에서 소금을 생산하는 모습이 그대로 드러나 보이는 한 편의 그림이다.

둥근 가마솥에 끓어 오르는 팥 동지 죽
붉고 하얀 살들이 울룩불룩 화산인데
주걱에 둥둥 굴러 나오는
커다란 새알심 하나.

전학춘 시인의 「피겨의 김연아」란 시조로 초, 중장은 장별 배행을, 종장은 구별 배행을 시킨 작품이다 동지 팥죽 쑤는 일을 통하여 은반의 여왕 김연아를 상징적으로 표현하고 있는 대표적 작품이다. '둥근 가마솥'은 얼음의 은반을 상징하고, '붉고 하얀 살'은 팥죽 속의 팥과 쌀을 상징하였으며, '화산'은 팥죽이 끓을 때의 울룩불룩 표면이 솟아 오름을 상징한 것이고, '커다란 새알심 하나'는 김연아를 상징적으로 표현한 것들이다. 이렇게 볼 때 이 작품은 전체가 하나의 상징 덩어리로 되어 있다. 그러면서 전체적으로 은반 위에서 김연아가 펼쳐내는 피겨의 묘기를 눈에 보듯 그려낸 회화성이 강한 서정 시조이다.

어둠을 갈고 어둠을 갈다 보면
검은 먹빛 속에 피가 스밀 때가 있다.
백성의 타는 뜻일랑 붉은 먹으로 쓴다.

흰 창호지에 蘭도 山水도 붉은 빛깔이다
댓돌 밑에 엎드려 삼 년을 울어도
王朝의 크나큰 아픔을 누가 값하랴.

갓 쓴 놈, 벙거지 쓴 놈, 패랭이 쓴 놈
푸줏간 고기는 모두 한 斤씩이다.
흰 옷의 갈기를 세워 旗를 올려라.

장별(章別) 배행으로 이루어진 이근배 시인의 「朱墨畵」이다. 이 작품은 미개화(未開化)된 왕조시대를 시대 배경으로 하여 쓴 것으로 실학의 상징인 다산(茶山) 정약용이 백성의 타는 뜻을 강렬하게 표출하는 방법으로 주묵화를 많이 그렸다고 알려졌는데 이를 시화(詩化)한 것으로 보인다.

'어둠'은 개화되지 않은 시대, 백성의 한(恨)을, '피'는 백성들의 고난에 찬 삶을, '(핏물 도는)먹빛'과 '旗'는 다산의 뜻을 다의적(多義的)으로 표출한 개인적 상징어이다. 여기서 '흰 옷'은 우리 민족, 백성을 뜻하는 제도적 상징어로 별 의미를 부여하지 않아도 된다. 갓을 쓴 놈이든, 벙거지와 패랭이를 쓴 놈이든 푸줏간 고기가 모든 한 근(斤)씩 이듯 하늘 아래 모두 평등하다고 목청껏 외치고 있다. 신분 계급의 차이가 어디 있느냐. 실사구시(實事求是)의 깃발을 높이 올려라 하는 당시의 실학사상(實學思想)을 이미지화한 시조이다.

처라, 가혹한 매여 무지개가 보일 때까지
나는 꼿꼿이 서서 너를 증언하리라
무수한 고통을 건너
피어나는 접시꽃 하나.

이우걸 시인의 「팽이」이다. 크게 보아 장별 배행을 시조로 짧은 단형시조지만 담긴 내용은 바다와 같다. '팽이'가 시인 자신을 상징한 것이라면 '매'는 시적자아의 상징이다. 색칠한 팽이가 팽이채에 맞아 돌아가는 모습이 눈에 선하다. 팽이는 돌아야 제 구실을 다하는 팽이가 된다. 팽이는 팽이가 되기 위하여 자아의 채찍을 온몸으로 견디며

꼿꼿이 몸을 세워 돌면서 고통 속에서 무지개를 꿈꾼다. 여기서의 무지개는 꿈의 세계가 아니다. 이 시조에 나타난 무지개는 고통을 겪으며 자학하는 자기 구원의 메시지이다. 탈출의 이상 세계이다. 시인은 팽이를 통하여 불의에 항거하고 증언하는 저항의식을 표출하고 있다.

이것은 꿈꾸다 깨어난 환한 눈빛
산사(山寺)의 추녀 끝에
매달린 풍경(風磬)소리
어쩌면 달빛에 기대
밤을 태운 촛불이리.

이것은 끝없는 세월의 메아리
길거리 바람에
날아다니는 하얀 아픔
몇 사흘 뼈 고아 달인
한 사발 진액(津液)이리.

졸시 「시(詩), 이것은」으로 구별 · 장별 배행이 혼용된 작품이다. 이 작품을 두고 박영교 시인은 시조문학 계간평에서 「시(詩), 이것은」을 읽어보면 시(詩)란 무엇인가? 상징적 의미를 부여해 놓고 있다. 모든 독자들이 똑같이 공감하지는 못할지라도 작자는 자신이 생각하는 시의 이미지(image)가 그런 것이라고 노래하고 있다. 그리고 우리들이 생각하고 있는 시도 대부분 그럴 것이라고 생각한다. 위에 언급한 시의 상징적 이미지를 열거해 보면 첫수에서 꿈꾸다 깬 환한 눈빛, 산사 추녀 끝에 매달린 풍경소리, 달빛에 기대어 밤을 태운 촛불, 둘째 수에서 보면 끝없는 세월의 메아리, 하얀 아픔, 몇 사흘 뼈 고아달인 한 사발 진액 등이다. 위에 열거한 사물의 겉만 생각하지 말고 그 맛, 냄새 모습등도 함께 생각해 보면 작자가 떠올린 상징적인 시의 맛을 공감하게 될 것으로 믿는다고 하였다. 이 작품에 상징어는 환한 눈빛, 풍경소리, 촛불, 메아리, 하얀 아픔, 진액 등이다.

한 편의 시작품은 빛이며, 마음의 정경이고, 크나큰 삶의 메아리이며 아픔이다. 그리고 시인이 뿜어내 놓은 정신의 핵(核)이다. 한 편의 작품을 탄생시키기까지와 탄생된 모습을 순차적으로 묘사해 본 것이다.

구절초 핀
구월쯤엔
동학사에 가보아라

파리한 비구니의 삭발한 두상(頭上)으로

하늘이 그곳에 내려와
또 한 송이
꽃피운다.

장별 배행도 있고 음보별 배행도 있는 구별 배행 시조로 김광순 시인의 「하늘이 그곳에 내려와 2」이다. 위 작품은 초장과 중, 종장이 배행을 이루고 중장은 종장에 예속된 시형이다. 중장의 밑줄 친 부분은 가을 하늘을 상징한다고 본다. 상상적 이미지가 돋보이는 작품이다. 그러나 이 작품에 대하여 김병희는 「현대 시조의 한 고찰—신진 시조 시인들의 작품을 중심으로」란 글에서 "「하늘이 그곳에 내려와 2」는 마치 화살표 모양으로 행을 배열하여 시각적 효과를 배가한다. 물론 가운데 위치한 중장의 호흡을 느슨하게 처리한 다음, 극적으로 마무리 하려는 의도를 포함하고 있다. 비구니의 두상으로 내려와 꽃을 피운다는 이미지들의 동원이 이채롭다. 자유시라면 그 자유의 영역이 어디까지라고 범위를 제한하기 어렵겠지만 시조는 고유의 정형성을 본질로 정체성을 유지해온 터라 시조 형태의 탐구와 확장 가능성에 대하여 숙고할 필요가 절실하다고 본다. 부정을 위한 부정이 아니라 시조의 정체성을 공고히 하고 그 장르에 집중할 수 있도록 합의점을 모색하는 것도 시조의 본령을 지켜나가는 중요한 일일 것이다."라고 평하고 있다. 그가 지적한대로 상상력이 돋보이는 작품이지만 현대의 단형시만 같다. 시조로서 중장 처리가 종장에 예속되어 있어 시조의 전형에는 맞는다고 보기 어렵다. 이점은 유의할 사항이 아닌가 한다. 시조의 냄새보다는 현대시의 냄새가 강한 작품이다. 맑고 높고 깨끗한 가을 하늘을 비구니 두상이라고 표현하여 상징성이 두드러지게 하였다. '하늘'이 '꽃'이 됨은 일종의 시적 변이(變異)로 비유법상 은유(隱喩)이다.

木手가 밀고 있는
속살이
환한 角木

어느 古典의 숲에 호젓이 서 있었나

드러난
生涯의 무늬
물젖는 듯 선명하네.
어째 나는 자꾸 깎고 썰며 다듬는가.
톱밥

대팻밥이
쌓아가는 赤子 더미

결국은
곧은 뼈 하나
버려지듯 누웠네.

서벌 시인의 「어떤 經營 1」이다. 주로 어절(語節)과 음보별(音步別) 배행을 이뤄 행 배열이 현대시를 닮은 시조 작품이다. 이 시조에서 '뼈'를 각목(角木)으로 상징하고 있다고 한 이가 있지만 '각목(角木)'은 시조 작품의 좋은 소재 내지 제재의 상징이고, '뼈'는 시조로 탄생된 작품으로 보고 '木手'는 시인의 상징으로 보는 것이 더 타당하다. 이런 상징은 모두 개인적 상징이다. 각목(角木)이 뼈가 되기까지의 생성과정을 실존의 의미어로 귀결(歸結)시킨 작품이다. 시인 생애의 무늬와 적자(赤子)더미의 다의성이 구체화된 구상어로 표현되었다. 삶은 비록 적자 인생이 되더라도 부단히 깎고 썰고 다듬어 시조를 쓰며 사는 시인의 모습을 시화(詩化)하여 표현한 작품이라고 본다.

3. 마무리

현대시조는 모두 이런 회화성을 다 가지고 있다. 이때 나타나는 표현기법에는 선경 후정의 방법, 선정 후경의 방법, 경(景)과 정(情)의 혼성 또는 경(景)속에 정(情)의 숨음 등과 상징, 생략의 기법 등 두루 쓰이고 있다. 한 마디로 회화시조는 머릿속에 그려지는 경(景)이 있는 작품이다. 이것이 현대적인 회화적 작품의 기질이 되고 있다. 마음속에 그림이 그려지지 않는 작품은 독자에게 감흥을 주지 못한다. 시조나 시에 있어서 표현 내용이나 방법은 여러 가지일 수 있고 내용도 다기(多岐)할 수 있으나 그 작품에서 정신적인 그림인 이미지에 의한 회화성이 배제되면 단순한 말의 나열로 무미건조한 작품이 된다. 이미지는 신체적 자각으로 일어나는 감각작용을 마음속에 재생하여 표현하는 것이다. 이미지에는 감각의 종류에 따라 시각적, 청각적, 촉각적, 후각적, 공감각적 등으로 나누고, 내용적 측면에 따라 지각적, 정신적, 비유적, 상징적 이미지군(imagery) 등으로 나누기도 한다. 한 편의 현대시조는 이런 이미지들이 서로 결합되어 이미저리(imagery)를 형성하여 표현되고 있다. 즉 현대시조의 표현상의 특성은 다양한 표현 기교를 사용하여 개성적이고 참신한 이미지를 제시하며, 현대시의 표현기교를 원용하여 긴밀한 구조를 이루며 회화성을 중시하고, 시어의 자연스러운 호흡을 중시한다.

*'시인의 방'과 '수선화 마음 방' 카페에 실린 글에서 일부 시조 작품을 인용하고 글 일부를 참조, 원용하였음.

평시조 표현 기법 및 내용상의 유형

1. 들어가며

시조(時調)는 우리 민족(民族)이 700~800년을 두고 민족(民族)의 얼과 정서(情緖)를 담아 표현하는 그릇으로 자리 잡아 오늘에까지 이어내린 유일무이(唯一無二)한 민족 문학이다. 그 중에도 가장 대표적인 것이 단수로 된 평시조(平時調)이다. 오랫동안 이 시조는 이런 단형시조(短形時調) 형태로 창작(創作)되어 민족 정서를 담아내다가 요즘 많이 쓰이는 연형시조가 된 것은 우리 고전 문학의 르네상스 시대라고 하는 영·정조(英·正祖) 때를 거치며 최초는 아니지만 윤선도가 본격적으로 문학성 짙은 연시조(聯詩調)를 발표하였다고 본다. 그러나 시조라 하면 평시조(平時調)를 일컫는다. 이것이 시조의 본령(本領)이다. 형식은 3장 6구요, 한 구의 구성 자수는 7자 내외가 되고, 4율박의 등시(等時)율을 갖춘 정형시요, 자수로는 45자 내외(보통 42자에서 46자)로 되는 것이 보통이다. 매구의 자수 기준은 7~8자이고, 종장 첫 구만 3자 고정으로 7 ·8 (7), 7 · 8 (7), 9 · 7의 음수율을 가진다. 또한 1구를 2분절(分節)하여 12분절(分節)로 된 3 ·4 ·3 (4) ·4, 3 ·4 ·3 (4) ·4, 3 ·5 ·4 ·3으로 대부분의 시조가 이에 속한다. 이것이 발전(發展) 변모(變貌)하여 오늘날 선보이고 있는 여러 형태(形態)의 시조 유형을 보여 주고 있다. 현대(現代)에 와서는 시조의 유형도 시대의 다양화와 함께 그 표현내용 및 방법과 본질에 있어서도 다양(多樣)하게 분화(分化)되어 있다. 여기서는 2000년도 이후 2007년까지 가람문학에 발표된 평시조(平時調)를 대상으로 그 시조의 본질적 표현 내용면에 따라 사상(寫像 : 이미지즘) 평시조, 개념(槪念) 평시조. 서경(敍景) 평시조, 의정(擬情) 평시조의 네 갈래로 나누어 살펴보려 한다. 그 성향(性向)을 확실히 알기 위해 각 갈래마다 그 갈래에 속하는 고시조(古時調) 예시, 세계적(世界的)인 시작품(詩作品)의 모습 예시, 그리고 현대시조에서의 작품 예시를 들고, 가람문학에 회원 52명이 2000년도 이후 발표한 평시조 작품 249수를 그 표현 내용기법(技法)에 따른 갈래로 나눈 결과를 살펴본다.

2. 본질적 표현 내용에 따른 평시조 갈래

1) 사상(寫像:이미지즘) 평시조(平時調)

사상(寫像:이미지즘) 평시조(平時調)란 이미지즘의 평시조를 말한다. 이미지(심상)란 말은 원래 심리학적인 용어로 '머리에 떠오른 것으로서 감각적 성질을 지닌 것'인데, 문학에서는 주로 신체적(身體的) 지각(知覺), 기억(記憶), 공상(空想), 상상(想像), 꿈, 등에 의해 만들어져 비유(譬喩) 등 수사적(修辭的) 기법(技法)으로 표현된 것으로 곧 '언어로 만들어진 그림'을 뜻한다. 그러므로 사상적(寫像的) 평시조(平時調)는 심미적(審美的) 정감(情感)을 3장 6구의 격식(格式)에 맞춰 표현(表現)한 언어 그림을 가진 시조(時調)를 뜻한다.

시조에 있어서 이미지(묘사— 회화성)는 리듬(운율— 음악성)과 함께 시의 대표적 구성 원리로 사물에 대한 감각적 경험을 불러일으킨다. 그래서 회화적 시조라고도 한다. 시조를 읽을 때에 마음속에 그려지는 어떤 사물의 모양이나 빛깔, 소리, 냄새, 맛, 촉감 등의 감각적 느낌이 두드러지다. 이런 시조에 쓰이는 심상은 시각적 심상, 청각적 심상, 후각적 심상, 미각적 심상, 촉각적 심상, 공감각적 심상(2가지 이상의 심상이 복합되어 표현됨)이 나타나는데 이런 것들이 서로 어울려 머릿속에 하나의 그림이 그려지는 시조이다. 이런 시조에는 심각한 관념은 보여주지 않는다. 인생을 평론하지도 않는다. 그러기에 그저 자연 친화적인 경향을 보이는 것이 일반적 특성이다.

이미지즘 시운동이 일어난 것은 1900년대 초반이다. 그러나 그 운동이 일어나기 한참 전에도 이런 작품들은 창작되었다. 이 계열(系列)에 속하는 우리 고시조(古時調)로 고려 후기의 작품 하나를 소개해 본다.

> 梨花(이화)에 月魄(월백)하고 銀漢(은한)이 三更(삼경)인 제/ 一枝(일지) 春心(춘심)을 子規(자규)야 알랴마는/ 多情(다정)도 病(병)인양하야 잠 못 들어 하노라.
>
> —李兆年「多情歌」

은하수 높은 깊은 밤 배꽃이 흐드러지게 핀 가지에 흰 달빛 더욱 희고 그곳에 봄을 느끼는 애틋한 마음 어려 있는데 그 마음을 두견이가 어찌 알겠느냐마는 괴로운 마음 수북이 쌓여 잠을 이루지 못하는 同心圓(동심원)을 그리고 있다. 봄의 이미지와 마음 속 사랑의 이미지가 하나의 감흥의 탱크 속에 녹아 있는 작품으로 배꽃과 달빛, 그리고 두견이의 울음소리 등 시각적 청각적 이미지가 지은이의 마음속에 어우러져 있는 絶唱(절창)의 시조 가운데 하나이다. 남녀 간의 애틋한 사랑을 왕에 대한 衷心(충심)으로 은유하여 표현한 고시조에선 보기 드문 이미지즘의 작품이다. 그러면 과연(果然) 이 이미지즘의 시는 어떤 것인가를 보다 확연(確然)히 보기 위하여 이미지즘시를 외친 원조(元祖)시인(詩人)의 작품(作品)을 보기로 한다.

군중 속에서 유령처럼 나타나는 이 얼굴들,
까맣게 젖은 나뭇가지 위의 꽃잎들.
—에즈라 파운드(Ezra Pound),「지하철 정거장에서」

'군중'을 '꽃잎'으로 은유(隱喩)하여 인간들이 무리지어 표정 없이 몰려오고 몰려가는 20세기의 무표정(無表情)을 표현하고 있다. 둘째 행의 '까맣게 젖은 나뭇가지'로 오염(汚染)된 세상(世上)을 암유(暗喩)하고 있다. 그 우울(憂鬱)한 지하철 정거장 모습이 한 폭의 그림으로 눈앞에 선히 나타난다. 인간을 꽃잎으로 은유하여 표현하고 있는데 이는 인간은 아름답고도 가녀린 존재임을 나타낸 것이다. 다음은 현대 시조의 정체성을 세웠다고 극찬(極讚)을 받고 있는 이 계열의 작품이다.

문갑에 쌓인 고요 닦으면 날이 서고
청댓잎 어른대다 달의 몸을 찌를 때면
병풍 속 잠자던 수탉 홰 울음을 울었다.
—이상범,「民話 그리고 民畵」

이 작품은 전통적인 한국인의 정서가 밴 작품으로 제목이 보여주듯이 민간에 돌아다니는 민속적인 그림과 거기 얽혀 있을 법한 이야기들을 엮어 만든 작품이다. 양반네의 사랑방에서 느끼는 선비의 도를 보고 있는 듯하다. 밤의 고요가 먼지처럼 쌓인 문갑을 손으로 닦아내면 그 문갑은 깨어나 날이 서고, 밖에는 푸른 댓잎이 그 예리한 잎의 끝으로 달빛을 찌른다고 역동성과 생동감을 살려 표현하고 있다. 고요 속에 댓잎 서걱 이는 밤에 두르고 앉은 병풍에선 닭이 홰를 치며 울고 있다고 하였다. 한 폭의 동양화를 보는 듯 회화적이지만 그 형상하는 방법에는 이미지즘이 작렬하고 있다. 시(視)·청(聽)·촉각(觸覺)이 어우러진 공감각적 표현으로 마치 김홍도의 토속적인 풍속화(風俗畵)를 언어 그림으로 보고 있는 듯하다.

이는 2000년대 들어와 시뿐 아니라 시조에서 더 두드러지게 나타나는 대표적인 유형이다. 시조에서 이런 유형이 본격적으로 선보이기 시작한 것이 그리 멀지 않다.

1980년대 초반까지 대개 평시조는 개념 평시조가 지배하였다. 그러면 새 천년에 사상(寫像:이미지즘) 유형으로 가람문학에 발표된 평시조(平時調) 작품을 본다. 이는 가람문학 전체 평시조 가운데 67편으로 26.9%를 차지하고 있을 정도로 많이 나타나고 있다.

東鶴寺 입구에는/ 4월에도 눈이 온다.
동그래진 아내의 눈/ 감탄사를 쏟아낸다.
봄, 봄은/ 벚꽃 나무에서/ 요염하게 손짓한다.

—이도현,「東鶴寺 벚꽃」전수

시(詩)나 시조(時調)의 표현 기법에 환치은유(換置隱喩) 기법(技法)이 있다. 하나의 사물을 다른 사물이나 일로 바꾸어 비유적으로 표현하는 것을 두고 하는 말이다. 위의 작품은 이런 환치 은유 기법에 의한 이미지 전개를 하고 있다. 머릿속에 언어 그림을 그려주고 있는 것이다.

초장의 '4월에도 오는 눈'은 벚꽃이 낙화(落花)하여 흩날리는 모습을 환치은유(換置隱喩)한 것이며, 중장은 시각적 이미지를 청각적 이미지로 轉移(전이)시켜 표현하여 서경적인 분위기를 띄우고 있다. 그러나 다시 종장에서 봄을 여인의 이미지로 표현하여 피는 봄의 요염(妖艶)함을 표출해 내고 있다.

전체적으로 볼 때 흐드러지게 핀 꽃 잔치 모습이 눈에 선히 그려지고 있어 사상(寫像) 평시조(平時調)의 면모(面貌)를 보여주고 있다. 이런 계통의 작품을 하나 더 예를 들어 보기로 한다.

> 철없이 활활 타는/ 장미를 품은 양이//
> 정 가득 넘쳐나는 / 어머니의 가슴이다.//
> 그윽한 안개를 둘러/ 다독이고 다독이는.
>
> —김길순, 「안개꽃」 전수

이 작품은 역동성이 강한 작품이다. 안개꽃을 '어머니 가슴' '안개'로 은유하면서 어머니의 포근한 정을 안개꽃을 통하여 표현하고 있다. 장미를 둘러싸고 있는 꽃다발의 모습을 안개꽃이 어머니 손이 되어 다독이는 것으로 의인화를 하고 있다. 시각의 촉각화가 이루어진 감각적인 기법의 작품이다.

그대의/ 느낌표는/ 활짝 핀 복사꽃
겨우내/ 꽃눈 그려/ 그대는/ 말없음표
헤어져/ 아득해지면/ 바람조차/ 물음표
—김윤희, 「암호로 쓰는 봄」 전수

이 작품은 초, 중, 종장이 은유로 되어 있다. '느낌표— 복사꽃, 꽃눈— 말없음표, 바람— 물음표'라는 비유 등식을 통하여 초장에서는 만개(滿開)하여 흐드러지게 핀 복사꽃을 보고 숱한 감탄사를 연발하는 모습을 연상할 수 있고, 중장에서는 그 꽃을 피우기 위해 겨우내 움츠려 말없이 꽃눈을 준비하는 모습이, 그리고 종장에서는 꽃이 져 바람에 멀리 날아감을 보며 어디로 가는 걸까. 의문을 가지고 망연히 바라보는 모습이 연상된다. 특히 중장에서의 '꽃눈 그려'의 '그려'는 누가 그리는 것일까. 아마 여기서 시인은 위대한 자연의 힘, 절대자의 붓놀림을 연상하며 얻은 시구(詩句)일 것이다. 복사꽃이 꽃눈 맺어 만개하고 낙화하여 사라지는 모습을 삼행의 평시조 속에 이미지를 펼쳐 담아내고 있다.

앙상한 나뭇가지/ 겨우내 말 없다가
화창한 봄날 아침/ 숲길 속 등불 밝혀
나 홀로/ 속살 보이며/ 자존심을 세웠다.
—이홍우, 「백목련」 전수

사계(四季) 중 여름을 왕성한 삶의 계절이라 한다면 겨울은 침묵, 정적의 계절이라고 한다. 만물이 숨을 죽이고 내일의 도약을 준비하는 계절이기도 하다. '앙상한' '말 없다가'로 겨울의 쓸쓸함과 삭막한 침묵의 시상을 표현하면서 '등불'이란 시어로 꿈과 광명의 내일을 치환 은유하고 있다. 의인화 기법과 은유적 비유를 통하여 백목련의 순수한 고결성을 '속살'이란 이미지로 창출해 내고 있다. 이 이외에 가람문학에서 이런 면모(面貌)를 보여주는 평시조 작품은 김영석의 「청령포에서」「이상기후」, 문복선의 「사과」, 문주환의 「거문고와 달」, 전종선의 「여흔(餘痕)」, 정순량의 「연인(戀人)」, 최말식의 「눈 쌓인 길」 등이 있으며, 강정부, 유해자, 이기동, 필자 등의 작품도 있다.

2) 개념(概念) 평시조(平時調)

개념(概念) 평시조(平時調)란 감각적이나 정서적인 이미지보다는 주로 관념이나 사상, 추상적인 의미 등을 강조하여 쓴 평시조로 관념적 경향이 짙다. 이런 시조는 대상물에 대한 관계적 묘사를 빗어 만들어 모종의 관념적 철학적 정감을 상징적으로 시사해 주고 있다.

원래 개념시란 말은 독일의 철학자 F.A.랑게(Friedrich Albert Lange)가 형이상학(形而上學)에 붙인 이름이다. 철학은 인간적 삶의 근원으로부터 발현(發現)하는 보편적 필연적인 이념적 산출인 동시에 순수 논리적으로나 실증적(實證的)으로도 그 진리성을 보증할 수 없는, 시적(詩的) 표현의 성격을 가진다는 주장에서 출발하였다고 한다. 이런 점이 적용되어 나타나는 평시조를 개념 평시조라고 하였다.

이런 유형(類型)은 우리 고시조(古時調)에 흔히 나타나고 있다. 여기에 속하는 것에는 지시적(指示的)인 것이 대부분이었으나 비유적, 상징적인 것도 있다.

三冬에 뵈옷 입고 巖穴에 눈비 마자
구름 낀 볃뉘도 쮠 적이 없건마는

서산에 해지다하니 눈물겨워 하노라.

— 조식(曹植)

이 시조는 문자 그대로 이해할 수도 있다. 그럴 때 더 개념적(概念的)이다. 그러나 이 작품은 논리를 뛰어넘고 있다. 즉 말 밖의 말이 있는 상징어를 통하여 임금의 승하(昇遐)를 안타까워하고 있음을 알 수 있다. '巖穴'은 은거지(隱居地)를, '눈비'는 시련을, '볏뉘'는 임금의 은혜를, '해'는 임금을 상징한다고 볼 수 있다. 동굴 속에서 눈비 맞고, 햇볕을 쬘 수는 없다. 논리상 황당한 작품이다. 그러나 이것은 전달하고자 하는 표현을 위해 대상물을 비논리적으로 빚어 만들었다고 보아야 한다. 감정의 상징적 시사(示唆)가 이루어진 작품이다.

야생동물은 스스로를 동정하지 않는다.
동사해 가지에서 떨어지는 작은 새 조차도,
스스로를 동정하지 않는다.

—D.H. 로렌스(Lawrence), 「자기연민」

위 작품은 『채털리 부인의 사랑(Lady Chatterley's Lover)』으로 유명한 사람이 쓴 개념시(概念詩)이다. 운명(運命)은 주어지는 것이 아니므로 주어진 운명에 비관하며 스스로 연민에 빠져 사는 연약한 사람의 모습보다는, 작은 야생의 새 한 마리가 비참(悲慘)하게 얼어 죽는 한이 있더라도 결코 스스로를 연민하지 않는 강인(强靭)함으로 살아가라는 자기 훈시의 비장(悲壯)함을 엿보이고 있다. 이런 유형의 전달 내용을 가지고 시조를 만들어 표현하고 있는 현대시조 작품으로는 다음 작품이 있다.

삶의 즐거움 모르는 놈이/죽음의 즐거움 알겠느냐. 어차피 한 마리/ 기는 벌레가 아니더냐.
이 다음 숲에서 사는/ 새의 먹이로 가야겠다.
— 조오현, 「적멸을 위하여」 전수

사라짐의 형상에서 미물(微物)과 인간의 다름이 없음을 표현하고 있다. 만물(萬物)의 궁극적 도착점(到着點)은 적멸(寂滅)임을 시인(詩人)은 말하고 있다. 다분히 탈속적인 표현이지만 윤회가 깃든 지시적(指示的) 개념적(概念的) 내용이다. 인간은 아무리 아는 척해도 삶도 죽음도 모른 채 살다가 가는 존재이다. 그래서 인간도 알고 보면 한 마리 벌레에 지나지 않는다. 그래 윤회(輪廻) 전생(轉生)하면 벌레로 태어나 새의 먹이가 되어 또 가겠다는 선(禪)의 경지를 전달해 주고 있다.

이 개념(概念) 평시조(平時調)는 고려(高麗) 시대 이후 가장 뿌리 깊게 전승(傳承)되어 내려오는 유형이다. 그래 그런지 2000년대 가람문학에서도 예외(例外)는 아니어서 발표된 전체 평시조 가운데 88편으로 무려 35.3%를 차지하고 있다.

알 수 없는 시간을/ 기다리는 어리석음
온 곳도 간 곳도/ 알 수 없는 지점에서
끝없이/ 헤매어 보는/ 부질없는 세월이다.
—림헌도, 「기다림」 전수

림헌도(林憲道) 시인은 개념(概念) 평시조(平時調)를 주로 쓴 대표적인 분이다. 이 작품은 세월과 시간의 속성을 해석적으로 표현하고 있다. 시간이 무엇인지 아는 이가 어디 그리 흔하랴, 또 시간을 기다린다고 오고, 기다리지 않는다고 안 오랴만 림 시인은 이를 기다리고 있다. 시간의 아무 흔적 없는 자리에서 부질없이 알 수 없는 삶의 시간을 기다리며 사는 인간의 헛된 모습을 표현하고 있다. 이 계열의 작품들은 거의 다 스스로 무엇인가를 해석하는 특질을 보여준다. 림 시인도 '기다림'을 연륜에서 얻은 경험으로 해석하여 표현하고 있음을 알 수 있다. 서정성이 깃들여 있지만 이 계열의 작품에 속하는 시조를 쓴 이로 이방남 시인의 작품을 들 수 있다.

> 홀로 달궈서 우려낸/ 단단한 쇠의 절정//
> 눈 감아도 선명한/ 낱말이 모자라서//
> 발그레/ 맛을 낸 사랑/ 두근두근 읽어볼까.
>
> ㅡ이방남, 「봉함 편지」 전수

단단한 시력(詩歷)을 엿보게 하는 작품이다. 이 작품은 언뜻 중국 장적(張籍)의 「추사(秋思)」에 나오는 "復恐悤悤說不盡　行人臨發又開封" 이란 한시구(漢詩句)를 연상(聯想)하게 한다. 홀로 더 할 수 없는 정성으로 갈고 닦아 쓴 편지임을 '홀로 달궈서 우려낸/ 단단한 쇠의 절정'//이란 시구로 암시하고, 눈을 감고 생각해 보니 눈에 어리는 사랑하는 이에게 할 말을 다하지 못한 것 같아 설레는 마음을 '눈 감아도 선명한/ 낱말이 모자라서//'로 표현하면서 편지를 다시 읽어보는 그 고운 마음씨를 '두근두근 읽어볼까' 하는 말로 그 심경을 고스란히 표현하고 있다. 이 편지는 받은 편지일 수도 있고, 보내려고 써 놓은 편지일 수도 있지만 연연(戀戀)한 마음이 밴 감성(感性) 섞인 개념

(概念) 평시조의 새 모습을 보여주는 작품이다.

그대 안의 빛 꺼지지 않고/ 그대 영롱한 소리 멎지 마소서
만나는 순간 솟구치는/ 아낌없는 한 줄기 생명
영원히 넋의 품을 밝히는/ 기도로 보듬으소서.
— 박헌오,「눈물의 미학3_촛불」 전수

일종의 기도문이다. 촛불 본질적 기능을 기도의 대상으로 삼아 시적 화자의 소망을 기원하고 있다. 묵시적 천상지향적인 경향을 띠고 있는 평시조이다. 세상을 환한 빛으로 밝히고, 맑은 소리를 자분자분 세상에 들려주는 촛불, 그것은 세상을 여는 한 줄기 생명이요, 세상의 영원한 넋을 밝히는 절대자이다. 세상의 부족함을 보듬어 안아 주는 절대자의 품이 있는 존재인 듯하다. 제목에 들어간 눈물은 슬픔이 아니라 카다르시스의 존재이다. 이 작품은 다만 평시조의 본령인 음보율에서 과음보 위주로 짜인 작품이다 보니 음보율 시비에 말린 위험을 다분히 가지고 있는 약점이 있다. 그 단적인 예가 초장 둘째 구이다. '그대/ 영롱한 소리 멎지 마소서'로 해야 하나 '그대 영롱한 소리/ 멎지 마소서' 해야 되나 문제가 된다. 거기다가 '그대/ 영롱한 소리/ 멎지 마소서'로 3음보로 읽히기도 하기 때문이다.

천둥을 내리쳐도 입을 열 줄 모르는
네 무딘 가슴 속에 내 홀로 들어가서
이 세상/ 훨훨 벗어 놓고/ 가부좌나 틀거나.
—김옥중,「바위」 전수

세상을 소란스럽고 시끄러운 공간이다. 인간은 그 공간을 삶의 터로 삼고 살아간다. 작자는 그 복잡함, 소란함을 벗고 바위가 펼치고 있는 묵언의 세계에 살고파 한다. 누구의 간섭도 미치지 못하는 바위의 가슴 속에 안좌(安坐)한 선적(禪的)인 삶을 그리워하고 있다. 바위도 가슴이 있다는 시적 상상력에서 출발하여 자기 희원(希願)을 표현하고 있다.

이 이외에도 가람문학에 발표된 이런 종류의 작품은 김태은의 「문장쟁이」, 신웅순의 「내 사랑은 13, 14」, 윤석칠의 「길」, 이건영의 「학교 뒷동산에서」, 이한식의 「강태공」 장청의 「발 안마」 등이 있다.

3) 서경(敍景) 평시조(平時調)

서경(敍景) 평시조(平時調)란 풍경(風景) 평시조(平時調)라고도 한다. 풍경을 대상으로 한다. 비록 현대시에서는 단순히 풍경으로부터 받은 감동을 묘사하는 일이 없긴 하지만, 촉발된 시인의 주관으로써 그것을 재구성하고, 풍경 자체에 의해 말하게 하고 느끼게 한다. 즉, 한가롭고 평화스러운 경치를 읊은 평시조, 자연 풍경을 객관적(客觀的)으로 서술한 것이나 자연 풍경을 빌어서 시인의 심정을 노래한 것으로, 서경시조는 서정시조에 해당되기도 한다. 이에 속하는 작품들은 자연(自然) 정경(情景)을 운치(韻致)를 도모(圖謀)하여 표현하고 있다. 다음 연대 미상의 기녀(妓女)가 작품을 본다.

산촌(山村)에 밤이 드니 먼뒷 개 즈져 온다.
시비(柴扉)를 열고 보니 하늘이 챠고 달이로다.

뎌 개야 공산(空山) 잠이든 달을 즈져 므삼하리요.
—천금(千錦)

한가(閑暇)로운 산촌 마을에 밤이 찾아오니, 먼데서 개 짖는 소리가 메아리처럼 아스라이 들려온다. 왜 개가 짖나, 무슨 일이 있는가? 그 누가 찾아오나 하고 사립문을 열고 보니, 차고 싸늘한 빈 하늘에 휘영청 밝은 달만 두둥실 떠 있다. 하도 호젓한 산골이라 달을 보고 개가 짖는다. 그것은 텅 빈 산에 쓸쓸히 떠 있는 외로운 달을 보고 개가 호들갑을 떤 것이다. 개도 사람이 그리워 그런가 보다. 숨 막히는 고요 속에 승화(昇華)된 외로움이 숨어 있다. 정경(情景)과 정감(情感)이 어울린 작품이다. 산촌의 외롭고 쓸쓸한 경치가 풍경화(風景畵)로 떠오른다. 다음은 유명한 시인은 아니지만 현재 뉴질랜드에서 활동(活動)하고 있는 시인의 서경시(敍景詩) 한편을 보며 서경시조(敍景時調)의 맥을 이해하도록 한다.

골짜기와 산 위에 높이 떠도는
구름처럼 외로이 헤매 다닌다.
나는 문득 떼 지어 활짝 펴 있는
황금빛 수선화를 보았나니,
호숫가 줄지어 선 나무 아래서
미풍에 한들한들 춤을 추누나.
—윌리엄 워즈워드, 「수선화」 1연

이 시는 영국의 계관시인이었던 워즈워드(William Wordsworth)가 알즈워터 호반에 누이동생과 함께 실제로 구경했던 당시를 회상하면서 쓴 시라고 하는데, 추억 속의 자신의 모습을 아름답게 착색하는 그 감홍 속에서 추억을 동경의 세계로 떠올리고 있다. 여기서 수선화는 호숫가 나무 아래에서 '황금빛 수선화'로 미화되면서 상상 풍경을 아름답게 그려내고 있다.

현대시조(現代時調) 가운데 이 서경(敍景)에 해당하는 작품으로 이호우, 김상옥의 뒤를 이어 그 꽃을 피워낸 이태극의 작품을 본다.

골짝 바위 서리에
빨가장이 여문 딸기

까마귀 먹게 두고
산이 좋아 사는 것을

아이들 종종쳐 뛰며
숲을 헤쳐 덤비네
—이태극, 「산딸기」

이 작품은 골짜기 바위틈에 나 좀 보라는 듯 빨갛게 산딸기 알알이 탐스럽게 익어 있는 모습이 눈에 선하고, 까마귀 날아와 찍어먹고 아이들이 몰려와 따먹는 그림이 머릿속에 그려진다. 또한 산촌 아이들의 티없이 밝은 표정으로 뛰어다니는 정경도 떠오르는 시조 작품이다.

가람문학에서의 이 서경(敍景) 평시조(平時調)는 전체 평시조 가운데 50편으로 20.1%를 나타나고 있다. 이런 시풍(詩風)은 중국 한시에 많이 나타나고 있으며 우리나라에서도 오랜 세월 운문(韻文)문학(文學)을 지배하였다. 그러나 가람문학이나 기타 시조 전문지에서도 이 경향은 퇴조를 보이고 있다. 과거 시조로부터 변화(變化)를 꾀한 모습을 보여주려고 한 시도(試圖)가 그런 결과를 가져왔다고 생각한다.

고개는 까딱까딱/ 어깨는 들썩들썩
두 발은 앞으로 갔다/ 뒤로 갔다 옆으로 갔다.
돌모는 낮은 하늘을/ 뱅뱅 돌고 또 돌고.
—유동삼, 「장구 칠 때」 전수

유동삼 시인의 작품은 읽는 이에게 흥겨움을 준다. 이 작품도 어쩌면 어깨를 들썩거리게 한다. 이 작품을 읽으면 달 밝은 밤 농촌 동네 마당에서 한 바탕 벌어지는 풍물놀이 생각이 난다. 위 작품은 장구춤 추는 모습과 돌모—상쇠의 잘못이라고 사전에 나온다. 여기서는 상모인 듯—돌리는 모습을 아주 사실적으로 금방 눈앞에 펼쳐지고 있는 듯 실감나게 표현하고 있다. 동시조와 시조의 벽을 넘나드는 작품이다.

어제는 송이 눈이/ 입김인 양 다숩더니
오늘은 가지마다/ 여린 꽃눈 돋아 있고
어느새/ 꿀벌이 와서 향을 놓고 갑니다.
—허인무, 「춘희(春戲)」 전수

이 작품은 초장에서 함박눈 내리는 포근한 겨울 영상(映像)을 표현하고, 중장에서는 봄을 맞아 돋아나오는 꽃눈들을, 그리고 종장에서 만개한 봄꽃 향기 속에 꿀벌이 넘나들며 향기가 퍼지는 모습을 마치 동양화를 그려놓은 듯하게 표현하고 있다. 늦겨울부터 초봄까지의 시간 상황에 따른 정경을 표현한 묘사가 뛰어난 작품이다.

남간 정사/ 샘물이// 대청 밑을/ 지나서
연못으로/ 흘러 모아// 연꽃을/ 피우니
남간사/ 우암 선생사당/ 우러러/ 받드네.
—이상덕, 「남간 정사」 전수

남간정사는 우암(尤庵) 송시열이 말년에 후학을 가르치던 곳이다. 연못을 끼고 있는 이 정사는 지금은 세월의 무게를 보여주면서 고즈넉이 산자락을 깔고 앉아 있다. 이 의젓하고 고적한 모습을 실감 있게 묘사(描寫)한 작품이다. 샘물 이것은 생의 원천이며, 연꽃은 시속(時俗)에 물들지 않는 숭고한 꽃이다. 이런 샘물과 연꽃에 시류(時流)에 타협하지 않았던 지조 높은 도학자 우암을 숭례(崇禮)하면서 그를 연상하여 접맥시킨 작품이다. 음보마다 행을 달리 한 것은 아마도 우암의 곧은 성품을 구조화하여 표현한 듯하다.

물안개 피워 올린/ 유구천 내려 보며//
속살 깊은 산골바람/ 짚어내는 풍경소리//
잎잎이 푸른 귀 열어/ 서걱이는 청대밭/
—장청, 「산거(山居)」 전수

한 폭의 자연 정경이 그려지는 작품이다. "隨月出山去 尋雲相伴歸 春晟花上露 芳氣着人衣"란 중국 송나라 왕안석(王安石)의 「산중(山中)」을 연상하게 하는 시조로 선유(仙遊)의 풍경이 눈앞에 떠올라 그러진다. 자연은 본디 천의무봉(天衣無縫) 선녀의 옷자락 같다고 하더니 바로 그런 삶의 맛을 표현해 주고 있는 듯하다. '속살 깊은 산골바람'이란 촉각적 이미지를 곁들여 때 묻지 않은 자연을 그려내고 있어 사상(寫像) 평시조에의 경향도 있지만 보다 묘사가 중심을 이루고 있어 여기에 자리를 놓았다.

붉게 타던 단풍잎/ 움츠려 떨고 있고
매질하는 찬바람에/ 울고 있는 풍경소리
甲寺 뜰/ 千年의 古刹/ 황혼이 깊어간다.
—장춘득, 「甲寺를 찾아서」 전수

갑사를 두고 '추갑사(秋甲寺)'라고 한다. 갑사는 가을 정경이 빼어나다고 하여 붙여진 이름이다. 곱게 물든 단풍잎은 늦가을 추위에 떨고, 매몰차게 부는 찬바람에 쓸쓸하게 풍경(風磬)이 고찰(古刹)의 추녀 끝에서 운다. 해는 뉘엿뉘엿 지고 있다. 고적한 풍경이 눈앞에 떠오르는 한 폭의 동양화이다. 흔히 계절을 인생(人生)에 비유하여 말하고 있다. 그래서 작자는 깊어간 가을 사찰(寺刹)의 모습을 황혼(黃昏)이 깊어간다고 표현한 듯하다. 어떻든 이 작품은 서경(敍景) 평시조의 맥(脈)을 잇고 있다. 이 작품의 특장(特長)은 '움츠려, 매질하는, 울고'와 같은 역동적 시어로 시조에 생동감(生動感)을 부여하고 있는 점이다.

벚꽃이며 목련꽃의 웃음소리 들렸다.
해마다 창을 열고 실쭉실쭉 웃었다.
나직한 행간의 틈새/ 열어 놓고/ 또 가리라.
—이영주, 「봄소식」 전수

봄은 꽃송이 피는 소리로 와서 웃음(기쁨)을 주고 슬그머니 떠나나보다. 봄의 조용하나 화사한 정경을 왁자하게 표현하고 있다. '나직한 행간'은 무엇일까? 아마 '행간'은 세월이고 '틈새'는 그 순간의 흐름을 표출하고 있는 듯하다. 추상물을 의인화하여 꽃 피는 봄의 정경을 생생하게 표현하고 있다.

위 외에 이런 종류의 평시조(平時調)를 선보인 작품엔 김길순의 「목련」, 김영수의 「은방울꽃」 「우산나물」, 서영자의 「야간열차를 타면」 등이 있다.

4) 의정(擬情) 평시조(平時調)

의정(擬情) 평시조(平時調)란 보통의 사물을 사람처럼 사상(思想), 감정(感情)이 깃든 사물(事物)로 표현함으로써 사물의 의인화(擬人化)를 통하여 정감(情感)을 표현하는 평시조(平時調)이다. 다시 말하면 인간의 감정이나 정서(情緖)를 그 내용으로 하는 개인적(個人的)·주관적(主觀的) 성격을 지니고 있는 주정성(主情性)이 짙은 평시조를 말한다. 이런 주정성(主情性)이 두드러진 고시조로 다음을 들 수 있다.

말 업슨 청산(靑山)이요 태(態) 업슨 유쉬(流水)로다
갑 업슨 청풍(淸風)이요 님ᄌ 업슨 명월(明月)이라
이 중에 병(病) 업슨 이 몸이 분별업시 늙으리라.
—성혼(成渾)

성혼(成渾)의 고시조는 개인적 정감을 주정적으로 표현하고 있는 문예사조 경향으로 본다면 낭만주의 경향이 강한 작품이다. 욕심이나 사(邪)가 없는 심공(心空)의 세계를 표현하고 있다. 산수자연 속에 묻혀 무엇에도 얽매이지 않는 유유자적(悠悠自適)의 미음을 소탈)하

게 표현하고 있다. 초장에서 청산(青山)과 유수(流水)를 짝으로 하여서 자연의 의연함을, 중장에서는 청풍(淸風)과 명월(明月)을 짝으로 하여 희원하는 탈속의 삶을, 그리고 종장에서 물아일체 달관의 경지로 맺음하고 있다.

낭만주의 경향이 강한 외국의 의정적(擬情的) 작품을 살펴본다. 의정적(擬情的)이란 말은 감성중심주의라고도 말할 수 있는데 이것의 특징은 주관적 감성에 의한 동경(憧憬)의 세계를 표현하고 있으며, '살아 숨 쉬는 자연'을 찾아 표현하고 있다는 점이다. 상상력이 창조의 원동력을 이루고 있는 경향이다. 이에 해당하는 영국의 시인으로 낭만주의 시인의 대표가 된 바이런의 작품을 본다.

> 너는 울고 있었다.
> 파란 눈에서 빛나는 눈물방울이 흘러 내렸다.
> 그때 나는 제비꽃이
> 이슬을 머금고 있는 듯하다고 생각하였다.
> 너는 웃고 있었다.
> 사파이어 보석이 네 곁에서 광채를 잃었다.
> 네 반짝이는 눈동자와 겨룰 만한 것은
> 아무것도 있을 수 없었다.
>
> —바이런(Byron, G Gordon), 「너는 울고 있었다」

이 시는 제비꽃과 사파이어 보석이라고 하는 자연과 인공의 두 종류의 이미지가 겹쳐져 우아하고 섬세한 미의 결정을 이루고 있다. 제1행에서 보여 주고 있는 사랑의 순수성이라든지 '제비꽃이 이슬을 머금고 있는 듯하다'는 아름다운 표현이 돋보인다. 아마도 '너'는 연인인 여인인 듯하다. 이슬 머금은 제비꽃처럼 청초하고 아름다우며 사파

이어보다 반짝이고 빛나는 눈동자를 가진 그 연인, 얼마나 아름답고 고운 사랑의 결정체(結晶體)인가. 주관적 시선에 의한 주정적 표현이 이루어진 대표적 작품이다. 이런 주관적 주정적인 표현 기법으로 되어 있는 작품이 의정적(擬情的)인 작품이라고 볼 수 있다. 다음은 현대시조 작품을 살펴본다.

다스려도 다스려도/ 못 여밀 가슴속을
알알 익은 고독/ 기어이 터지는 추청(秋晴)
한 가닥 가던 구름도/ 처마 끝에 머문다.
—이영도, 「석류」 전수

이영도(李永道)는 한국 전래의 기다림을 고유의 가락에 실어 감각적으로 읊은 시조시인이다. 위 작품은 '석류'를 의인화하여 표현한 것으로 석류를 가슴으로 보고 그 속에 익어가는 알알을 고독이라 설정하여 가을에 익어 터지는 석류의 모습을 정감적으로 표현하고 있다. 이를 '기어이 터지는 추청(秋晴)'이라고 하여 고독의 맑은 심상을 아울러 표현하고 있다. 고요 속에 조용한 고독의 반란인 석류의 벙글음에 한 가닥 구름도 숨을 죽이고 그 광경에 취하여 처마 끝에 머문다. 물아일체의 경지가 표현되어 있다.

가람문학에 발표된 평시조 가운데 이 계열 작품은 가장 빈도(頻度)가 적어 44편으로 17.7% 로 나타나고 있다. 그러나 차분한 정감을 자아내는 작품군(作品群)이다. 절제(節制)할 줄 아는 감정의 숨 고름이 있는 평시조들이었다.

속 비우고 줄기 곧은/ 타원형 잎 박새 꽃은
산바람 맞고 섰는/ 소복 입은 여인인가

새초롬/ 짓는 미소에/ 꽃잎 하나 떨어진다.
—신재후, 「박새꽃」 전수

박새꽃의 모습을 초장에서는 꽃의 모습을 객관적으로 그려내어 마치 사진 찍듯이 표현함으로써 서경 평시조의 경향을 보이고 있다. 그러나 중장에서 산바람 맞은 소복 여인으로 의인화하더니 종장에서 새초롬한 미소에 꽃잎이 떨어진다고 자기감정을 토로(吐露)하고 있다. 낙화(落花)가 미소의 힘에 의하여 될 줄이야. 신 시인은 다른 작품에서도 이와 마찬가지로 사물을 의인화하여 표현하고 있는데, 여기선 식물에 인간 심리를 투여한 의인화 기법을 사용하고 있다.

갑옷 같이 굳은 몸매/ 화살처럼 곧은 의지
사나운/ 산비탈도/ 천박한 토양에도
의연히/ 올곧게 살며/ 제 갈 길로 가는데.
—김영환, 「굴참나무」 전수

시는 시인의 거울이라고 한다. 우리가 흔히 산비탈에서 볼 수 있는 굴참나무를 마치 옛 딸깍발이 선비 모습처럼 환치시켜 놓고 그 나무의 속성을 통하여 인간을 질책(叱責)하고 있다. 이는 올곧은 삶을 인간의 삶의 방식이라고 믿는 김 시인의 모습이 이 굴참나무가 되어 나타난 것이 아닐까 한다. 하나의 사물을 보고 그 속내를 훤히 꿰뚫어 보고 그를 통하여 인간의 모습을 대비시키는 다분히 주관적 주정적 경향의 시조이다. 작자는 어려운 환경 속에 사는 굴참나무도 그 고난을 이기고 곧고 바르게 사는데 우리는 왜? 하고 의문 부호를 던지는 작품이다.

공주병 걸렸나 봐. 엉덩이 실룩이며
담장 위에 고개 내밀고/ 예쁜 척 하는 폼을 봐
독하게/ 찔려대면서 손대지 말랄 땐 언제고
—김성숙, 「넝쿨장미」 전수

넝쿨장미의 이중성을 소재로 잡아 표현한 작품이다. 언제 넝쿨장미가 인간에게 무슨 말을 하랴마는 가시 돋아 함부로 손댈 수 없는 넝쿨장미를 작자는 성숙한 소녀나 처녀로 가장하고 곱게 핀 꽃을 보며 세상에 예쁜 척한다고 하였으며 바람에 흔들리는 모습을 엉덩이 실룩이는 것으로 의인화, 감성화하여 표현하고 있다. 넝쿨장미는 실제로는 독하고 가까이 할 수 없는 존재이면서 공주병에 걸려 그러는 것이라고 표현하고 있다. 다분히 주관적 감정적으로 낭만이 어린 표현을 하고 있다.

겨우내 보고팠던 선홍빛 그리움을
울컥울컥 토해놓은 영산홍 꽃무더기
해맑은 봄빛결 따라 꿈인 양 너를 본다.
—이건영, 「영산홍에게」 전수

서정적 그리움이 흠뻑 밴 작품이다. 선홍빛은 핏빛이다. 피는 생명의 원천으로 생의 치열(熾烈)함이다. 절절한 그리움을 무더기로 쏟아내는 영산홍을 티 없는 마음갈피에 품고 있는 모습이 선하다. 그리움이 꽃이 그것도 선홍빛꽃이 되는 시상의 전화(轉化)가 이루어진 작품이다. 추상적 상관물에 감정을 전이(轉移)시켜 표현한 작품이다.

이런 종류의 평시조(平時調)를 가람문학에 선보인 것에는 박봉주의 「설악산을 닮았다고」, 이영주의 「고드름」 「낙화」 등도 있으며 우제선, 홍윤표도 이에 속하는 작품을 쓰고 있다.

3. 나가며

위의 대체적인 흐름을 통하여 볼 때 아직도 옛시조의 대세였던 개념 시조가 그 자리를 내주지 않고 있다는 사실이며, 감정 표출의 작품은 축소된 추세임을 알 수 있다. 다만 앞으로 우리 시조를 쓰는 이들이 작품은 어떻게 써야 할까 하는 문제의 의문 부호는 푸는 열쇠는 각자가 만들어야 할 것이라고 본다. 그러나 문학 작품 창작에서는 최선(最善)이 있을 따름이지 최적(最適)은 있을 수 없다고 볼 때 위에서 살핀 것 가운데 어느 갈래는 바람직하고 어느 갈래는 바람직하지 못하다고 단정 짓기는 어렵다. 다만 시조의 현대화라는 이름 속에 시조에서 이미지즘이 강조되고 또 흐름도 그쪽으로 중심 줄기를 잡아가려는 傾向(경향)이 대세를 이루어 가고 있음을 부인하지 못한다. 그렇지만 작품의 우열(愚劣), 성패(成敗)는 전적으로 여기에 보인 갈래 가운데 있지 않다. 나름의 작품이 얼마나 가열(苛烈)되어 독자의 공감을 자아내는가에 달려 있다고 본다. 김열규 교수는 「단시조의 미학과 전망」이란 글에서 '짧아서 웅숭깊은 것'이 되어야 한다면서 시의 시다움은 그 응축(凝縮), 응결(凝結)에 있다. 작아서 맵기로는 시와 고추가 다를 바 없다. 적어도 抒情詩(서정시)의 과녁에는 이 말이 정통으로 꽂혀야 한다고 했는데 우리는 이 말을 귀 기울여봐야 할 듯하다.

현대에 넘어와 시나 시조는 모호성, 애매성이 있어야 훌륭한 것처럼 생각하던 시절이 있었다. 그러나 이 새 천년이 열리며 부터는 쉬운 시, 쉬운 시조를 강조하게 되었다. 여기서 작품 이해가 쉽다고 하는 말과 작품의 시적 이미지나 문학성이 빈약하다는 말은 다르다. 쉬운 용어로 쉽게 이해되는 작품을 쓰되 기저 사상과 인생관이 담겨 있고, 특히 문학성(=운문 문학의 특성과 특질인 산문성이 배제된 비유와 리듬감이 반영된 성질)은 잃지 않고 독자에게 유열감(愉悅感)을 느끼게 하여야 한다는 말이다. 말은 쉽지만 어려운 과제이다. 사실 시조에서 단순히 글자 수만 맞추어 행 배열을 한다든가 자기 철학이 결여된 채 시적 이미지나 비유도 없이 사실적 설명적으로 쓴 19세기 유행했던 창가 형태의 작품들을 써낸다면 이는 엄밀한 의미에서 단순한 지시문이나 설명문이지 시조 작품이라고는 할 수 없다. 시조문학에서 요즘 더 심각한 것은 시조는 엄연한 음보율이 중시되는 정형시인데 나름으로는 현대화한다는 뜻에서의 발상인지는 모르지만 현대시와 구분이 안 되는 무절제한 음보를 덧대어 배치하여 시조라는 명칭으로 지면에 선보이는 경우가 있는데 이는 시조를 망치는 행위가 아닐까 한다. 주어진 틀 안에서 형식의 파괴보다는 표현기법의 신선성(新鮮性)을 통하여 현대화된 시조문학을 모색해 볼 필요가 있다고 생각한다. 몸매를 내려면 근육을 건강하고 아름답게 가꿔야지 몸체를 이루는 기본 뼈에 사족(蛇足)같은 뼈를 더 붙여 몸 모양을 바꾸면 멀쩡한 이를 억지 병신 만드는 것이 아닐까.

2부 시조집 발문 평설

* 무위자연無爲自然과 현실 접목椄木
* 토*속적土俗的 정情과 한恨의 어울림
* 문향聞香이 넘친 정情의 세계
* 향토적鄕土的 정감情感이 어우러진 소박미
* 품品 높은 한국적 정한情恨의 울림소리
* 기원祈願 서린 바람의 시적변용詩的變容
* 애상哀傷과 고적孤寂으로의 시적변용詩的變容
* 자연과 인간사를 엮어 짠 서정

무위자연無爲自然과 현실 접목椄木

— 李道鉉 시집『壯子의 바람』

이도현 시인의 다섯 번째 시집『壯子의 바람』은 李 詩人이 그 동안 꾸준히 모색해온 동양의 바람 가운데 절대 무한의 경지에 歸依하고자 하는 無作爲의 道를 중심으로 하여 세상의 名譽, 功名이 인간을 구속하는 요인이 된다는 壯子의 思想을 현대 감각으로 濾過시켜 시조에 접목한 수준 높은 작품이다.

전통적으로 시조의 조류가 되다시피 하였던 자연 풍류적 영가풍의 작품에서 탈피하고자 이 시인이 노력하였던 면이 이제 단순한 현실 비판적 안목을 떠나 이를 無의 本體 속에서 남달리 찾고자 함을 작품을 통하여 느낄 수 있다. 한 마디로 李 詩人은 壯子의 無爲思想을 현대적 감각으로 일단은 수용해 보고 이를 갈고 닦아 재창조했다고 볼 수 있다. 어쩌면 李詩人은 壯子의 道가 이 땅에 실현되기를 애타게 절규했다고 하는 것이 옳을 것이다. 詩集『壯子의 바람』에 담긴 시편들이 이를 말해 주고 있기 때문이다. 자기중심적 사고로 이기적 삶의 해석이 판을 치는 세상에 그의 시조는 속살 저며내는 아픔을 호소에 가까운 원망으로 노래하고 있으며, 이를 위하여 그는 사설시조의 틀을 잡아 자기 삶의 확고한 사상을 표출하고 있다.

壯子의 바람은
색깔도 없고 소리도 없다.

무수한 群像들이 바람소리로 요란하지만
바람은 제 소리를 내라고 호령하지 않는다.
솔잎을 스치면
솔바람 되어 산자락을 흔들고 , 댓잎에 머물면
댓잎바람으로 마음을 훑는다.
마음은 온통 萬象의 바람이네.
바람 숲이네.

바람은 늘 하나로 불건만
제빛 소리로
요란한 세상

—「壯子의 바람 1」 전수

시적 표현 내용을 볼 때 현실 상황을 예리한 통찰력으로 투시하고, 이를 분석 비판하여 표출함으로써 자연 그대로의 삶을 希願하는 마음 자세를 유감없이 발휘한 작품이다. 특히 '제 빛 소리로/ 요란한 세상' 이라는 格調 있는 메타포를 사용하여 현실 비판을 단절감 있는 호흡으로 끝맺음함으로써 주제 의식을 두렷하게 나타내고 있다. 사설시조의 辭說이 이 시조에서는 절제와 긴장으로 통제되고 있다. 이 작품은 '무릇 아는 이는 말하지 않고, 말하는 이는 알지 못하는 것이다.'라는 壯子의 「知北遊篇」에 나오는 말과 상통하고 있다. 인생은 모두가 하늘의 명에 순응해야 된다는 것을 '솔잎을 스치면 솔바람 되어' 댓잎에 머물면 댓잎 바람이 되어'와 같이 物化시켜 나타내고 있다. 이 시집의 다른 작품들도 마찬가지지만 정형율격 3, 4조를 깨뜨린 것이 대부분인 듯한데, 음수율의 깨뜨림이 호흡율을 잃어 시조를 손상시키고는 있지 않으며 오히려 過音步를 사용함으로써 호흡의 넘나듦이 자유롭게 이루어져 더욱 맛을 느끼게 하고 있다. 이는 시조도 이제는 낡은 껍질을 벗고 생살이 나와야 될 때라고 볼 때 현대시조의 발전을 위하여 시도되어야 하는 하나의 과제를 풀어주는 열쇠가 되었다고 본다. 또한 聯과 聯의 흐름에서 비약과 단절을 시도하여 단순한 시행 접속을 탈피함으로써 작품에 생동감과 역동성을 부여하는데 성공을 거두고 있다고 하겠다. 다음 작품을 보면 이것이 확인된다.

귀가 멀어지면서
소리를 들은 베토벤

고뇌의 밤 「영운」 고뇌의 밤 「운명」
괴뇌의 밤 「전원」 괴뇌의 밤 「悲愴」
고뇌의 밤 「月光」
달빛 달빛, 달빛
고뇌의 밤
「에리제를 위하여」
귀머거리가 되어서야
사람의 소리를 찾았다.
피아노의 소리는 악기의 소리
사람의 소리는 자연의 소리
樂聖 베토벤

참으로 어리석은 귀는
솔바람 소리를

듣지 못한다.

—「壯子의 바람 8」 전수

이 작품은 壯子의 「大宗師篇」에 나오는 내용에서 얻어진 듯한데 작자는 여기서 '세상에서 가장 아름다운 소리는 베토벤의 소리, 사람의 소리, 자연의 소리'라는 등식으로 倂置시켜 꾸밈없음, 作爲없음을 최선의 사물 본질로 삼고 있다. 귀머거리가 된 베토벤이 왜 자연의 소리를 듣는가? 이 해답은 自明하다. 만들어지고 꾸며지는 세상의 소리와 절연함으로써 존재 본연의 원초적 근원에 바탕을 두고 거기서 인식의 세계를 초월한 세계를 표현해내기 때문이다. 그러나 피아노 소리는 인위적이며, 만들어지는 것이기에 가자의 소리이다. 그런 가자의 소리에 귀 기울리는 것이 인간들이다. 그러기에 인간들은 어리석은 귀를 가질 수밖에 없다. 道의 本體는 無인데 道의 作用인 有만 보고 사는 사람은 따지고 보면 불쌍한 존재이다. 李 詩人은 '바람'을 통하여 이를 확인하고 마음의 앙금을 남기지 않을 때 절대 자유의 삶의 모습을 볼 수 있다는 메시지를 비약과 단절로 표출하고 있다.

매미를 잡는 곱추
齊物 한 대목.

곱추는 한 그루의 나무로 서서
가지처럼 꼼작 달싹 움지이질 않는다.
天地의 형세도 만물의 오묘함도 매미의
날개에 투영되고 있었다.
한 그루의 나무가 된 곱추
미동도 없는 나뭇가지 곱추는 드디어

매미의 친구가 되어 어느새
손가락으로 그들을 어루만지고 있었다.
곱추가 매미가 되었네
나뭇가지 곱추 매미

하늘은 둥글고 둥글어
동그라미 점 하나
—「壯子의 바람 10」 전수

無爲의 바람을 주제로 하여 萬物齊同의 이치를 꿈을 통하여 묘사하고 있는 작품이다. 壯子의 「齊物論」에 나오는 사상을 시화한 것으로 '매미를 잡는 곱추가 나무가 되고, 다시 매미의 친구가 되는' 物化의 과정을 표현함으로써 天地萬物의 오묘함이 대립이 아닌 화애임을 체득케 한 작품이다.

이 시인은 연작시 「壯子의 바람」에서 바람을 '보일 듯 보이지 않는 만물을 포용한 눈짓'으로 보고 있는데 이는 是非善惡을 초월한 자연철학으로 제3부 '壯子의 하늘'에도 그대로 적용되고 있다.

壯子의 하늘은
비어 있는
하늘빛

땅에서 보는 하늘은 늘
푸른 빛
푸른 하늘 위의 하늘은 한 가지로
검은 빛

푸르고 검은 윗 하늘은
壯子의
하늘빛.

—「壯子의 하늘 2」 전수

이 작품에서 '壯子의 하늘은 비어 있는 하늘빛'이라 하였는데, 이는 현상계 이전의 존재로서의 하늘이다. 그러므로 속세의 땅에서 보는 하늘은 인간의 욕심, 꿈이 서린 푸른빛이지만 실제는 모든 빛을 수용하는 검은 빛이 진정한 빛인 것이다. 또한 '푸르고 검은 윗 하늘은/ 壯子의 하늘빛'이라 하여 壯子의 세계를 한층 차원 높게 표출하고 있다 하겠다.

곧은 나무는
톱날에 잘 잘리는 법.

香나무는 몸속의 향기 탓으로 산산조각
파산하지만, 민들레 꽃은 수줍은 덕으로
피고 싶은 곳에서 민들레만큼 피다가
민들레만큼 진자.

無時로 사나운 개는
寧日이 없나 보오.

—「壯子의 하늘 10」 전수

이 작품은 삶의 지혜를 일깨워주는 壯子의 교훈에서 얻어진 것으로 壯子의 「山木篇」에 나오는 내용을 詩化하였다고 보여진다. '쓸모 있음과 쓸모없음'의 중간에 처하는 것이 天命을 받아 몸을 보전하고 害

를 멀리 할 수 있다는 것인데, 이 작품에서 보면 향기를 가진 향나무는 향기 때문에, 곧은 나무는 곧기에, 개는 사납기에 수난을 겪으나 민들레꽃은 수더분하기에 절대 자유를 얻어 분수대로의 삶을 누릴 수 있다는 내용으로 민들레꽃 같은 삶을 예찬한 작품이다. 세상에 욕심이란 티끌이 없을 때 깨끗하고 밝은 삶을 누리며, 바르게 사는 법인데 그렇지 못함의 안타까움을 표현하고 있다. 이는 「壯子의 하늘 9」도 마찬가지이다. '풀잎'으로 은유된 백성을 無爲의 표본으로 삼고 人爲를 끊어야 하는 것으로 보고 있다. 이때 영롱한 이슬을 받아 살아가는 '풀잎'의 진짜 삶의 모습을 볼 수 있다. 이렇게 李 詩人은 無爲自然에 의한 현실적 삶을 표현하고 있다. '바람, 하늘'과 같은 자연에 무엇이 가미되고 이름 지어지면 가짜 삶의 모습이 된다. 이 점을 작품 속에서 강조하고 있다. 일반적으로 시인은 현실을 반영하고 고발한다고 하였으며, 引導者로서의 역할까지 한다고 하였는데 李 詩人은 이를 제5부 '壯子의 웃음'에서 실증적으로 보여주고 있다. 요즘의 사회 현실과 정치판의 이야기를 시 속에 담아 詰難, 告發하면서 근원적 삶의 道를 직설, 풍자적으로 표출해 내고 있다.

지금까지 壯子의 연작시를 살펴보았는데, 2부와 4부에 실린 작품은 이와는 軌를 달리 하고 있다. 前者가 主知的 心眼의 작품이라면 여기에 실린 것은 그간의 일관된 정서였던 主情的 心眼에 의한 작품이다. 이를 살펴보면 2부에서는,

① 바람 부는 都心/ 저만큼/ 내리는 길목 손바닥만 한 居室에/ 햇살이/ 모여 앉아 한 해를 보내는 이야기/ 그믐밤에 달이 떴다.

—「밤의 햇살」 전수

② 어디로 가는 것일까/ 소슬바람/ 한 점 비늘로 떨어지는 시간에 기대서서/ 荒凉한 들녘 끝 노래/ 높은음자리로 읊는다.

—「가을 엽서 2」 전수

③ 멀리 먹구름 속에서/ 뇌성이 울려온다. 사랑은 간간이/ 천리에 뻗는 香 그 향낭/ 고운 주머니/ 꿈에서도/ 뽀얀 숨결.

—「장미 그리고 꿈 2」 전수

①은 메마른 都心에 사는 한 가정 식구들이 정겹게 모여 한 해를 보내는 情談의 자리를 표현한 것으로 '햇살'로 표현되는 '식구'와 '달'로 표현되는 '은은한 인정'을 통하여 주제를 표출하고 있다.

②는 분위기가 쓸쓸하고 고요한 작품으로 시간의 허망함을 '비늘'이라는 퇴화물로 접속시켜 표현하면서 '높은음자리'라는 삶의 절규로 끝맺음을 하고 있다. 여기서 '소슬바람'을 '나'로 대치하여 생각해 보면 人生無常과 쓸쓸함을 切感할 수 있을 것이다.

③은 껍질이 깨지는 아픔 없이는 새 생명 탄생이 없다는 말을 느끼게 하는 작품으로 '먹구름 속 뇌성이 사랑을 낳고, 사랑이 향으로 벋어 나오는 장미가 된 因果性이 보이고 있다. 여기에 李 詩人의 事物觀이 나타나 있다.

다음 4부에서는 높은 抒情性을 엿볼 수 있는데, 이를 적시해 보면 '內院寺'의 '달빛 혼자 물을 긷네' '錦江'의 '옥빛 해는 저물어 물만 도네, 구름 도네' '봄길 위에서'의 '하얗게 바랜 세월' '오천港'의 '찢어진 돛폭 한 척이 비린내에 묶여 있다.' '산이 날 따라 와사'의 '혼자서 산을 지키던 열사흘 하얀 달빛' '공주로 가는 길'의 '청벽 어씨네 집 장어 맛을 옆에 끼고' '진도의 밤'의 '간간한 生魚 한 접시 달을 띄워 비우는 잔' 등이 있다. 이렇게 볼 때 李 詩人의 詩世界는 전진, 비상 변모하면서 역동성 있는 작품 세계를 형성한다고 보겠다.

壯子의 연작시를 제외하고는 주로 90년, 91년도에 문학지를 통하여 발표한 작품들이다. 여기서 유의할 것은 시형과 표현기법, 사상적 기저의 변모이다. 91년도 작품은 90년과 92년의 징검다리 역할을 하였다고 볼 수 있는데, 이를 다음 작품을 통하여 살펴 보면 알 수 있다.

> ① 영혼이 살아 있다는/ 흔한 말들을 하지만/ 신은 벌써 죽었다는/ 니체의 예언처럼/ 하룻밤/ 허락 받은 시간을/ 죽어서만/ 자는 잠…….
>
> —「여름 밤의 詩」 전수

> ② 바람을 재우고/ 등불을 밝히는 새/ 고뇌로 등을 켜고/ 새도록 울은 울음/ 평생을/ 일군 꽃밭엔/눈물 그렁한 꽃이 핀다.
>
> —「꽃밭에서」 전수

①②을 보면 과음보가 쓰이고 있으며, 시어들이 현실 반영의 일상어가 주조를 이루고 있으니, 이는 壯子 연작시로 가는 시어이며 사설시조로 가는 징검다리 역할을 하였다고 볼 수 있다. 李 詩人은 소재를 자연에서 찾아 인사와 연결고리를 만들어 작품을 쓰되 과음보와 일상어를 시어로 승화시켜 사용하고 있다. 이렇게 볼 때 그의 작품세계는 선비의 머리카락기에서 바람과 인사의 접목기를 거쳐 무위의 현실 접목기로 접어들었다고 하겠다. 이제 李 詩人은 바람을 우주 만물에 휘몰아치다가 靜의 샘을 이루어 햇빛, 달빛이 요동쳐도 흔적이 없는 바람의 경지에 들어선 것일까. 그렇다면 앞으로 無爲의 숲을 이룬 바람보다 더 오묘하고 깊은 바람을 새로이 탐색하여 우리가 알 수 없는 어떤 바람을 잉태, 출산해낼지 심히 궁금하다. 그는 분명 전통과 현대

감각을 반죽하여 신선한 언어의 탑돌을 쌓아 여기서 시도한 無爲自然과 현실과의 접목을 한 단계 뛰어넘는 더욱 충격적 작품을 모든 이에게 보여주는 기회를 마련할 것으로 믿으며, 청청한 가락 속에 사상의 꽃이 더욱 만개하리라 확신하면서 이 시인의 건필을 빈다.

토속적土俗的인 정情과 한恨의 어울림

— 김영배 시조집 『산울음 담은 강물』

1.

논강(論江) 김영배님은 이 시조집 외에도 이미 5년 전에 『출항의 아침』이란 시조집을 상재한 중견이며, 20여년 넘게 수필로 문명(文名)을 날리고 있는 대가이다. 말하자면 님은 인생을 달관하고 지난날의 아픔도 기쁨도 다 삭혀 익힌 시인이며 수필가이다. 그래서 님의 수필은 담담하고 그윽한 정이 있으며 시편들은 토속주 같이 감칠맛이 난다는 표현이 적절할 정도로 향토감(鄕土感)을 자아내준다. 이 토속주 같은 향토감이 님의 시 세계에 촉촉한 정과 잦아드는 한으로 정착되어 한지(韓紙)에 물 밴 듯한 감촉을 느끼게 한다. 님의 시조 어디에도 생경(生硬)한 아픔을 일차 감정으로 표출하여 처리한 곳은 없다. 메마른 현세의 일들을 다룬 곳에서도 님의 시편들은 한결같이 가슴 깊이에 그것을 우려 놓은 다음 곰삭은 말들로 표현해 내고 있다. 그래서 님의 작품을 읽으면 초가지붕 밑 주름진 옛 촌로(村老)의 얼굴과 암자(庵子)에 기거하는 노승(老僧)의 눈썹이 떠오르고 순박하나 속살이 떨리는 전통 정감을 느끼게 된다.

문학 작품은 생활 속에서 만들어 내는 아름다움의 그릇이요, 생각의 열매 맺음이라고 볼 때 님의 시는 농부가 바지게 찢어지게 걸구어 놓은 토양에 조롱박 깊이 간수하였다가 꺼낸 씨앗을 심어 싹을 내고, 꽃을 피워 거둔 열매와 흡사하다. 그래서 님의 작품은 현대화(現代化)의 물결 속에서 탈색(脫色)되고, 점멸(點滅)해 가는 향토 의식을 일깨워 주면서 뿌리 없이 서구 사조에 맹종하는 부류에 경고음을 울려주고 있다. 그렇다고 님은 과거에의 회귀(回歸)의식(意識)에 사로잡혀 안주하는 이는 아니다. 어둠과 빛이라는 서로 상반되나 동전 양면과 같은 원형심상을 현대적 표현기법으로 표현함으로써 자기 세계를 열어가고 있다. 즉, 어둠이 있어야 빛이 있고 빛이 있어야 그림자가 생기는 평범하나 쉽게 느낄 수 없는 자연의 섭리를 우리에게 다시금 일깨워 주고 있다. 그런 면에서 님의 시에 나타난 이미지를 보면 천상지향의 묵시적(黙示的) 심상을 사용하고 있음을 알 수 있다. 이는 또한 신화의식과 뿌리의식에 바탕을 두고 있다. 그리움과 향수, 슬픔과 아픔을 잔잔하고 따습게 표현해내고 있다. 이와 같은 면을 두드러지게 보여주는 것으로는 아마도 다음 시조들일 것이다.

2.

고향은 눈망울 속/ 동그만 오가리 솥// 자글자글 끓는 인정/ 구수하게 익는 얘기// 정다운 이웃들 모여/ 흙내음에 묻힌 마을//
천만 리 떠났어도/ 母像은 늘 거기 있고// 몇 년을 떠나 살아도/ 유년의 꿈 풋 박힌 곳// 고향은 해와 달마냥/ 가슴 안에 뜨는 별//

—「故鄕」에서

이 작품에서 '오가리 솥' '母像' '유년의 꿈' '가슴 안에 뜨는 별'이라는 말들이 비유하는 것처럼 정감 어린 옛 삶의 풍정이 그리움의 소산물(所産物)이라면 '자글자글' '구수하게' '푹 박힌' 등은 잔잔하고 따순 토속적(土俗的) 마음결의 소산물이기에 이 시조의 서정적(抒情的) 자아(自我)의 잔잔한 그리움, 따스움이 흙내 나는 향수로 우리 가슴속에 은밀히 녹아 흐른다. 이는 이 시인의 마음 자세와 쌓은 연륜 탓이라고 본다. 어떻든 이런 시풍(詩風)은 현세의 거칠음과 포스트모더니즘으로 명명되는 것을 무비판적으로 시도하는 이들에게 새로이 눈길을 돌려 반성하는 계기를 마련해 주게 될지도 모른다. 여기서 토속적(土俗的) 정감(情感)의 맥을 같이 하는 것을 다시 들어보면,

이 빠진 술잔 위에/ 붉은 입술 찍힌 듯이// 빛 바랜 댕기 끝에/ 고운 때가 묻은 듯이// 어머니 사랑 손 배인/ 그 꿈 배어 있음인가//

—「자화상」 셋째 수

삽살개 짖어댄다/ 새 발자국 찍어가며// 떠나야 할 어두움이/ 서성대며 채비한다// 첫눈이 내리니 오늘/ 창문 가에 내가 선다.//

—「아침의 서곡」 둘째 수

밤새껏/ 어둠을 사룬/ 태고를 여는 시린 나래짓// 눈부신 햇살 따라/ 지평선을 펼쳐가며/ 어느새/ 묵정밭 심향 속에/ 흰 나비가 날은다//

—「가을산책」 첫 수

스르라미/ 슬픈 가락/ 계절의/ 서녘 끝에/ 바람기 몰고 오는/ 세속을/ 벗고 앉아// 저마큼/ 구슬로 영근/ 늦여름의 숨소리//

—「산딸기」 둘째 수

등이 있는데 여기서 토속감을 자아내는 시어만 골라보아도 '이 빠

진 술잔' '빛 바랜 댕기' '고운 때' '사랑 손' '삽살개' 등이 있다. 이들은 모두 현대화의 물결에 밀려나 찾아보기 힘든 시적 대상어이다. 이런 고운 정서어가 우리의 체질(體質)이며 본령(本領)이었는데 지금은 잊혀 있다. 님은 이런 것을 되살려 현대의 한복판에 진솔하게 던져주고 있다. '이 빠진 술잔' '빛 바랜 댕기' 이 얼마나 투박한 심상인가. 인정이 샘 솟고 겉치레를 모르는 순수가 거기 있으며 꾸밈없는 꿈이 거기 있다. 또한 삽살개가 짖어 대고 새가 다문다문 남기는 첫눈 위에 자취야말로 태고의 메아리를 듣는 기분 바로 그것일 것이다. 여기에 '밤새껏 어둠을 사룬' '눈 부신 햇살'이 지평선(地平線)을 열고 다가오는 정경을 상상해 보면 가히 장맛 나는 토장국 냄새가 나지 않는가. 여기에 '늦여름 숨소리' '산딸기'가 세속을 벗어나 열려 있는 산골 정경이 오버 랩되어 어울리고 있는 것이다. 위의 네 작품은 시간은 달리 하지만 그 공간성에 있어 토속적 정감의 표출(表出)무대(舞臺)라는 점에서 그 궤도(軌道)를 같이 하고 있다.

> 이제는 울 수도 있고/ 땅을 칠 수도 있습니다.// 창자를 끊어내어/ 피리가락 만들어서// 그 높은 구름 위까지/ 울림하여 주소서//
>
> 돋는 해 중천을 지나/ 그림자도 지워진 저녁// 긴 밤을 석불로 앉아/ 두 손 모아 합장을 하면// 꽃노을 피는 저 언덕/ 문을 열어 주소서// 이명으로 울려나와/ 귀뚜라미 노래 되어// 그 웃음 눈물에 담아/ 갈증처럼 마신 생애// 떠나는 상여 소리에/ 그 마음씨만 떨굽니다
>
> —「이별」에서

이 작품에 나타난 '울 수' '땅을 칠 수' '떠나는 상여 소리' '이명으로

울려 나와' 등은 가슴을 에는 슬픔의 변용이라면 '창자를 끊어내어' '그림자도 지워진 저녁' '갈증처럼 마신 생애' 등의 표현은 아픔의 변용(變容)이라고 할 수 있는 것인데 이 시의 서정적 자아는 그런 슬픔과 아픔을 '피리가락 만들어서' 저 멀리 하늘까지 울림하고자 하는 희원(希願)을 노래하고 있다. 또한 '두 손 모아 기원을 드리며' 내밀한 슬픔을 '마음씨만 떨굽니다' 하는 구절을 통하여 표현하고 있다. 삶과 죽음의 얇지 않은 벽을 허물고 통화하는 따뜻한 마음씨가 시공을 초월하여 잔잔히 울리고 있다. "형님! 불렀다. 오오냐, 나는 전신으로 대답했다."는 목월의 시구(詩句)를 연상케 하는 절절함을 함께 하고 있다. 그러나 이런 것들이 눈물로 쏟아지지 않고 있음은 감정을 삭일 줄 아는 님의 굽 높은 시적 자질 때문일 것이다. 이렇듯 님은 지상의 현실 질곡(桎梏)을 얼마쯤 가슴에 묻고 다스린 다음 인생의 극한(極限)인 죽음까지도 묵시적(黙示的) 이미지로 환치(換置)시켜 작품을 형상화(形象化)하고 있다.

이와 같은 계열의 작품으로는 「목련(木蓮)꽃이 질 때」도 있다. 이 작품에서 님은 "그대 지금 누웠는가/ 깊은 잠에 빠졌는가// 밤새 뒤척이며/ 뜬눈으로 새던 밤길// 오늘은 먼 먼 여정을/ 뒤뚱거리며 어찌 갔나//"라고 하여 떠나보낸 이에 대한 자상함을 보여주고 있다. 이것은 앞의 '이별'과 함께 떠나보낸 님은 '사모님을 두고 표현한 것으로 필자는 이해한다. 님은 사모님이 몇몇 년간 병석에 누워 계실 때부터 돌아가실 때까지 늘 사모님 곁을 지키시며 안타까워했던 것으로 기억한다. 그렇게 깊이 있는 사랑 때문에 이 작품이 탄생(誕生)되었으리라 생각한다.

잃어본 사람만이 잃음의 안타까움을 안다는 말이 실감나는 작품이다. “아끼고 아낀 정은/ 세월 너머 주름지고// 지난 날 흙 속에 묻고/ 잿빛으로 날아갔다./” 하는 구절과 “제 명줄 못 다하고/ 떠나간 짧은 인연/”이란 한 구절이 이를 잘 보여주고 있다.

이들 작품에 나타난 잔잔한 한이야말로 어찌 보면 가장 인간적인지도 모른다. 가장 인간적일 때 가장 진실하다고 하는데 이순(耳順)을 넘긴 님의 진실성이 다시 한 번 돋보인 작품이라고 생각된다. 님의 시심(詩心)의 텃밭은 결국 우리의 향토색이 흠씬 밴 논뫼의 전원 풍정(風情)이며 거기서 열린 시적 안목(眼目)이 토속적인데 초점을 맞춰 알찬 곡식인 시를 생산해 내고 있는 것이다. 즉, 흙내나는 신화적 이미지를 통하여 정감 솟는 빛의 이미지를 창출(創出)해내고 있다. 이런 모습을 극명(克明)하게 보여주는 것으로 「기상보 9-장마 뒷풀이」「기상보 10-태고 속으로」를 비롯하여 「민속촌 1」 등이 있다.

> 칼을 치는 /번개불이/ 그름 싣고 넘나들며// 그 지심 울릴 때마다/ 지은 죄로 흔들리고// 까치집/ 높은 가지가/ 옥문으로 벋어 있다.//
>
> —「기상보 9」

> 모닥불 피우려고/ 장작개비에 불을 지핀다// 참나무 타는 불빛/ 솟구치는 연기의 높이// 지상은 슬픈 환생으로/ 땅을 치며 우는가//
>
> —「기상보 10」

> 목화송이 피워내서/ 고추 말아 물레에 걸고// 줄줄이 뽑아내는/ 실꾸리로 감긴 애환// 뿌듯한 삶을 짜 올린/ 아낙네의 베틀가여//
>
> —「민속촌(民俗村) 1」

위 작품에 보이는 바와 같이 「기상보 9」에서는 ‘칼—, 번개불— 구름— 죄로 이어지는 이미지를 통하여 문명의 발달과 함께 살아나는 원죄의식(原罪意識)을 신화적으로 표현하고 있으며, 「기상보 10」에서는 '모닥불— 장작개비— 불— 연기— 환생으로 이어지는 윤회의식(輪廻意識)을 이미지화하여 삶의 원형의식을 신화적으로 표현하고 있다. 이는 「민속촌(民俗村)」에도 적용되고 있다. '목화송이'에서 삶의 애환을 뽑아내어 실꾸리로 만들고 그것을 뿌듯한 삶으로 짜서 현실화하고 있지만, 그 전환(轉換)의 과정이 다분히 신화적이며, 생각이 토속적이란 면에서 다를 바 없다. 이렇게 님은 토속적인 정한(情恨)을 인간의 보편적 신화적 매력(魅力)으로 표현하고 있다. 다시 여기서 토속적 뿌리의식을 바탕으로 한을 다스려 촉촉한 정을 표출한 작품을 살펴보기로 한다.

짚신발 멈춰 세워/ 술잔 잡은 주막집엔// 도토리 묵을 치고/ 빈대떡이 익는 냄새// 한 잔 술 피는 시정에/ 한양길이 가까워 온다.//

—「민속촌 3—주막집」

고샅길/ 문전마다/ 옛날같은 그 집 문패/ 대를 이어/ 사는 생업/ 세상사가 변했건만/ 옛 풍정/ 갱갱이 지키며/ 그 세월을 씹고 있다. //

—「갱갱이 풍정 7—어시장」

칡뿌리/ 씹던 잇발/ 검보라로 헐은 입가/ 허기진 배 허리에/ 눈 어덕이 꺼져가고// 자유의/ 질긴 핏줄이/ 어둠 속에 뛰던 강물//

—「강울림 3 한탄강」

흙 파먹고 버틴 마을/ 목이 메어 신음한다// 옹이진 손마디 위로/ 굵은 한숨이 돌이 되어// 버무린 참진 정성이/ 헐값으로 넘어간다.//

—「농투사니」

'짚신' '도토리묵' '빈대떡' 얼마나 향토색 짙은 고향 냄새를 풍기는 시어인가. '한 잔 술'에 오가는 정이 촉촉이 배어 묻어나는 정경이다. 지금은 사라져 찾아보기 힘들지만 농사철에 들녘에 벌어지는 오순도순한 정의 물결을 생각하게 한다. 새참 때 들밥과 농주가 논두렁과 이어진 둑에 펼쳐지고, 이때 지나가는 손이 있을라치면 같이 불러 나눠 먹던 모습이 눈에 선하지 않은가.

또한 '고샅길 문전마다 옛날 같은 그 집 문패' '옛 풍정 갱갱이 지키며' 세월을 씹고 있는 「갱갱이 풍정 7」에서는 역경과 회한의 세월을 접어 굳굳하게 살아가는 한국인의 뿌리 의식을 느끼게 하고 있으며, 「강울림 3」에서는 허기진 보릿고개 시절을 다시 실감하게 하는 작품으로 가난하나 삶의 끈질김을 통하여 현대인의 허약성을 간접 고발하는 듯하다. '농투사니'는 피폐해 가는 농촌 현실을 형상화한 작품으로 '옹이진 손마디' 이것은 농부의 굳은살이며, 의지이다. 그 뒤에 따르는 굵은 한숨이 우리의 가슴을 아프게 한다. 정성을 값으로 어찌 따지겠느냐마는 우르과이 라운드 열풍에 시드는 농촌의 모습을 보는 것 같아 안타깝게 하는 작품이다. 어쨌든 '술잔' '도토리묵' ' 빈대떡'으로 표상되는 넉넉한 정과 '고샅길' '문패' '풍정' '세월'로 이어지는 뿌리감각의식, '칡뿌리' '허기진 배 허리' '강물'을 통하여 표출된 질긴 생명의식과 '옹이진 손마디'로 찰진 정성을 빚어내는 꾸밈없는 삶의 모습을 통하여 우리는 이 시인의 투철한 역사의식(歷史意識), 현대를 보는 예리한 통찰력(洞察力)을 느낄 수 있다. 이렇게 님은 어둠과 빛을 실로 뽑아 엮어 짜서 화려한 무늬 없이 밝음의 천을 짜내고 있음을 우리는 발견할 수 있다. 지금껏 논강님의 작품집 『산울음 담은 강물』에 실린 작품의 경향과 심상을 살펴보았지만 위에 언급한 것이 이 시집의 주류임에는 틀림없지만 숲속에는 주류 수종이 있고 나머지 수종도 공생함을 간과해서는 안 되듯이 이 작품집에도 그냥 지나칠 수 없는 몇 작품이 있음을 알 수 있다. 그 예가 「기상보 1—불쾌지수」라는 작품이다.

고기압권 뇌신경에
찬바람이 부딪는다.

맞물린 톱니바퀴
등지고 돌아서면

바위 등 깨지는 소리
비가 되어 쏟아진다.

논강(論江)의 대부분의 작품(作品)이 천상(天上)지향(指向)의 묵시적(黙示的) 이미저리 작품인데 비하여 이 작품은 악마적(惡魔的) 이미저리가 지배하는 현실(現實) 지향적(指向的) 작품이다. 현대라는 삶의 광장(廣場)이 얼마나 분화(分化)되고 얼마나 바쁘며 메마른 바람소리만 들리는 곳인가. 그리하여 뇌신경(腦神經)은 고기압권(高氣壓圈)에 들어 혈압(血壓)이 상승되어 아프고, 살로 느끼는 현실은 찬바람이 일고, 여유(餘裕)없이 돌아가는 이웃만 있기에 '비'로 상징(象徵)되는 슬픔이 쏟아지는 것이다. 이런 현실 상황을 적절하게 표현한 것이 이 작품인데 님의 작품에 드물게 나타나는 예이다. 님은 아마 현실의 메마른 정의 구조를 해결하기 위한 방법으로 토속적 정감, 한의 삭힘을 선택하여 따스운 현실 실현을 희구한 것 같다. 이 시집은 우리 시조단에 어둠을 뚫는 빛으로 남게 될 것이라 믿으며, 논강(論江) 님의 작품에 대한 열정이 노익장(老益壯)으로 무르익어 흐르는 강물이 되고 타오르는 불빛이 되기를 바라며 소회(所懷)를 마친다.

문향聞香이 넘친 정情의 세계

–찬샘 조일남 시조집『때로는』

찬샘이 첫 시조집『때로는』이후 6년간의 문학(文學)의 향기(香氣)를 모아 총 6부 90편의 시조로 두 번째 시조집『비 갠 뒤 식장산 가니』를 상재(上梓)한다. 찬샘은 삶을 조용히 관조(觀照)하며, 고운 사랑과 고운 정을 세상에 나눠주는 전형적(典型的) 충청도인(忠淸道人)으로 자연 속에서 자연의 섭리(攝理)를 깨달아 이를 문학 속에 녹여 표출할 줄 아는 시인(詩人)이다. 문단 데뷔 후 20여 년을 먼 하늘 햇살처럼 맑게 사는 무욕인(無慾人)이라고 그의 정년 특집 글에서 밝힌 바 있지만, 그는 한 마디로 속진(俗塵)에 물들지 않는 문학인이다. 그래서 나는 그를 사슴 같은 시인이라고 하였다.

공자(孔子)는 인생 60을 이순(耳順)이라 하여 나이 60이 넘으면 하늘의 이치(理致)를 순순히 받아들일 줄 안다고 하였는데, 이는 인생과 함께 가는 문학의 양태(樣態)에도 나타나는가 보다. 찬샘은 시조라는 전통시(傳統詩)를 통하여 우리 민족 고유의 정서(情緖)를 시상(詩想)으로 추슬러 이를 천리(天理)에 순응하는 관조의 미학으로 아울렀다. 그러기에 그는 자연 속에 자연스레 인사(人事)를 접합(接合)시킬 줄 아는 시인, 인정(人情)에서 자연을 느낄 줄 아는 시인이다. 찬샘은 이번 시조집 속에서 한국적 자연 속에 시상을 곰삭혀 토속적

(土俗的) 문향(聞香)이 넘치는 정(情)의 세계(世界)를 표출해 내고 있다. 그는 한 그루의 나무, 한 포기의 풀, 한 줌의 바람, 한 가닥의 빛과 소리까지 어느 것 하나 소홀히 스쳐가지 않고 그것들의 본질을 잡아 그의 시의 품에 보듬어 안고 있다. 의식(意識)의 창(窓)을 열고 바라보는 모든 대상은 그의 가슴속에서 데워져 그의 손끝을 통하여 시로 승화(昇華)되고 있다. 그래 그런지 그의 시조 작품엔 곡진(曲盡)한 서정 속에 은은한 향수(鄕愁)가 배어나오는 것이 많다. 그러면 이런 그의 작품을 몇 편 골라 하나씩 짚어보기로 한다.

문향

1. 자연과 삶의 곡진(曲盡)한 조화(調和)

찬샘 시조(時調)의 첫 번째 미학(美學)은 자연과 삶의 곡진(曲盡)한 조화(調和)에 있다. 자연(自然)의 조응(照應)은 신(神)의 상상력(想像力) 소산(所産)이란 말이 있는데, 찬샘은 자연의 이법(理法) 속에 인간들 삶의 질서(秩序)가 들어 있으므로 자연 속에서 삶을 얻고 삶을 배워 자연처럼 살아야 한다는 하늘의 이치를 깨달아 안 듯하다. 특히 2000년대 들어서면서 그가 발표한 작품군(作品群)에 그런 경향성(傾向性)을 보여주는 작품이 드물지 않다. 이 번 시집에서도 시제(詩題)만 보아도 알 수 있듯이 9할이 자연물(自然物)이다. 인간의 원초적(原初的) 감성(感性)을 자극(刺戟)하는 것은 오감(五感)이요, 오감 가운데도 아주 기본적인 것은 시각(視覺)이라고 한다. 찬샘 시조를 지배하는 감각도 시각이다. 이는 자연물을 순수(純粹) 미학(美學)으로 표현하는 데는 이것이 알맞다고 생각한 것 같다. 그는 순수 자연 속에 삶을 곡진(曲盡)하게 투입(投入)하여 이를 조화롭게 표현하고 있다. 이는 이제 자연물을 대하는 그의 시적(詩的) 시각이 그만큼 원숙(圓熟)해졌고, 심리적(心理的) 영토가 그만큼 안정되게 확보(確保)되었음을 보여주는 것이기도 하다. 그는 자연물에 마음을 기대고 거기에서 슬픔과 기쁨, 고적함, 그리움과 안타까움을 느끼고 있다. 시인의 시작(詩作) 태도(態度)는 그의 작품 속에 면면(面面)히 살아 숨쉬기 마련이다.

바위든 고목이든/ 정갈한 자리만 골라
가부좌 틀고 앉아/ 계절 잊고 선에 든 이여.
다문 잎 잊어버리고/ 우로(雨露) 적셔 사는가.

어쩌다 속연(俗緣)으로/ 바람조차 끊긴 방에
길게 뻗은 뿌리마다/ 분무(噴霧)에 목말라도
뽑아낸 꽃대 하나가/ 세상 언어 다 지운다.
　　　　　　　　　　－「풍란」 전수

이 작품에서 명명(明明)한 삶의 기질본성(氣質本性)을 확연(確然)히 보여주고 있다. '정갈한 자리만 골라' 선적(禪的)으로 사는 '풍란'이건만 어쩌다 비바람 몰아치는 속세와 연(緣)을 맺어 살게 되었는가. 그러나 '풍란'은 세속(世俗)에서의 삶의 고단함을 극복하고 '꽃대 하나'로도 '세상 언어 다 지우는' 세상(世上) 정화작용(淨化作用)을 하고 있다. 자연의 숭고(崇高)함과 위대(偉大)함을 표현한 작품이다. 고고(孤高)한 자연성(自然性)과 어지러운 세속성(世俗性)을 견줘 대비(對比)하면서 그 둘의 조화가 이루어내는 삶의 세계를 표현하고 있다.

연둣빛 밤꽃이여,
방긋이 향낭을 열자.

고을고을 임의 숨결에
살랑살랑 흘러들자.

남원골 지리산 가다
무심결에 뇌어 본 말.

맑게 개어 더 환한 구름
춘향을 담쏙 안아

쏟아지는 사랑 얘기
세상 다 어지러울라.

단옷날 창포탕으로
말갛게 우려낸다.

—「단오에는 밤꽃이 핀다」 전수

밤꽃은 사련(邪戀)의 애정사(愛情事)와 연관(聯關)이 깊다. 밤꽃의 꽃향에 과부 여인네들 사랑이 농익는다는 말이 있듯이 이 작품도 밤꽃에서 남원골 춘향의 연사(戀事)를 연상(聯想)하여 접목(接木) 표현하고 있다. 방긋이 향낭을 열 이는 춘향이고, 살랑살랑 흘러들 임의 숨결은 그 상대역인 이 도령이다. 남원 광한루(廣寒樓)에 얽힌 서사(敍事)를 첫째 수(首) 초, 중장에 담아놓고, 종장에서는 '무심결에 뇌어 본 말'이라고 딴청쓰기를 하고 있다. 이렇게 첫째 수에서는 지상의 연사(戀事)를 표현하고, 둘째 수(首)에서는 천상(天上)으로 사랑을 승화(昇華)시켜 속인(俗人)들의 사랑과는 차별화됨을 표현하고 있다.

'세상 다 어지러울라.' 하여 세상 사람들이 춘향골 사랑도 세속적인 것으로 착각(錯覺)하는 혼란을 경계(警戒)하면서 '단옷날 창포탕으로' 잡귀(雜鬼)를 몰아내듯이 세인(世人)의 속된 생각을 '우려낸다.'고 말하고 있다. 비록 허구(虛構)인 춘향전 이야기이지만 밤꽃이란 자연사물에 투사(投射)하여 형상화하였다. 시인은 이런 과정을 통하여 고고하고 정갈한 삶을 추구하는 희구심(希求心)을 표현한 것이다.

이런 유(類)는 「긴 장마 끝에서」의 둘째 수 "맑은 물소리/ 오르는 길 지워놓고// 해맑은 손을 들어/ 우리 내월 이끌지 않나// 발 벗고 따라 들어가/ 산을 자꾸 빨아 올렸다.//"나 〈가다가〉의 둘째 수 "가던 길 잠시 멈춰/ 둘러도 봐야 하리// 바람 따라 눕는 풀,/ 풀꽃 밟아 뜨는 인심// 눈 맑혀 한 조각 하늘 당겨/ 마음결에 펴야 하리.//와 같은 데서도 찾아볼 수 있다. 특히 「가다가」는 표현한 내용도 내용이려니와 중장의 '바람 따라 눕는 풀,/ 풀꽃 밟아 뜨는 인심'과 같은 대구(對句)를 통해 표현 기법의 묘(妙)를 한껏 살린 작품으로 자연 현상과 사람 사이의 일인 인사(人事)가 합일(合一)을 이룬 모습을 보여주고 있다. 또 하나 눈길을 끄는 작품으로 「김영희 닥종이 나라」가 있다. 이 작품은 표현 기법으로 볼 때 무생물에 생명을 불어넣는 활유법(活喩法)을 사용하여 요즘 시문학에 주류적 경향으로 나타나고 있는 생태시(生態詩)의 면모를 보여주고 있다. 닥종이가 '문화에 뼈 시린 고독을 앓고" 난 다음 '내면의 울림으로 눈을 번쩍 떠' '새 숨결'을 고르며, 새 생명으로 태어난다. 그런 '닥종이의 주름마다 정이 새록 배어난다.' 무생물의 인간화가 이루어진 모습을 보여주고 있다. 이 작품은 이미지의 확산(擴散)과 응축(凝縮)이 역동적으로 이루어지고, 원형심상으로 볼 때 묵시적(黙示的) 이미지가 생동(生動)한다. 시조가 정적(靜的) 침묵(沈黙)의 문학이라고 하면서 현대 흐름으로 볼 때 화석화(化石化)되었다고 매도(罵倒)하는 이들이 있는데, 이런 이들의 그릇된 생각을 바로잡아 반증(反證)해 주는 작품으로 찬샘의 이런 유(類) 작품을 보라 권하고 싶다. 정중동(靜中動)이라 할까. 평이(平易)한 시어를 통하여 현대 자유시(自由詩) 못지않게 만상(萬象)에 생동하는 숨소리를 부여(附與)한 다음 이를 인사(人事)에 접목(接木)하는 생태시(生態詩)의 시풍(詩風)을 찬샘은 어렵지 않게 보여주고 있다. 이렇게 찬샘은 표현상의 기법은 다소 차이가 있지만 자연과 삶의 곡진(曲盡)한 조화를 표현해 보이고 있다.

2. 향수(鄕愁) 어린 회상(回想)의 서정(抒情)

찬샘 시조(時調)의 두 번째 미학(美學)은 향수(鄕愁) 어린 회상(回想)의 서정(抒情)인데, 농경시대(農耕時代) 고향과 가족, 이웃을 대상으로 서정(抒情) 어린 자연 낙원성(自然 樂園性) 향수(鄕愁)를 형상화하고 있다는 점이다.

산과 들 다 아름다워 그 이름이 금산(錦山)이다.
산 좋아 물도 좋고 사는 사람 이를 닮아
아침 해 불끈 솟아도 관청문 열 일 없었네.

내 오감(五感) 그 품에서 이슬 마셔 자라왔고
가끔씩 진악(進樂)에 올라 끌어당긴 그림 한 폭
지금도 그 마음으로 사는 거지, 사는 거야.
—「금산이 아름답다」 첫째 수, 둘째 수

이 시조 작품의 모티브(motive)가 된 금산(錦山)은 찬샘의 고향이다. 그는 금산 가운데도 풍광(風光)이 빼어난 적벽강을 끼고 있는 부리에서 태어나 그 곳에서 자랐다. 그런 금산의 산수가 뛰어남은 일반인들도 인정하는 자연 낙원의 표상(表象)인 요산요수(樂山樂水)이다. 논어(論語)에 보면 지자요수(知者樂水)요, 인자요산(仁者樂山)이라 했으니 찬샘의 고향 금산(錦山) 사람들은 그런 산수(山水)를 닮아 지혜롭고 어진 사람이 살고 있어 시비(是非) 곡절(曲折)을 가려주는 관청(官廳)을 개청(開廳)할 필요 없는 것이다. 요순(堯舜)시대 백성들이 불렀다는 격양가(擊壤歌)가 불려져 나올 법한 경지(境地)가 아닌가.

시적 화자 '나' 또한 '이슬'로 표상(表象)되는 더러움과 세속에 오염되지 않은 순수의 토양에 성장했기에 그 산수(山水)를 닮은 마음으로 산다고 스스로 다짐하고 있다. 아니, 스스로의 삶을 유유자적(悠悠自適)의 순박(醇朴)한 삶이라고 자부(自負)하고 있다. 아닌 게 아니라 그의 삶은 순수이며, 자연의 순리(順理)이다. 그의 작품은 그런 삶을 바탕으로 시조(時調)시학(詩學)의 상상력(想像力)을 발동시켜 서정의 곡조(曲調)로 뽑아낸 심상(心象)의 피륙이다.

자갈밭 종종대는 낄러기 따르다가
풍덩풍덩 뛰어든 물에 하늘도 따라 들어
우르르 꽃고기 피라미 떼 얼싸얼싸 춤을 췄지.

징검다리 나무다리 초겨울 맨다리에
여름철 겨드랑 물도 둥실둥실 건너게 하며
확 트인 그 너른 가슴 우리 삶의 배움터였지.

―「봉황천」 첫째 수, 둘째 수

자갈밭, 낄러기, 꽃고기, 피라미, 징검다리 등은 농경시대(農耕時代) 고향 정경(情景)의 정겨움을 제시하는 객관적(客觀的) 상관물(相關物)로 토속적(土俗的) 정서를 환기(喚起)하는 시어(詩語)들이다. 유년(幼年)의 아름다운 추억이 세월을 뛰어넘어 펼쳐지고 있는 작품이다.

자갈밭에서 새 울음소리를 벗 삼아 뛰어노는 모습의 회화적(繪畫的) 이미지와 티 없이 순수한 시골마을 낄러기 울음소리의 청각적(聽覺的) 이미지가 어우러진 한 폭의 동양화(東洋畵)이다. 고향을 그리는 향수심(鄉愁心)이 물씬 배어난 작품이다. 누구에게나 고향은 동화(童話) 속 마을이고 그곳의 추억은 거짓 없는 소박함이 마음자리를 차지하는 동화 속의 이야기가 된다.

이 작품에 나타난 소박(素朴)함과 천진난만(天眞爛漫)함이 바로 고향 동경(憧憬)의 표상(表象)이다.

방이 두 개
토방에는
신발이 늘 가득했지

하나는할아버지방조반든어른들하나둘모여들어크고작은집안일동네일이웃마을얘기까지둥글둥글굴려가며얽힌것풀어주고잘못된일꾸짖되모둠으로하시고또하나는동네일꾼들방새끼꼬고망태기바구니도만들며니얘기저얘기슬금슬금돌여가다때로는춘향전에귀를열어무딘마음다듬어보며놉도얻고품도앗아동네일꾸려가고저물녘걱정스런길손맞아들여저녁밥도먹여주고조반까지안심이라바깥세상얘기슬슬풀어내다별이기우니태봉재못넘어보고저세상갈지라도세상사람사는이치모르진않고살았는데

헛간 된 사랑채 앞에서
무심결에 서성인다.
—「사랑채」 전수

위 작품들 모두가 그 표현 기법상 되돌아보기(회상) 수법을 사용한 공통점이 있지만 「금산이 아름답다」 「봉황천」이 산수(山水), 동심(童心)을 촉매(觸媒)로 한 소극적이고 정적인 자연 향수심을 표현했다면 「사랑채」는 보다 적극적이고 역동적(力動的)인 개별 향수심이 발로(發露)된 작품이다. 이 작품은 사설시조로서의 서사성(敍事性)과 우의성(寓意性)을 잘 살려 한 필(匹)의 명주를 짜듯 공들여 인간적 사설 미학을 표출한 가작(佳作)이다. 특히 중장을 띄어쓰기 없이 처리함으로써 가쁜 숨을 몰아쉬는 자진머리조의 음악적 고려(考慮)도 했음직하다. 그리고 자간(字間) 연결고리를 서로 걸치게 하여 고달프나 정겨운 서민적 생활상을 표출한 점도 높이 살만하다. 어쩌면 이 「사랑채」는 개인의 집에 배치(配置)된 존재가 아닌 세상을 여닫는 소식의 관문(關門)인 태봉재로 파악된다. 찬샘도 지적했듯이 태봉재는 현재 금산과 대전 간을 가르는 높은 재(嶺)로 조선 태조 이성계의 태실(胎室)이 있다고 하여 붙여진 이름인데, 이 고개는 재 안인 닫힌 세계 금산과 재 밖인 열린 세계를 연결하는 세상 소식 문이다. 그래서 이 재에선 바깥소식, 안 소식이 서로 얽히고설켜 펼쳐진다. 그런 모습을 찬샘은 지금 보고 있는 듯 눈에 선하게 표현하고 있다.

이 작품 「사랑채」는 다정다감하고 복잡한 일상을 삶의 질서 속에서 조화롭게 공존(共存)시키며, 현재 도시화(都市化), 사이버화(化)된 세상에서의 이런 미풍(美風)의 일탈(逸脫)을 안타까워하는 마음을 사설시조의 표현 기법인 예화를 통하여 알레고리(Allegory)로 표현하고 있다. 나이 들어 느끼는 간절한 세계가 바로 동심(童心)의 터전에 펼쳐졌던 지난 세월이 아니겠는가. 「우리 동네 버드나무」에도 지난 세월에 대한 향수와 안타까움 섞인 허탈감(虛脫感)이 나타나 있다. '텃새도 떠나고/ 그리움도 바래더니/ 힘센 그 굵은 가지/ 모지라진 허허로움에/ 이 가을/ 앞산이 무너져도/ 귀 밖에 멀겠구나.' 하면서 사라지는 세계에 대한 안타까운 마음을 영탄조로 표현하고 있다.

이 부문에 나타난 작품 구조의 특징은 구조(構造)의 이원성(二元性)이다. 시적 대상을 표현함에 있어 시간적으로는 과거와 현재, 공간적으로는 현장 공간과 회상 공간이 중첩(重疊) 교차(交叉)되는 양상(樣相)을 보여준다. 앞 작품 「금산은 아름답다」에서 보면 첫 수는 과거, 회상 공간이고, 둘째 수는 현재, 현장 공간이다. 「사랑채」에서도 초, 중장은 과거, 회상 공간이고, 종장은 현재, 현장 공간이다. 이렇게 앞뒤로 짝을 지워 작품을 구조화(構造化)하고 있다. 이런 모습은 「안국상회」에도 나타난다.

'무주 영동 장길을 터/ 북적대던 쇠전 네거리'는 과거, 회상 공간이고, '그 옛날 그 자리에서/ 그 세월 다 꿰고 있다'는 현재, 현장 공간이다. 그리고 '대를 이은 주인 이마'엔 현재와 과거, 회상 공간과 현장 공간이 동시 오버 랩(overlap)되고 있다. 이 작품은 대칭(對稱) 구조(構造)를 통하여 향수(鄕愁) 어린 어릴 적 추억을 시공(時空)을 뛰어넘어 현재 속에 그려내면서 안분지족(安分知足)의 향토(鄕土)정서(情緖)를 표출함으로써 우리의 정감을 자아내고 있다. 이렇게 찬샘은 과거(過去)와 현재(現在), 회상(回想)과 현장(現場) 공간(空間)의 대비(對比)를 통하여 향수(鄕愁) 어린 회상(回想)의 서정(抒情)을 간곡(懇曲)

하게 표현하고 있다.

3. 전아(典雅)한 토속적(土俗的) 정서(情緖)

찬샘 시조(時調)의 세 번째 미학(美學)은 이해의 용이성(容易性)과 전아(典雅)한 토속적(土俗的) 정서(情緖)의 형상화(形象化)이다. 시조가 가지는 시형(詩形)의 특징은 '한 줄 네 마디 형식'의 양식적 상상력을 살려 서정을 변주(變奏) 완결하는데 두고 있다. 그러나 시상(詩想) 전개와 시적(詩的) 호흡에 따라 적절한 변형(變形) 파격(破格)은 허용(許容)할 수 있는 것이 현대시조의 특장(特長)이다. 다시 말하면 소음보격과 과음보격을 수용하는 너름새가 있다는 말이다. 찬샘은 이런 현대시조의 특장을 잘 활용하여 표현의 묘를 확산시키고 있다. 워즈워드는 '모든 좋은 시는 강한 감정의 자연적 발로'라고 하여 시의 주관적 정서성을 강조하고 있는데, 찬샘은 시적 대상과 시적 화자의 심리적 거리를 잘 조정하면서 시조의 장치인 형식과 내용이 상호 조응(照應)하는 자연 발로적 정서가 짙은 작품의 전형(典型)을 보여주고 있다.

비비 틀린 몸으로
수백 년쯤 아픔 삭여야
비로소 사람 가까이
사랑 받는 나무인데
너희는 쭉 곧은 몸매로
세월 잊고 당당한가.

천하 절경 한 계곡을
지켜선 미인들이라
하늘이 두려워서
맘에나 담아 가니
옛 분들 사모한 정이
저리 쌓여 오늘인가.

팔천여 줄지어 서서
온몸으로 맞이하여
속세에 찌든 업보
하나하나 씻어주니
금강에 드는 걸음에
가뿐 가뿐 바람이 인다.

—「미인송」 전수

금강산에서 만난 시적 대상인 소나무를 통하여 탈속(脫俗)의 염(念)을 형상화하였는데, 절제(節制)된 시형 속에 평이(平易)한 시어들이 균제(均齊)된 리듬으로 알맞게 자리 잡고 있다. '아픔 삭혀야' '사람 가까이' '사모한 정이' '줄지어 서서' 등 기본 음보인 평음보보다 1음절이 많은 과음보이지만 평음보로 읽히며 시상의 명징성(明澄性)까지 보여줌으로써 오히려 그 표현의 묘를 얻었다 할 수 있다. 간사(奸邪)한 인간들의 자기중심적(自己中心的) 사고(思考)를 경계하며 미인송의 시속(時俗)에 대응하는 당당함을 첫째 수에서 표현하고, 둘째 수에서는 위대한 자연의 외경감(畏敬感)을, 그리고 셋째 수에서는 속진(俗塵)을 씻어낸 감회(感懷)를 표현하고 있다. 일찍이 미당(未堂)은 초정(艸丁)을 두고 '모든 사물을 볼 때 거기 살다가 죽어간 옛 어른들의 보이지 않는 넋을 찾아내는데 우리 시인 중 뛰어난 눈을 가진 이'라 했는데, 찬샘은 이 작품에서 옛 선인들의 사모의 정을 통찰(洞察)하고 있다.

> 산도 그렇지만/ 계곡도 온통 하나
> 수수만년 어루만져/ 자르르 기름진 물이
> 저 연못/ 하늘 산 실어/ 뽑아 올린 바람이다.
>
> 꺼내 든 카메라는/ 한 조각 실망을 찍고
> 두 눈에 켜 논 불도/ 눈감으면 가물가물
> 지금은 젖은 땀 식힌/ 바람으로 남는다.
>
> —「옥류동」 전수

이 시조집 속에서 가품(佳品) 가운데 하나가 이 「옥류동」이 아닌가 한다. 시조가 가져야 할 절제(節制)의 미학(美學)을 확연(確然)히 보여주면서 명징(明澄)한 시어로 원활(圓滑)한 통어(通語)의 기능을 갖춰 굽 높은 서정(抒情)을 펼쳐내고 있다. 첫머리 소음보를 통한 긴장과 음성(音聲) 대비어(對比語) 사용을 통한 시적 뉘앙스를 한껏 고조(高調)시킨 작품이다. 특히 이에 사용된 '물— 바람'의 은유와 '불'로 표상된 상징은 작품의 생동감(生動感)과 함께 시적 텐션(tension)의 세계를 확장시켜주고 있다. 좋은 작품은 작위성(作爲性)이 없어야 한다고 하는데 시조에서 이를 위한 최선은 시작(詩作)에서의 모든 기제(機制) 운용이나 통어기능이 순리적(順理的)이어야 한다. 찬샘은 이 작품에서 이를 잘 보여주고 있다. 우리는 위에서 살펴본 대로 찬샘은 고아(古雅)한 시어 선택으로 전아(典雅)하게 토속화된 자연을 서정적으로 표현하고 있다.

4. 그리움이 하모니(harmony) 된 잔잔한 사랑

찬샘 시조(時調)의 네 번째 미학(美學)은 그리움이 하모니된 잔잔한 사랑이다. 그의 그리움과 사랑에 대한 시적 포즈는 대상에 따라 다채롭게 변주(變奏)된다. 가족, 사물, 일상 등 구체적 대상에 대한 그리움과 마음, 사랑, 정 등 추상적 대상에 대한 그리움이 때로는 다정다감하게, 때로는 애틋하게 표상되고 있다. 보통 시인들이 표상하는 그리움의 밀도(密度) 속에는 근원적(根源的) 아픔이 잠재(潛在)하고 있는데, 찬샘의 이번 작품에서의 그리움은 그 대상이 순수무구(純粹無垢)의 대상물(對象物)인 까닭인지 밝은 미소, 묵시적 이미지의 펼침이 있을 뿐 절절한 애달픔은 없다. 이는 그의 평소 삶의 긍정성(肯定性)과 천상(天上) 지향적(指向的) 사고의 발로(發露)라고 생각한다.

① 맘 속 오랜 그리움은
만남도 두려움이니
현상(現象)의 예리한 부리 가슴을 쪼아대며
이래도 내가 좋으냐고 자꾸만 물어댔다.
―「대왕암」 첫째 수

② 꽃잎 입에 물면 옛날이 오늘이고
오늘은 또 어제로 감돌고 피어오르고
주름진 세월 굽이마다 새록새록 돋는 정.
―「참꽃 필 때」 셋째 수

③ 옷 얼른 갈아입자
바깥 일일랑 훌훌 벗자
어느새 달랑달랑
빨리도 기어와서
종아리 타고 오른다
웃음 함빡 물고 온다.
—「퇴근길」 셋째 수

①은 가슴속 깊이 똬리를 튼 그리움이다. 그러나 그 그리움은 두려움과 병치(倂置)되어 있다. 병치된 이 두 감정을 통하여 현실과 이상의 상반된 이미지를 충돌(衝突)시켜 그리움의 밀도를 더 애틋하게 하고 있다. 그런가 하면 ②에서는 시공(時空)의 화합(和合)으로 과거와 현재가 합일(合一)을 이루며 원형(原形)의 정을 표출해 내고 있다. 자연의 순환성(循環性)으로 나타나는 그리움이 꽃잎을 촉매(觸媒)로 형상화되었다. ③은 일상(日常)에서 표출되는 그리움의 표상이다. '아가'를 보기 위해 '애기 엄마'처럼 설레는 마음으로 퇴근하여 '바깥일'다 잊고 '옷 얼른 갈아입자' '웃음 함빡'으로 기어와 안기는 아기의 모습이 가슴을 파고든다. 가족애(家族愛), 자녀애(子女愛)가 잔잔한 그리움으로 형상화된 작품들이다. 여기서 우리는 티 없이 순수한 애정과 그리움이 융화(融化)되어 있음을 알 수 있다. 찬샘이 손자, 손녀에 대한 사랑을 흠결 없이 표현한 홍겨움이 넘치는 가족사랑 작품으로는 「지완(智婉)이」, '서현이 네가 왔구나', '준희도 왔구나' 등이 있다. 찬샘은 이 순진무구(純眞無垢)한 사랑의 보물(寶物)들을 두고, '한 점 한 점/ 먼 인연 따라/ 이승 문은 열리고/ 정갈히 비워둔 자리/ 네가 살포시 누웠구나' 하여 새 생명 탄생의 숭고함과 정겨움을 표현하고, '쌓아

온 세상 티끌들/ 씻어주려 네가 왔구나' '굽 도는 세상의 고비마다/ 환한 등불 달겠구나 ~반가사유상 그대로네' 하여 새로이 태어난 손녀들이 세상의 속진(俗塵)을 씻어주는 구세주로 어두운 세상, 고단한 세상의 환한 빛이 되기를 기원하며 그들에게서 부처의 모습을 연상하는 오롯한 애정을 유감없이 표현하고 있다. 어느 집 어느 사람에게나 '아가'는 그들의 보석(寶石)이요, 그들의 국보(國寶)이다. 여기서 우리는 자녀에 대한 무조건적(無條件的)인 사랑과 그리움이 사무치는 찬샘의 가족 사랑을 엿볼 수 있다. 원래 그리움은 개인적 삶의 경험 구조를 바탕으로 어떤 대상물에 감정이입(感情移入)함으로써 객관화(客觀化), 보편화(普遍化)되어 나타난다. 찬샘의 시조에 나타난 그리움은 애틋하고 사랑은 잔잔하다. 그는 이런 시적 포즈로 작품을 형상화하였다.

지금껏 찬샘의 두 번째 시조집에 나타난 시조 시학에 대하여 몇 개의 작품을 통한 편린(片鱗)을 살펴보았는데, 찬샘은 자연 속에서 자연스런 삶의 원리를 터득한 자연과 삶의 곡진한 조화, 순박한 삶의 터전으로 자연 낙원성의 고향 산천을 시공의 대비를 통해 표현한 향수어린 서정, 토속적 정서인 애틋한 그리움, 잔잔한 사랑 등등을 그의 시적 렌즈에 잡아 작품화한 시인이라고 생각한다. 나의 이런 생각이 그의 시 세계에서 풍겨 나오는 시적 향기를 제대로 맡고 들으며 한 것인지 한편 마음 깃을 여미게 한다. 아마 동네는 들어가지 않고 동네 언저리를 돌아보며 한 소리가 아닌지 우려된다. 하지만 어느 독자가 시인의 속내를 다 읽어내랴. 그저 많은 독자들이 이 시조집의 시조를 읽고 민족시 중흥의 냇물을 건너는 징검다리가 되었으면 하는 마음으로 그의 토속적인 냄새가 밴 시조문학의 문향(聞香)을 내 나름으로 맡아보았을 따름이다. 앞으로 찬샘이 더 깊고 더 높으며 더 넓은 문향의 세계로 나가기를 기대한다. 어쨌든 중도 한밭 시조문학의 중견으로 큰 버팀목이 된 찬샘이기에 더욱 굽이쳐 솟아나는 시조의 샘을 파서 생기 있는 작품들이 우리 앞에서 꽃향 넘치게 피어나기 바라며 건강 속에 문운(文運)이 창성하길 빈다.

향토적鄕土的 정감情感이 어우러진 소박미

—성촌 이우만 시조집『淸絶』

성촌 이우만이 시조집『淸絶』을 上梓한다고 한다. 새 천년 벽두를 열어가고 있는 2월말쯤 選別 作品 뭉치를 우편으로 送付해 주겠으니, 책의 末尾에 붙일 몇 마디 작품에 대한 所感을 적어 달라는 말씀에 나는 가람 문학을 같이 하면서 지내오면서 느낀 성촌 詞伯의 人間味에 끌리고 全州에서《鄕村 文學》을 이끌고 계신 그 老益壯에 報答한다는 意味에서 나의 拙見을 덧붙여 드리겠다고 欣快히 대답하였다.

시집『淸絶』은 '淸潔한 生活' '道德的인 生活' '季節의 變化' '아름다운 꽃' '서로의 情分' '마음의 움직임' 이렇게 6部로 되어 있다.

성촌 詞伯은 平凡 속에 숨겨져 있는 非凡을 詩 속에 表出하고 있다. 平凡한 詩語를 驅使하여 잊혀져 가는 삶의 姿勢를 두 수, 세 수의 連作 時調로 일깨워 주고 있다. 내가 아는 성촌 詞伯은 그 生活 自體가 鄕土的이며, 風貌에서 자아내는 風趣가 親近 素朴하다. 그래서 사람들을 편하게 하고 푸근하게 한다. 이런 모습이 그의 시 속에는 고스란히 살아서 숨쉬고 있다. 自然을 터득하고 거스를 줄 모르는 삶의 姿勢가 아침 이슬처럼 맺혀 있는 그의 詩篇들이다.

이제 그 작품들을 各部의 순서대로 살펴보기로 한다.

먼저 '淸潔한 生活'편에서 보면, 여기에서는 티없는 삶의 모습은 어떤 것인가를 보여주고 있다. 萬物의 生成은 絶對者 또는 造物主가 그 나름대로 쓸모 있게 만들어 주었다는 認識에서 성촌의 작품은 출발하고 있다. 성촌 詞伯은 그러기에 自然의 攝理를 터득하고 이를 詩로 表現하였다고 본다.

이 세상 살기 위해
생긴 형태 갖추어져
모두가 순수하면 싱싱하게 활동하며,
맨 처음
모양 가지고
꿋꿋하게 살게 된다.

동식물 생존함은
깨끗한 환경 되어야
활동에 불편한 것을
없게 함이 불가피하고
만물이 살아가는데
불편함이 없게 된다.
—「생명」 전수

첫 수에서는 萬物의 誕生과 삶의 자세를 표현하고 있는데, 그 모양새가 모두 자기 삶의 형태에 알맞도록 태어나서 티없이 純粹하고 싱싱하게 살아가는 모습을 표현하고 있으며, 둘째 수에서는 生態 破壞

와 環境 汚染을 念慮하는 心境을 표현하면서 '깨끗한 환경' 이것은 生物의 활동 공간으로 우리에게 편한 삶을 준다는 自然保護的 次元의 일깨움을 표현한 교훈적 작품이다. 이렇게 생활 속에서 느껴지는 일들을 표현한 것은 다음 작품도 마찬가지이다.

아침에 일어나서
부엌에 나갈 때에

앞치마 입고 나서
미리서 준비하는

아낙네 음식 만들 때
치마 위에 또 입고

부엌문 밀고 나오며
앞치마에 손을 닦고

오는 손님 맞이하여
마루 쪽에 다가서며

살포시 웃음 짓고서
앞치마를 벗는다.
—「앞치마」 전수

위 작품은 앞치마의 效用性과 日常을 對比시켜 표현한 작품이다. 다소곳한 모범 가정 주부를 연상케 하는 작품이다. 음식을 만들고 손님을 맞이하며, 조용히 살아가는 시골의 素朴한 아주머니 상을 유감

없이 표현하고 있다. 文明의 발달과 함께 잊혀져 가는 家庭의 情, 나눔의 情을 되살려 주고 있다. 이에 비하여 같은 部에 속하지만 抒情性이 뛰어난 것은 「훈훈한 고향」이다.

벼이삭 익어 가는
한가위 앞두고서

논두렁 질러가는
지름길 접어들면

갓집서 다듬질 소리
요란하게 들리고

석양의 들녘에서
벼논의 꼬불길로

제집 가는 바쁜 걸음
벼 젖히며 걸어가는

매논 소 풀 뜯기고서
끌어가고 있구나.

—「훈훈한 고향」 전수

위 작품은 약간의 省略의 妙를 살리며 정겹고 한적한 농촌 풍경을 실감 나게 표현한 靜的이미지의 작품이다. '벼이삭' '논두렁' '다듬질' '꼬불길' '풀'을 통하여 鄕土感을 짙게 풍기고 있다.

다음 '道德的인 生活'편은 傳統의 倫理 意識을 表出한 것인데, 「윤리 도덕을 지키자」에서는 무너지는 사회도덕으로 인하여 索漠한 생활 패턴이 이루어짐으로 해서 삶의 懷疑를 느끼는 감정을 첫 수에서 표출하고, 둘째, 셋째 수에서는 禮義 바른 생활의 失踪과 無秩序의 不感症으로 彷徨하는 人間 心理를 일깨우며, 인간의 행복한 삶은 오로지 윤리 도덕에 있음을 표현하고 있다. 「예의를 찾아서」에서는 옛날 같은 道德心 回復을 통하여 人格을 잃은 個人主義, 物質萬能主義, 拜金主義를 詰難하면서 한민족의 예절을 천하에 드높힘으로써 우리 민족의 優秀性과 민족의 얼을 되찾아야 사회는 물론 개인 생활이 平溫한 삶을 누릴 수 있음을 표현하고 있다.

'계절의 변화'편은 生活 抒情이 특히 돋보이는 작품이 많았다. 「낙엽을 날리고」「모깃불」「두레의 협동 정신」「봄비」「가을의 일손」 등이 그것이다.

마당에 모깃불 놓고
부채로 연기를 부쳐
타오르는 불씨 덮어
앉은 연기 모기 쫓고
숨 막힌 순간 순간이
스쳐가며 떠오른다.
—「모깃불」 첫 수

차가운 삼동 넘겨
온 산천 부풀어 있고

먼 산 모두 바람꽃으로
가려서 안 보이고

소리도 나지 않고서
보슬비가 내린다.

서편의 논두렁에
온갖 나물 훈짐에 캐고

땅거죽 가라 앉히는
가랑비 날려오고

우수도 경칩까지도
온기 스치면 언땅 녹인다.
―「봄비」 전수

「모깃불」에서는 지금은 보기 드문 風光을 되살려 줌으로써 鄕土的 情感을 강하게 느끼게 하고 있고, 6. 70년대까지만 하더라도 이런 풍경이 농촌 곳곳에 있었기에 壯年層 以上에게는 鄕愁를 느끼게 한다. 하루의 일손을 마치고 저녁 식사를 한 다음 식구나 이웃끼리 오손 도손 모여 앉아 모깃불을 피워놓고 情談을 나누던 모습을 눈에 선하게 표현하였다. 溫故而知新이란 말이 있듯이 인간의 情理가 삭막해진 요즘의 世態를 작자는 이 작품 속의 '숨 막힌 순간순간이 스쳐가며 떠오른다.'는 句節로 옛것의 고움을 현대에 일깨워 주는 希願 回想의 美로 표현하고 있다.

또한 「봄비」에서는 生動의 美를 主意識으로 표현하고 있는데, 이는 '온 산하 부풀어 있고' '온갖 나물 훈짐에 캐고'라는 句節로 표현해 주고 있다. 이 作品은 한 편의 東洋畵를 연상케 하고 있다. 餘白의 美가 보이고, 靜謐美가 보이는 작품이다. '안개로 피어오르는 바람꽃' '소리 없이 내리는 보슬비'로 天地가 풀리는 情景을 보여주고 있다.

'아름다운 꽃'편에서 돋보이는 작품은 「산 흔드는 진달래」「매화」이다.

먼 산 봉우리가
분홍으로 갈아 입고
찬 이슬 먹음고는
꽃잎이 활짝 피어
가는 이 눈길 끌어들여
웅장함을 뽐낸다.
—「산 흔드는 진달래」 둘째 수

탐스러운 진달래꽃이 滿開한 모양을 寫生하듯이 擬人化하여 표현한 佳作이다.

차가운 날씨에도
꽃이 핀 나뭇가지

앙상한 가지에도
고운 꽃이 피어 있고,

봄날을 처음 알림이
매화인가 하노라.

옆에는 목련 망울
향나무도 늠름하고

화단을 빛내주는
새로운 꽃이 피어

매화꽃 활짝 피어 있어
누구든지 기뻐한다.
―「매화」 전수

萬苦를 헤치고 앙상한 나뭇가지에서 生命을 피워올리는 忍苦의 姿勢, 이는 곧 봄의 傳令임을 첫 수에서 표현하고, 둘째 수에서는 목련, 향나무가 凜凜한 자세로 서서 매화의 뜻을 받쳐주는 가운데 매화가 피어남은 모두에게 기쁨을 누리게 한다는 '梅花讚'이다.

다음 '서로의 정분'편을 보면, 여기에서도 생활의 모습을 통하여 人間事를 다루고 있는데, 이를 「촛불」 「고향은 농촌」 「돌 잔치」 등에서 보기로 한다.

어둠은 모든 것이
보이지 않지만

원한 것만 갖게 되면

세상 것이 다 보이고

촛불은

어두운 밤 밝혀
두려움이 없어라.

갖가지 하다보면
힘들 일 하게 되지

무슨 일 할 양이면
어려움 있게 되고

하는 일 밝혀주는 것
재빠르게 풀어 준다.
—「촛불」 전수

흙내음 나를 끌고
어머님 품안같이

포근함 그지없이
고향의 흐뭇한 정

스미는 고향 내음이
농부 마음 이리라.

모두의 인정미를
시골선 서로 나누고

감싸주는 정분만이
오가는 풍습이고

고향의 향긋한 느낌이

잊지 못할 일이지.

—「고향은 농촌」 전수

고운 옷
미리 지어
웃는 모습
보기 좋고

아이도
많은 사람 보고
신바람
나고 있다.

이웃이
모여 앉아서
아이 재롱에
웃음 바다.

—「돌잔치」 셋째 수

「촛불」에서는 밝고 의젓한 삶은 세상의 어둠에 당당히 맞서 이를 헤쳐나갈 수 있게 되고, 어렵고 힘든 일도 해결할 수 있다는 밝은 삶의 자세를 표현하고 있고, 「고향은 농촌」에서는 흙내음 속에서 '어머니의 품' '고향의 정'을 느끼는 시인의 마음을 읽을 수 있다. 특히 産業化, 都市化 社會에서는 못 느끼는 人情味를 農村 故鄕에서 느끼고, 서로를 아끼는 풍습을 통하여 고향의 향긋함을 느끼는 시인의 마음을 그리움으로 이끌고 있음을 볼 수 있다. 또한 「돌잔치」에서는 아기자기한 純粹無垢의 아기 모습에 온 동리, 모든 사람이 즐거워하는 풍경을 눈에 선하게 표현하였다. 티없이 맑은 정분을 느끼게 하는 시편이다.

끝으로 '마음의 움직임'편인데, 이 편은 前篇들이 보여주던 黙示的 이미지의 世界와는 對比되는 世界로, 不條理한 세상살이, 어두운 現實을 惡魔的 이미지로 표현하고 있다.

교교한 그믐날 밤
홀로서 책을 보니

캄캄한 창문 밖에
개 한 마리 짖고 있고

가을철 첫서리 올 듯
차가움이 일고 있다.

갖가지 일들 모두
풀기 위해 노력하고

낮에는 들에 나가
부지런히 일을 하고

밤 늦게 집에 돌아와
지친 몸을 달랜다.

—「지친 몸 달래는 밤」 첫 수, 셋째 수

어려움 다가와서
심작으로 괴로워도
차근 차근 풀아나가

마음을 좋게 하여
편안한 세상살이를
재미 있게 생활한다.
—「마음의 움직임」 첫 수

「지친 몸 달래는 밤」에서 교교한 그믐 밤에 홀로 책을 보는 孤寂과 思索에서 이를 깨뜨리는 캄캄한 창문 밖의 개 짖는 소리가 묘한 대칭을 이루며 허전하고 차가운 마음을 첫 수에서 표현하고 있으며, 셋째 수에서는 풀어야 할 일과 농촌의 바쁜 농사일을 하느라고 밤 늦게까지 지친 生活을 營爲하는 모습을 표현함으로써 어떤 어려움도, 心的 苦痛도 차근히 풀어 나가면 便安하고 幸福한 삶이 열릴 수 있음을 표현하였다.

이상으로 6부로 나누어진 시집 『淸絶』에 실린 작품의 편편에 담긴 작품 세계를 나름대로 살펴보았다. 여기서 이들 작품을 貫通하고 있는 성촌의 시적 바탕은 鄕土愛와 靜寂美가 깔려 있는 세계를 소박한 시어로 표현한 데 있다고 본다.

華麗한 技巧, 特異한 象徵性은 없지만 스스로의 생각을 꾸밈없이 表出하고 있다. 어찌 보면 좀 辭說的인 표현이 눈에 띄이지만 독자들이 성촌의 작품을 鑑賞하는데는 어느 시인 작품 못지 않게 親近感을 느끼며 接할 수 있어 理解力을 쉽게 하는 長點을 가지고 있다 하겠다.

平凡 속에 문득 문득 보이는 非凡함이 성촌의 작품 속에는 숨어 있다. 生活 속의 言語들이 그대로 詩語로 表出됨으로써 生活語이의 詩語化가 이 詩集에서는 特長으로 선보이고 있다 하겠다.

성촌 詞伯의 작품을 이해하려고 몇 번을 읽었다. 그러나 써 놓고 보니 작품에 담긴 뜻을 제대로 把握하지 못한 흠이 있고, 拙文이라서 未安한 마음에 가슴이 무겁다. 그러나 내가 본 성촌의 이번 작품들은 한마디로 鄕土的 情感이 어우러진 素朴味라고 표현하고 싶다. 앞으로 더욱 시에 精進하시고, 老益壯하시며 文藻를 더욱 빛내시기를 바라며, 후대에 남을 좋은 작품을 쓰시기를 빕니다.

품品 높은 한국적 정한情恨의 울림소리

—노향 우제선 시조집 『연꽃에 매달린 이슬방울』

1. 시조(時調)의 집

시조는 우리의 전통적 고유 시가이다. 즉, 우리 민족만이 가진 전통시, 정형시로 우리 민족의 숨결과 우리 민족의 정서가 깃들어 있는 세계 어느 민족도 가지지 못한 빛나는 문화유산이다. 그런 면에서 볼 때 시조는 한옥(韓屋)에 비견(比肩)할 수 있다. 한옥(韓屋)엔 세월의 무게와 어머니의 품 같은 아늑한 위안(慰安)의 정서가 담겨 있다. 다른 나라에서는 볼 수 없는 우리의 정서가 서린 주거 공간이 바로 한옥(韓屋)이다. 이는 오랜 세월을 두고 조상이 빛나는 슬기로 섬세한 손길을 놀려 고안(考案)해낸 건축양식이다. 이와 같이 시조도 멀게는 천년, 가깝게 잡아도 수백 년의 세월 동안 우리 조상들이 손수 갈고 닦아 만들어낸 고유 양식인 시의 틀에 민족의 호흡과 시대의 흐름을 담아온 우리의 노래이다. 마치 대목장(大木匠)이 끌로 나무에 사개를 파서 빈틈없이 들어 맞춰 기둥에 대들보, 서까래를 올린 다음 문틀과 문살의 무늬를 만들어 아름다운 한옥 한 채를 지어내듯이 시조는 그렇게 태어났다. 우리 한옥(韓屋)은 한옥만이 가진 고유 양식이 있는데 그 양식에 어긋나면 한옥이 아니다. 적어도 한옥이 지닌 고유 얼개는 벗어나지 말아야 한다. 시조도 마찬가지로 시조만의 고유 얼개가 있다. 이것이 시조의 틀이다. 이를 뭉개면 한옥이 아니듯 시조도 아니다. 일정한 틀 속에서 다양한 무늬를 놓고, 내부 구조와 가구를 배치하는 것은 집주인(시인)의 자유이다.

이번에 노향(蘆香) 우제선(禹濟鮮) 시인께서는 여섯 번째로 『연꽃에 매달린 이슬방울』이란 한옥(時調集)을 지어내놓으신다. 가히 노익장(老益壯)이 빛나는 장인(匠人=詩人)이시다. 젊은이도 힘에 부쳐 끙끙대야 겨우 해낼까 말까한 일을 노향(蘆香) 시인은 고희(古稀) 이후 산수(傘壽)를 넘기시기까지 10년 남짓의 기간에 이 일을 해내시고 계시다. 우선 축하와 감탄의 말씀을 올린다.

이번 작품집의 설계도를 보니 크나큰 한옥(韓屋)을 지으시려는 것 같다. 모두 여덟 동(棟)의 집채를 만들고 그 속에 백 오십 칸의 방(房)을 들이시고 칸칸에는 무르녹은 장인(匠人)의 솜씨로 시편들이 들어가 빛을 발하며 살도록 배치하였다.

노향(蘆香) 시인의 시적 정서는 자연물에 인사(人事)를 결합하여 천상(天上) 지향적(指向的)으로 표현한 묵시적(默示的) 심상(心象)의 작품이 주류를 이루고 있다. 그만큼 작품들이 자연친화적이고 긍정적이다. 그리고 시적 바탕은 무위자연(無爲自然)이나 공(空) 같은 우주 원리가 깔려 있다. 또한 다산 정약용이 "인(仁)이란 두 사람(二人)이다"라고 말했듯이 "그대가 있기에 내가 있다"는 '함께 · 더불어 살기'로의 인(仁) 사상이 층층으로 깔려 있다. 사람이 가지는 의식이 긍정적이면 건강한 신체, 건전한 정신을 가지고 있어 건강한 삶을 유지할 수 있고, 그렇지 못하고 부정적이면 신체 및 정신에 부정적 영향을 주어 건강도 부실해진다 하니, 아마도 노향(蘆香) 시인의 건강하심의 오할(五割) 이상은 작품에서 보여주듯이 긍정적 삶의 자세에서 나온 듯하다. 노향(蘆香) 시인의 작품은 하나같이 전통 시형에서 어긋남이 없게 정제(精製)되어 있고, 화려하지 않으나 담백(淡白)한 기교가 있어 가슴을 울린다. 언어와 언어의 결합도 억지가 없고 자연스럽다.

2. 의식(意識)의 방 유형

노향(蘆香) 시인의 시조에 나타난 의식(意識)은 꽃과 사상(事象)의 변주(變奏), 자연의 미학(美學), 삶에의 명상(瞑想)의 세 가지 유형으로 대별(大別)해 볼 수 있다. 시나 시조에 있어 사물을 대하는 시선에는 자연을 자신 속에 끌어들여 그것을 인격화(人格化)하는 동화(同化)와 정체성 없는 자신을 자연 속에 상상적으로 채우는 투사(投射)의 원리가 작동한다. 또한 뭇 시의 시심(詩心)속에는 지성(知性)과 감성(感性)이 교직(交織)되어 있다. 시적표현에 있어서는 이것이 어느 쪽으로 기울어서는 안 되고 이 둘의 균형(均衡)이 이루어져야 한다.

2.1 꽃과 사상(事象)의 변주(變奏)

시나 시조는 여러 가지 사상(事象)이 가지고 있는 자연스러움과 그것이 가진 속성(屬性), 그것이 풍기는 정서(情緖)를 찾아내 이를 직관적 언어로 작품화하는 운문 문학이다. 꽃과 사상(事象)의 이미지는 그것을 형상화하는 시인의 자아의식에 따라 여러 형태로 변용(變容)되어 표출된다. 효과적인 분위기를 연출하여 대상을 미학적으로 북돋우기도 하고, 시인의 의식세계를 상징적으로 반영하기도 한다. 즉, 우주적 존재감이나 무한 생명의 신비(원형)를 상징하든지 절대적 구원의 표상, 사상(事象)의 질서, 순환하는 생명력 등을 다양하게 비유·

상징하기도 한다.

고대로부터 문학 속에서 꽃은 감상적 의미를 초월한 인격 배양, 정(淨)한 수양(修養)의 매개물로 여유로운 미감의 문화를 창출하였다. 뿐만 아니라 아름다운 심성 외에 숙명적 한계성, 존재의 소멸, 생의 순환 등의 의미도 함께 포괄하고 있다. 그리고 사상(事象)도 인격화된 것이 적지 않은데 거의가 원형심상(原型心象)에 접맥되어 있다.

오뉴월
따스한 볕
뾰족이 내민 눈이

사방을 둘러보고
하얀 꽃 벌어진다.

비바람 없는 달밤에
순백(純白)으로 피는 님

여섯 닢
한 송이에
노란 술 소복한데

흰 철쭉 고운 순결
너 만한 멋 백중(伯仲)이라

너 모란
깨끗한 미모여
비길 이가 없구나.

—「모란이 좋아」 전수

이 작품은 백모란의 순백함을 칭송한 작품이다. 모란은 예로부터 화중왕(花中王)이라 하여 꽃 가운데 으뜸으로 꼽히고 있다. 일찍이 신라 선덕여왕의 고사가 서려 있음으로 하여 향기가 없는 무향(無香)의 꽃으로 잘못 알려져 있지만 실은 이 꽃은 그 냄새가 짙지는 않지만 향기를 가지고 있을 뿐 아니라 화려하게 너울대는 꽃잎은 그 크기가 다른 꽃의 꽃잎을 압도하고 있고, 부귀, 영화, 영예의 꽃말도 가지고 있어 우리 조상들이 즐겨 집안에 치던 병풍(屛風)의 단골 소재가 되기도 하였다.

노향(蘆香) 시인의 시적 특성인 의인화, 인격화 수법이 이 작품에도 적용되어 모란을 하얀 피부의 고운 여인으로 표현하고 있다. 그리고 시적 변이(變異)도 일으키고 있다. '따스한 볕'이 '(꽃)눈'으로 변이되고 그 눈은 세상 사방을 둘러보며 화려한 꽃송이로 피어난다. 이 작품은 모란이 가지는 꽃의 속성과 이미지를 하얀 살결을 뽐내는 젊은 여인으로 환치(換置), 변주(變奏)하여 표현하고 있음을 느낀다. 소담스런 꽃의 모습에서 풍만한 여인상이 오버랩 되어 나타나고 있다. 한 폭의 수묵화를 보는 듯 고요 속에 잔잔한 무늬들의 미동을 느끼게 한다.

꽃가게 들러보니 신기한 꽃 가지가지
못 보던 색깔 모양 신묘한 솜씰레라.
모양 색 신기하여도 한국 향(香)이 드물어

들판에 묻혀 사는 비단꽃 보았는가.
가냘픈 가지 끝에 피어난 비단꽃잎
바람에 번지는 암향(暗香) 진정 우리 꽃내음

황무지 잡초 서리 바람에 날아온 씨

새 생명 커가느라 그 설음 오죽하랴
분홍색 포갠 자주색 향기 품은 노란 술

가냘피 자란 풀꽃 야생초라 서러운데
순수한 토종 꽃잎 청아한 향기 가득
아쉬워 우리 꽃 모르고 지나치는 사람들
—「비단꽃」 전수

이 작품은 토종 꽃과 외래종 꽃을 대비하면서 토종 꽃이 줄어듦을 안타까워하고 있다. 이 비단꽃의 실체를 몰라 여러 꽃을 찾다보니 어디에는 기생초(춘차국), 파리꽃이라 불리는 꽃으로 한 두해살이 꽃인데, 꽃은 주로 7~8월에 피는 국화과 식물로 무늬가 있고 기생이 치장한 것 같이 화사하다고 하여 기생초라 하였다고 하고, 또 어디에는 자귀나무의 학명에서 유래한 이름으로 학명이 Albizia julibrssin인데 여기서 줄리브릿신(julibrssin)은 페르시아어로 '비단꽃'을 뜻하는 말이라 하여 자귀나무 꽃을 지칭한다고 되어 있어 노향(蘆香) 시인에게 여쭈어 보았더니 흔하지 않은 꽃으로 봄에 피는 꽃으로 파르스름한 꽃잎에 빨간 무늬가 있는 코스모스 일종이라고 알려 주었다. 그러고 보니 셋째 수 종장에 '분홍색 포갠 자주색 향기 품은 노란 술'이라고 그 모습이 묘사되어 있다. 이 작품 첫째 수에서는 가지가지의 꽃이 색깔도 생김새도 신기하고 신묘한데 거의 다 외래종이고 토종이 없음을 한탄하고 있으며, 둘째 수에서는 흔히 눈에 띄지 않는 비단꽃의 가녀린 모습과 거기서 풍기는 은은한 향기를 돌올(突兀)한 종지법으로 맺음하고 있고, 셋째 수에서는 돌보는 이 없는 풍토 속에서 바람(역경)을 헤치고 날아와 새 생명을 키워 분홍색 자주 빛의 꽃을 피워냈음을 표현했다. 그리고 넷째 수에서는 인간의 따스운 손길을 받지 못하고 서럽게 자란 야생초이지만 토종으로의 청아(淸雅)한 향기를 가득가득 풍기는데 사람들은 이를 모르고 지나쳐 산다고 연민(憐憫)의 정(情)을 보내고 있다. 한 마디로 자기 것을 사랑할 줄 모르는 세태를 비판한 작품이라 볼 수 있다.

물속에 웃는 미인
그 임을 잡으려다

물속에 떨어진 혼
꽃으로 환생인가

해마다 그날이 오면
수선화로 핀다네.

바람이 불어온들
네 마음 흔들리랴

폭우가 쏟아진들
네 화신 변할 리야

저 물속 비친 네 얼굴
선녀임이 분명타

—「수선화」 전수

'수선화'는 '자아도취(自我陶醉)' '자애(自愛)'의 꽃말을 가진 꽃으로 그리스 신화에서 보면 숲의 요정 '에코'가 아무리 유혹을 해도 사랑을 받아주지 않는 나르키소스란 청년이 있었는데 이를 시기한 복수의 여신 '네메시스'가 나르키소스를 스스로만을 사랑하는 이로 만들어 버렸다. 그래서 수면에 비친 자기 그림자 얼굴에 사랑을 느낀 나머지 이에 반해 잡아보려고 하다가 물에 빠져 죽어 그 혼이 꽃이 되었는데 물속의 신선과 같다고 하여 수선화라 이름을 지었다고 한다. 이 작품 첫째 수는 이런 설화를 바탕으로 태어났다. 화조(花鳥)가 농염(濃艶)을 피우는 이른 봄(2~3월)에 이 꽃은 피어나 그 자태를 자랑한다. 물은 원래 '생명의 근원, 생명의 진화, 모성, 은혜, 죽음, 이별, 소멸, 생명, 환생' 등의 원형 심상으로 등장한다. 여기서는 생명의 진화, 환생으로 등장한다. '물속에 웃는 미인'인 나르시스의 그림자가 꽃(수선화)로 환생하여 나타나고 있다. 둘째 수는 첫째 수에서 변주(變奏)된 시적 이미지를 통하여 어떤 역경과 시련이 닥치더라도 마음 흔들려 모습 변하지 말고 선녀로서의 면모로 이 지상에서 영원히 동경의 대상이 되기를 간절히 비는 마음을 토로하고 있다. 슬픈 기억을 간직한 채 죽었다 살아난 애련한 애인 같은 수선화 그 고운 자태가 보는 이의 마음을 흔드는 선녀로 나타나 있어 이 작품은 '마리 로랑생'이라는 화가와의 사랑과 추억이 배경으로 깔려있는 프랑스 시인 기욤 아폴리네르의 '미라보 다리 아래 세느강은 흐르고/ 우리들 사랑도 흘러내린다.'는 시구를 떠올리게 한다.

사람은
너 나 없이
삼신(三神)이 주신 선물

일생을 사는 날에

고통 행복 있고 없고

행복은
줍는 것 말고
제 스스로 만들어
—「행복」 전수

이 작품은 관념의 세계를 표현하고 있다. 여기에 보이는 밑바탕 사상(思想)은 다분히 토속적인 샤머니즘이다. 하늘과 해, 달을 숭상하는 천상 지향적 심상이 지배하고 있는 작품이다. 삼신(三神)은 토속 신앙에서 절대자 역할을 하고 있다. 노향 시인이 주(註)를 단 것으로 보아 여기서는 아기의 점지와 해산을 맡는다는 세 신령 또는 환인, 환웅, 환검의 세 신인(神人)을 뜻하는 삼신(三神)과 해와 달과 별을 이르는 삼신(三辰)을 아울러 뜻하고 있나 보다. 이 삼신은 우주를 지배하고 만상(萬象), 만사(萬事)를 지배한다. 초장에서 너나없이 모든 인간은 토속 신앙에서 말하는 삼신할머니가 점지해 준 선물로 태어남이란 말로 상(像)을 일으켜 중장에서는 우리들은 누구나 이 세상에 사는 동안 고통, 행복을 느끼며 산다고 갈파한 다음 행복은 누구에게나 주어지지만 주어진다고 누구나 누릴 수 있는 것이 아니고 스스로 만들어가는 이만 누릴 있음을 상상의 여백을 두어 열린 구조로 표현하고 있다.

겨우내 눈보라 속 견뎌낸 굳은 심지(心志)
얼 부펴 아린 몸을 눈물로 감싸 안고
새 봄볕 기다림으로 긴 삼동(三冬)을 참았네.

두터운 껍질 열고 여린 속살 밀어낼 제
긴 진통 참아내어 여린 눈트는 감격
연분홍 고운 꽃잎을 눌 위해서 피는가.
—「개화(開花)」 전수

이 작품은 감각적(感覺的)이면서도 역동적(力動的)인 표현기법을 사용한 빛나는 수작(秀作)이다. '얼 부퍼 아린 몸' '여린 속살 밀어낼 제' '여린 눈트는 감격' 등은 참신성이 엿보이는 가구(佳句)이다. '얼 부퍼' '두터운'은 시적 허용으로 신선한 표현을 위해 사용된 시어로 보아야 할 듯하다. '눈보라' '삼동'은 역경과 수난의 은유로 쓰인 말이며, '심지(心志)'는 변함없는 굳은 의지를, '눈물'은 생명의 정화, 생명의 근원을, '봄볕'은 희망을 상징하는 시어로 파악된다. 그리고 눈보라에 얼 부퍼 아린 몸이 되는 관계는 불교에서 말하는 인과(因果)이다. 이렇게 볼 때 첫째 수는 역경을 굳은 의지로 헤치고 모든 고통을 생명의 정화수인 눈물로 닦아내 희망을 꿈꾸며 고난을 참아낸다는 인고(忍苦)의 정신이 나타나 있고, 둘째 수는 생명보존과 고통을 감내(堪耐)하는 장치로 '두터운 껍질'을 두르고 있다가 드디어 생의 환희를 터뜨리기 위해 '여린 속살을 밀어낼 제' 느끼는 진통(陣痛)을 참아 감격의 새순, 새눈을 움틔워 꽃을 피움을 표현하고 있다. 종장에서 '눌 위해서 피는가.'하고 설의법을 동원하고 있다. 꽃은 우리를 위해 피는 것이 아니고 꽃 스스로를 위해 피는 것이다. 그 점을 노향(蘆香) 시인은 말하고 있는 것이다. 꽃은 인간을 위해서 피지 않는데 마치 우리들은 우리를 위해 피는 것인 양 아름다우니 고우니, 깔끔하니 미우니 법석을 떤다. 작품 「개화」는 생동감이 충만하다. 피는 꽃을 통하여 인고 후에 느끼는 생의 환희와 그리움 섞인 자애심(自愛心)을 생생하게 표출시킨 좋은 작품이다.

하늘 땅 맺은 사랑 억겁(億劫)의 세월인데
비바람 지나치니 지구가 속이 틀려
양극(兩極)의 어름을 녹여 봄가을이 짧아져

땅 위에 사는 인간 제 정신 못 차리니
하늘이 화가 나서 폭풍우 뿌려댄다.
하늘 땅 사랑싸움에 지진 화산 못 견뎌
—「태초에 맺은 사랑」 전수

이 작품은 다분히 원시 신앙인 자연숭배사상이 깃들어 있다. 하늘, 땅, 바람, 지구 등에 생명력과 외경의식(畏敬意識)을 부여하고 있다. 까마득한 세월 동안 우리 삶의 주관자인 하늘과 땅이 서로 사랑으로 보듬었는데 사람들이 일으키는 인위적 풍파 때문에 땅(지구)이 속이 뒤틀려 자연의 변환(變換)을 가져왔다고 첫째 수에서 한탄하고 있으며, 지구(땅)에 사는 인간들의 넋 빠진 짓에 우주 만상을 거느리는 절대신 하늘이 화가 나서 인간에게 고된 역경인 폭풍우를 뿌려대고 있으며, 신이 사는 하늘과 인간이 사는 땅 사이에 갈등을 겪어 지진 화산이 터져 나온다고 둘째 수에서는 걱정 어린 눈총을 보내고 있다. 그렇다. 인간은 자연의 일부이면서도 자연에 순응하여 살기보다는 거슬러 사는 유일한 존재인지도 모른다. 자연을 자연 그대로 두고 자연과 함께 사는 것이 아니라 자연을 지배하고 파괴하며 살고 있으니 그 재앙이, 그 노여움이 나타나지 않을 수 있겠는가. 인간들은 당장의 생활 편리를 도모하려고 땅 속에서 석탄을 캐내니 그것이 자연을 시커멓게 물들이고 물을 오염시키고 있으며, 기름을 캐내어 태우고 그 찌꺼기를 내버림으로써 삶터를 오염시켜 동식물을 죽음에 몰아넣고 있다. 인간의 이런 행동에 자연은 이상기류, 홍수, 엘니뇨현상, 산사태를 일으키고 있다. 이는 자연의 통상적 재앙이 아니다. 자연을 성나게 한 인위적 재앙이다. 이 작품은 우리가 알고 있으면서도 실천을 못하고 있는 이런 점을 힐책(詰責)하고 있다.

2.2 자연의 미학(美學)

자연은 그리움의 대상이고 생명의 고향이며 우주의 섭리가 지배하는 공간이다. 인간도 식물도 동물도 이를 거스르고는 살 수가 없다. 자연은 무한의 가능성, 무한의 확장성을 가지고 있으며 우리 인간의 힘은 미치지 못할뿐더러 우리 눈에는 보이지도 않고 우리 귀에는 들리지도 않는 신묘한 원리와 형상을 품고 있는 무한 존재이다. 다행인 것은 그래도 만물 중에 인간은 이들의 모습이나 성질을 가장 가까이 다가가 알아볼 수 있는 존재란 점이다. 인간은 유형무형의 사물과 사상(事象)을 가슴에 품고 이를 유추할 수 있는 능력을 가지고 있다. 이 세상에는 보이지도 들리지도 않지만 있는 것이 얼마나 많은가. 인간들은 이를 오랜 세월 체득(體得)하고 궁구(窮究)하여 알고 있다. 바람, 공기 같은 그것이며, 사랑, 미움, 그리움, 슬픔, 기쁨 등등이 바로 그런 것이다. 우리의 삶도 이 자연의 섭리를 벗어날 수 없다. 노향(蘆香) 시인은 이를 겪고 느끼며 고뇌하여 이 모두를 깨쳐 알고 있는 듯하다. 작품 곳곳에 그런 눈짓이 숨어 있다.

봄빛을
쏟아 부어
나른히 누운 버들

산수유
목련꽃이
시샘으로 흐드러져

춘정(春情)이
바람을 타고
가슴으로 스민다.
—「춘심(春心)」 전수

이 작품은 봄의 풍정(風情)과 욕정(欲情)을 노래하고 있다. 봄은 생명의 재생, 새 생명 탄생의 보금자리이다. 그래서 봄은 생명이 약동하는 계절이라고 한다. 하지만 한편으로는 새로운 리듬을 견디느라 나른한 계절이 되기도 한다. '봄빛'은 생명의 빛이요 부활의 빛이다. 그 빛 속에 버들이 생의 푸름을 누비고, 산수유, 목련꽃이 시샘을 하며 다투어 흐드러지게 피어 생의 기쁨을 노래한다. 그 결과 사랑과 생명의 잉태(孕胎) 기운이 가슴에 스며든다. 자연 사상(事象)의 변주가 이루어지고 있는 것이다. 춘심(春心)은 봄철에 느끼는 감정이란 뜻 외에도 남녀 간의 정욕이란 뜻도 있다. 이 작품에서 제목 「춘심(春心)」은 '춘정(春情)'으로 표현되었다. 생명 탄생의 원리와 원초적 욕망이라는 원형심상이 이 작품을 탄생시키고 있다.

쉼 없는 시간들은 끝없이 흘러가고
정원에 내려앉은 몇 천 톤 붉은 햇살
쏟아져 붇는 꽃잎에 옛 사연만 아롱져
정겨운 풍경들은 갈수록 야위다가
흘러간 노래처럼 시간 뒤로 사라지고

할머니 주름진 이마에 그리움만 쌓인다.
—「그리움」 전수

이 작품은 자연의 흐름과 그 정경에 작자의 느낌을 투사하여 세월의 무상함과 아쉬움을 표현하고 있다. 아름답던 옛일을 떠올리며 거기서 반사되어 나오는 허무가 그리움으로 변환되어 나타난다. 시간의 흐름은 처음도 끝도 없는 무한의 연속인데 우리 삶의 궤적(軌跡)만 야위어 가고 흘러가 사라지고 있다. 무한 시공 속에 유한물의 반짝임과 스러짐이 그리움이 되고 있다. '몇 천 톤 붉은 햇살'에 의하여 태어난 '꽃잎'마저 옛 사연으로 아롱질 뿐 정겨움은 사라진다. 햇살을 무게로 환산하여 표현한 것이 새롭고, 그 무거운 무게를 받아 태어나는 꽃잎의 무게가 궁금하다. 그러나 이 모든 생의 무게도 어느새 다 날리고 자연의 순리에 어쩔 수 없는 그리움만 묻고 있는 시적 자아의 심경이 가슴으로 느껴진다.

흐르는 달력 따라 만나는 여러 인연
그 중에 너와 나는 천정(天定)의 뜻이런가.
우연히 맺은 인연에 필연적인 운명이

칠천만 동포 중에 우리의 만남이야
아마도 천재일우(千載一遇) 하늘의 뜻이어라.
일생을 따지고 보면 뇌봉전별(雷逢電別)인 것을

꽃잎과 벌과 나비 산과 강 사람 사이
우연히 만남 이별 보두가 천심(天心)인데
인연은 역사를 낳고 끊지 못할 끈일레.

당신 나 이성지합(異姓之合) 하늘 뜻 아니고야
기쁜 일 궂은일을 모두 다 함께 하며
영원히 맺어진 인연 이승 저승 어쩌리
—「인연(因緣)」 전수

부부(夫婦)의 연(緣)을 두고 쓴 작품이다. 부부(夫婦)의 연(緣)은 남남끼리 무촌(無寸)으로 만나 이 지상에서 가장 아름다운 관계로 살아가야 하는 신이 내린 최고의 선물이다. 그래서 부처의 가르침을 담은 범망경(梵網經)에도 부부가 되려면 칠천 겁의 인연이 쌓여야 한다고 하고 있다. 이 시조에서의 '천재일우의 하늘 뜻'은 이런 데에서 얻어진 말일 것이다. 여기서의 '하늘'은 전지전능(全知全能)한 힘을 가진 절대자, 신령(神靈), 조물주의 뜻으로 보아야 한다. 첫째 수에서는 세상 만상의 만남과 헤어짐의 인연은 모두가 인과(因果)로 되는 일인데, 특히 부부의 인연은 하늘이 정해 준, 하늘의 뜻이니 이는 우연이 아니고 필연인 운명이라 말하고 있으며, 둘째 수에서는 지은이 자신이기도 하고 넓게는 이 땅에 사는 모두 사람이기도 한 '우리'로 대변(代辯)되는 부부로서의 만남은 천년에 한번 있을까 말까 하는 하늘 뜻으로 이루어졌는데, 이승에 사는 동안이 너무 짧아 마치 우레처럼 만나 번개처럼 헤어짐 같다고 그 아쉬움을 토로하고 있으며, 셋째 수에서는 뭇 생명체, 우주만상(宇宙萬象)의 봉별(逢別)이 다 하늘마음에서 나온 것이니 이런 현상들은 다 함부로 만들고 끊을 수 없는 인연의 끈임을 말하고, 넷째 수에서는 부부는 서로 다른 성씨가 만나 하늘 뜻으로 하나로 합해져 사는 것이니 길흉화복(吉凶禍福)을 함께 나누며 서로 돕고 사랑하며 살아가야할 운명이니 이는 이승, 저승이 따로 없다고 부부의 영원성을 표현하고 있다. 이 작품은 쉽게 만났다 쉽게 헤어지는 요즘 부부들의 잘못 된 세태를 힐난(詰難)하고 있다. 여기서 우리는 자연과 천륜에 순응하여 아름다운 인간 삶이 이루어지기를 바라는 마음을 읽을 수 있다.

풀잎이 크기로는 호박잎 연잎인데
오동잎 퍼진 모습 그 크기 백중이라
켜켜이 포개진 푸른 잎 모든 허물 덮는다.

가는 줄기 굵게 자라 거목으로 부푼 날엔
백학이 깃을 치고 보라색 꽃이 핀다.
그 열매 땅 속에 묻혀 새해 새 순 환생을

오동나무 가지 위에 백학이 찾아들면
나라가 태평성대 평화가 온다는데
온 인류 서로를 돕는 극락정토(極樂淨土)이어라.

세월이 가는 대로 인구가 늘어 늘어
사는 땅 비좁아서 날마다 부딪는다.
총칼을 멈추어다오. 마음 편히 살아야
—「오동잎」 전수

이 작품은 오동(梧桐)에 인간의 심성을 투여하여 현실적 현황을 깨우치고 있다. 오동나무는 생장이 빠르고 목재는 얇은 판으로 만들어도 갈라지거나 뒤틀리지 않아 예로부터 거문고 · 비파 · 가야금 등의 악기나 책장 · 경대 · 장롱 등의 가구를 만드는데 쓰여 우리 생활과 밀접한 관계를 이루고 있으며, 옛말에 '봉황새는 대나무 열매만 먹고 집은 오동나무에만 짓는다.'라고 할 만큼 그 고귀성(高貴性)이 부여되고 있는 나무이다. 이 작품의 첫째 수는 초, 중장을 대비법으로 배치하여 잎의 큼을 말하면서 종장에 와서 그 큰 잎으로 세상 허물을 덮었으면 하는 소망을 표현하고, 둘째 수는 오동나무가 거목으로 자라면 백학이 깃을 치고 보랏빛 꽃이 핀다고 하여 신성성을 부여하면서 이런 기운을 받은 열매는 새 삶을 열어갈 것이라는 희원(希願)을 담고 있다. 셋째 수는 오동나무에 백학이 찾아들면 태평성대가 오고 이상향인 극락정토가 열릴 것이라고 하여 경기잡가(京畿雜歌) 국문 뒤풀이 "오요우유 오동복판 거문고에 새줄 얹어 타노니 백학이 제 짐작하여 우줄우줄 춤만 춘다."라는 구절을 연상하게 한다. 백학이 우줄우줄 춤추는 세계는 근심 걱정이 없는 세계가 아니겠는가. 이 작품에서 앞 세 수가 자연 친화, 자연몰입이라 한다면 넷째 수는 다분히 현실 참여적이다. 살 땅은 고정되어 있는데 세월 따라 늘어나는 인구로 생존경쟁의 불을 일으켜 지구촌 곳곳에서 정쟁이 끊이지 않고 있음을 경계하면서 마음 편히 살날을 기원하고 있다. 자연과 인사의 교합(交合)이 매 수마다 이어지고 있는 작품으로 노향(蘆香) 시인의 세계관 인생관이 스며있는 작품이다.

매물도 바위 머리 천년 사는 소나무여
네 날 곳 그리 없어 천 길 바위 끝을 골라
다소곳 뿌리 붙이고 질긴 세월 푸른가.

비바람 천둥소리 포(砲)소리 찢어져도
흐르는 세월 따라 네 심지(心志) 더욱 굳어
앞으로 또 천년이 가도 네 잎 더욱 푸르리.

외적을 지키느라 비바람 눈서리에

흙도 없는 바위 끝에 간신히 뿌리 붙여
천년을 지켜온 고절 역사 위에 푸르리.
—「천년송(千年松) 푸른 세월」 전수

매물도 천년송을 소재로 하여 소나무의 역경 극복 의지와 고절을 표현한 작품이다. 매물도는 통영시에 속하는 남해 비경(秘境)이 돋보이는 바위섬으로 중국 진시황제가 서불로 하여금 불로초를 구하게 했는데 서불이 바로 '이 매물도를 지나다.'라는 서불과차(徐市過此)란 글귀가 굴속에 새겨졌다는 전설이 전하고 있으며, 임진왜란 때 왜장이 이순신 장군의 한산대첩 후 매물도 석벽에 칠언율시인 방휼시(蚌鷸詩)를 새겨놓고 부산으로 도망쳤다는 이야기도 서려 있다. 이런 역사적 사실과 이야기를 매물도를 지키느라 만고풍상(萬古風霜)을 다 겪은 천년송을 통하여 형상화한 작품이다.

천년송의 이미지는 성삼문의 시조 "이 몸이 죽어가서 무엇이 될꼬 하니/ 봉래산 제일봉에 낙락장송 되었다가/ 백설이 만건곤할 제 독야청청하리라."한 것의 종장 상징의미와 다르지 않다. 그러나 이 작품은 거기에 그치지 않고 민족이 겪은 변란(變亂)의 역사성을 부여하였다. 첫째 수에서는 천 길 낭떠러지에 가까스로 버티고 서 있는 끈질긴 의지를 표현하고, 둘째 수에서는 모진 자연의 시련과 전쟁의 소용돌이 속에서도 제 뜻을 굽히지 않는 곧은 의지가 영원하기를 비는 소망을 담고 있다. 그리고 셋째 수는 나라지킴이로서 갖은 고난(苦難)과 천박한 풍토 속에서도 굽힘없이 천년을 지켜온 높은 절의와 절개는 청사(青史)에 빛나리라 칭송하고 있다.

억겁(億劫)의 먼지 한 점 그 속에 핀 연꽃잎

매달린 이슬방울 기쁨 슬픔 쓸어 담아
그 먼지 없어지는 날 이슬 또한 사라져

사람의 업(業)과 원죄(原罪) 낳기 전 죄(罪)라네
인간사 *오온(五蘊)일 뿐 꽃잎 따라 지는 이슬
그 속내 모르는 인생 지지 않는 꽃잎만
—「연꽃에 매달린 이슬방울」 전수

일체의 제법(諸法)은 그것을 인식하는 마음의 나타남이고, 존재의 본체는 오직 마음이 지어내는 것일 뿐이다. 모든 것은 오로지 마음에 있다는 일체유심조(一切唯心造)란 화엄경(華嚴經)의 중심 사상에 바탕을 두고 쓴 작품이라 생각한다.

이 작품 제목은 이 시조집의 얼굴로도 등장했는데, 깊은 불교적 이해를 바탕으로 파악할 작품이다. 작품 첫머리에 나오는 '겁(劫)'은 불교에서 일정 숫자로 나타낼 수 없는 무한의 시간을 말하는 용어로 천지개벽일로부터 다음 개벽할 때까지의 기간이 일겁(一劫)이라고 하니 억겁(億劫)이면 이가 억 번 이루어진다는 뜻이니 그 기간은 상정(想定)할 수가 없는 오랜 세월이다. 시공(時空)은 한(限)이 없고, 우리 눈에 보이는 일체는 일시적 순간적 현상이고 진짜가 아닌 가짜 즉 진여(眞如)가 아닌 가상(假像)이란 불교사상에 바탕을 두고 있다. 그리고 '연꽃'은 진리의 세계, 부처의 세계, 참세상의 상징어로 석가모니불이 영취산에서 대중에게 들어보였다는 '염화시중(拈華示衆)의 미소(微笑)'의 '화(華)'로 자라는 환경은 진구렁이라도 피어난 꽃송이는 더없이 맑고 깨끗함과 숭고함을 보여준다는 불성(佛性)의 꽃이다. 그리고 '이슬'은 세상의 맑은 기운, 티 없는 정심(淨心), 반짝 나타났다 사라지는 존재를 나타내는 말인데 첫째 수는 억겁의 세월 속에 세상의 숱한 것들은 모두 속된 욕심인 먼지에 불과한데 그 속에 참된 진리로 핀 연꽃은 티 없이 맑은 우주의 섭리로 우리 인간들의 희비애락(喜悲哀樂)을 다 포용한다. 하지만 이런 속세의 먼지인 욕심, 허욕이 사라지면 이슬 또한 사라진다는 심경을 표현하였고, 둘째 수는 인간의 모든 업보와 원죄는 전생에 지은 죄로 우리 살며 보고 느끼는 오온(五蘊) 또한 한 때 반짝이는 이슬 같은 존재인데 사람들은 그 진리를 모르고 사람들은 오온(五蘊)에 젖어 도저히 이룰 수 없는 정토(淨土—이상향)와 영생불사(永生不死)만을 그리고 있으니 한심한 일이 아닌가 하는 애련(哀憐)의 정을 표현하고 있다. 이 작품은 우주 만물은 항상 생사(生死), 생멸(生滅), 인과(因果)가 끊임없이 윤회하므로 한 모양으로 머물러 있지 않다는 제행무상(諸行無常)을 새삼 느끼게 한다.

2.3 삶에의 명상(瞑想)

삶은 무엇이며 또 명상은 어떤 것일까? 이것이 여기서 소개하는 작품 이해의 실마리가 될 듯하다. 그러나 삶은 보는 각도에 따라, 느끼는 느낌에 따라 달라지는 기기묘묘한 문제이다. 그래서 단정적으로 이것이다 하고 내놓을 성질이 못 된다. 사느라면 갈등도 있고, 고민도 있으며 희망도 절망도 명멸(明滅)하는데 이런 것들은 서로 대립된 어떤 것과 대비하면서 이겨나가고 헤쳐 나가는 뭇 현상의 겪음이 삶이고 이런 현상들을 정제(精製)하고 정리(整理)하여 마음을 편안하게 하는 기제(機制)가 명상(瞑想)이 아닐까. 사실 명상이란 것도 따지고 보면 마음을 회복하여 삶의 청량제(淸凉劑)를 얻는 심리작용이라 보아야 한다. 그래서 삶의 굴곡(屈曲)이 깊으면 그만큼 명상도 깊어야 한다고 하는가 보다. 명상은 옛말로는 고선(枯禪)이라 한다는데 아마 세상 잡티가 다 말라 없듯 마음 비움 작용이란 뜻일 거다. 그러므로 작품들을 통하여 어떤 삶의 모습을 어떤 티 없는 마음 작용으로 펼치고 있는가를 살펴볼 필요가 있다.

옛날에 주홍사(周興嗣)는 당대(當代)의 철인(哲人)인데
하룻밤 책 한 권을 운(韻)과 짝 맞춰 엮어
천자(千字)를 짜 맞추느라 검은 머리 희어져

하늘 당 검고 누러 해와 달 차고 지고
중국의 황토 땅에 달 없는 밤 한 말인가
해와 달 별이 있는 날 그 말 아직 이르리.
—「천자문(千字文)」 전수

양무제(梁武帝)의 명(命)을 받아 주홍사(周興嗣)가 하룻밤 사이에 사자고시(四字古詩) 1,000자로 된 천자문을 만들고 나니 머리털이 하얗게 세어 백수문(白首文)이란 별칭으로도 불린다는 이 천자문(千字文)의 탄생 설화와 함께 천자문의 내용을 소재로 하여 쓴 작품이다. 첫째 수는 이런 전설을 바탕으로 이를 시화(詩化)한 것이고, 둘째 수는 천자문 가운데 우주 섭리를 말한 천지현황(天地玄黃)과 일월영측(日月盈昃)이란 글귀를 풀어 초장에 놓고 중장에서 이를 해설하고 종장에서 그 말이 해와 달이 떠 있는 날엔 해당되지 않음을 말하고 있다. 우리는 이 작품을 통하여 동양인의 심안(心眼)을 엿볼 수 있다. 서양인들은 근대까지도 하늘은 푸르다고 했는데 동양에서는 아주 고대에 하늘이 검다고 하였다. 실제 우주 최초로 달을 밟은 '닐 암스트

롱'은 지구를 떠나 달로 가면서 "지구는 검다"고 우주센터에 송전하여 성층권 밖에서 보는 지구는 검다는 점을 이야기했는데 동양인은 좌경천리(坐景千里)로 가보지 않고도 이를 안 것이다. 노향(蘆香) 시인은 우주의 운행 이치를 이 작품을 통하여 말하고 있다. 공자는 나이 칠십을 넘으면 '종심소욕불유구(從心所慾不踰矩)'라 하여 칠십이 넘으면 자기 뜻대로 행하여도 도리에 어긋나지 않는다. 즉, 마음에 하고자 하는 바에 거리낌이 없다고 하였는데 노향(蘆香) 시인은 이미 그 경지에 들어선 지도 10년이 넘으셨다. 그래서 이런 자연이치를 통찰(洞察)한 작품을 쓴 것 같다.

조용히 들리는 듯 아침 해 뜨는 소리
온 누리 끌어안고 붉은 해 솟아올라
궂은 일 사(邪)된 마음 버려라 바른 마음 사랑만

일제(日帝)의 악독한 맘 아직도 못 버렸나
동해를 탐내는 맘 이제는 아니어라
내 여기 너희 향한 한 도둑질은 말거라.
—「향일암(向日庵)」 전수

향일암은 일찍이 원효대사가 어려움에 빠진 중생들의 울음소리를 들어주고 도움이 필요한 중생들에게 자비의 손길을 베푼다는 관세음보살을 친견(親見)했다는 전설이 서린 남해 제일의 관음기도도량(觀音祈禱道場)인데 해를 머금고 있는 사찰이라 하여 향일암이라 이름을 붙였고, 주위에 있는 바위들이 거북등 같다하여 영구암(靈龜庵)이라고도 불린다 한다. 첫째 수는 고요 속에 해 뜨는 소리가 조용히 들리는 듯하더니 온 누리를 끌어안고 해가 솟았다 하여 제재 향일암을 암시하면서 흉사(凶事)와 사심(邪心)을 버리고 '바른 마음 사랑만'이란 말로 진실 된 마음가짐으로 살라는 뜻을 여운의 묘를 살려 표현하고 있으며, 둘째 수는 요즘 한창 일본이 억지를 쓰고 있는 독도 문제를 과거 일제 36년의 아픈 과거사를 떠올리며 '도둑질' 같은 마음을 가지지 말라고 관음의 미소가 서린 향일암에 의탁하여 표현하고 있다. 일본도 불심이 있는 나라이니 되지도 않는 말을 접고 정심(淨心)하여 바른 길로 돌아서리라 믿어 본다.

대명절 정월 보름 겨레의 숨결이다.

용왕제로 제수 빌고, 거리제로 행로무탈, 재수 점쳐 토정비결, 액운 띄워 연날리기, 지신 밟아 무사태평, 당산제 무탈 빌기, 달집 태워 귀신 쫓고, 당집에 무탈 빌고, 풍물패는 안택굿, 해충 구제 쥐불놀이, 이빨 튼튼 부럼 깨기, 귀 밝아라 귀밝이술, 잡곡밥 입맛 돋고, 갖은 나물 영양 보충, 내 더위 네 더위 더위팔기, 줄다리기 힘 기르고, 복조리로 복 퍼 담고, 짚다리 놓아 똘 건너기, 대추나무 장가보내고, 윷놀이로 가축사랑, 널뛰기로 총각 만나고

둥근 달 가슴에 안고 일 년 행복 비는 날
—「대보름의 메아리」 전수

이 작품집에 나타난 여섯 편의 사설시조 가운데 하나이다. 대보름은 상원(上元)이라 하여 일 년 중 가장 으뜸 되는 음력 보름날이다. 이 날은 '설'에 이어 풍성한 민속놀이가 펼쳐지는 날이다. 한 해의 어둠을 최초로 환하게 밝혀주는 달이 떠 있는 날이기도 하여 우리 민족은 최고의 길일(吉日)로 여기고 있다. 그래서 노향(蘆香) 시인이 중장에서 열거한 대로 수많은 민속놀이와 풍속도 전해 내려오고 있다. 거

의가 토속신앙에 연결된 기원이 담긴 것들이지만 그 동안 잊혀 가고, 사라져 가는 미풍을 되돌아보게 하는 온고지신(溫故知新)의 뜻이 담겨 있다. 대보름은 마음도 정신도 맑고 풍성하게 하여 희망과 꿈의 기운이 우리 몸에 스며들어 삶의 활기를 넘치게 하는 날이다. 중장의 4, 4조의 가사체 사설 나열이 리듬을 타고 있어 흥을 돋워 주고 있다.

열여덟 가을밤에 도화(桃花) 밑 만난 그 이
그 꿈이 인연으로 팔십 년 넘어 사노라니
이마에 고운 사연이 주름으로 고였네.

열한 번 쪽방 이사(移徙) 그 설움 오죽하랴
슬픈 일 즐거운 일 가슴에 서려 담아
세월 속 쌓여온 사연 머리칼이 흰 빛을
—「아내 얼굴에 새겨진 세월」 전수

삶의 역정이 새겨진 작품이다. 첫째 수에서는 열여덟 복숭아꽃 같던 아내의 모습에서 가슴 설렘의 아름답던 젊음을 떠올리며 팔십 넘어 살다보니 어느새 곱고 아름답던 삶의 모습(사연)은 세월의 자취인 주름살에 고였다고 하였고, 둘째 수에서는 결혼 후 고달픈 쪽방 이사를 다니며 살던 설움의 세월을 회상하며 이제는 그 희비의 사연도 아름다운 추억으로 간작하다보니 머리칼도 어느새 백발이 되었음을 안타까워하는 듯하다. 그러나 이것이 아름답고 고운 인생의 교향곡이 아니겠는가. 지금 노향(蘆香) 시인은 옛일을 가슴속 선율(旋律)로 다듬어 그윽한 음악소리를 연주(演奏)해 세상에 들려주고 있다.

아리랑 가락 속에 살아온 한겨레여

왜놈들 침략 끝에 허리가 끊어진 한(恨)
하늘을 원망하오리 우리 민족 비운(悲運)을.

아직도 해적근성(海賊根性) 그 버릇 안 고치고
독도(獨島)를 제 땅이라 떼쓰는 왜놈들아
아리랑 너희 나라엔 우리 조상 피 흘러

떼놈들 대국주의(大國主義) 백두산을 제 거라네.
고구려 우리 땅에 만리성(萬里城) 울을 치니
아리랑 연개소문(淵蓋蘇文)이 아직 살아 호령을

아리랑 산조(散調) 속에 붉은 피 샘솟는다.
겨레여 통일이다. 이것이 우리 살 길
하나로 힘을 모아서 민족혼을 떨쳐라.
—「아리랑 신조(新調)」 전수

아리랑은 우리나라의 구전 민요로 노랫말이 넋두리 속에 애환의 정서와 정한(情恨)이 서린 민족사가 반영되어 나타나는 우리의 대표적 고유가락이다. 그렇기에 외국인들도 아리랑을 Korea Folk Song이라 부르고 있으며, 파리에서 열린 유네스코 무형유산위원회에서도 인류무형유산으로 아리랑을 지정 등재(2012. 12. 6)하고 있다. 「아리랑 신조」는 이런 민족적 정한에 우리의 기개(氣槪)를 넣어 표현한 작품이다. 우리 민족은 한(恨)이 많은 민족이라고 한다. 그러나 이를 은근과 끈기로 이겨나가는 끈끈한 민족 기개가 서려 있는 민족으로 알려져 있다. 우리 민족은 평화를 사랑하고 예의 도덕을 중시하기에 우리나라를 동방예의지국(東方禮義之國)이라 칭송하기도 한다. 모진 비바람엔 가끔 움츠리지만 곧 일어설 줄 아는 불굴의 민족이기도 하다.

이 작품 첫째 수는 이런 한을 이고 서러움 속에 살아왔지만 용기를 잃지 않는 겨레이기에 삼국시대 이후 사량진왜변(蛇梁鎭倭變), 삼포왜변(三浦倭亂), 을묘왜변(乙卯倭變) 등 조선의 선린정책에도 불구하고 왜인들이 '구(寇)'라는 해적 근성을 버리지 못하고 수시로 일으킨 변란과, 일제 36년의 침탈 비운과 그 결과 민족 분단의 아픔을 겪고 있지만 이를 극복하는 의지가 살아 있음을 암시한 부분이고, 둘째 수는 기승을 부리던 일본의 해적근성을 지금도 버리지 못하고 그들은 독도를 자기 땅이라고 억지 쓰고 있는데, 과거 너희는 백제를 섬기고 산 일본 족으로 너희 핏속엔 우리 피가 흐르고 있음을 직시하라 깨우치고 있다. 셋째 수는 중국이 또 대국주의 정신에 빠져 우리 영산 백두산을 자기들 것이라 우기며 울타리를 둘러치려 하는데 당태종과 맞서며 민족정기를 떨쳤던 연개소문(淵蓋蘇文)의 혼령이 아직도 이 땅에 살아 있으니 함부로 그리 하지 말라고 경고를 보내고 있으며, 넷째 수는 민족정기가 약동하여 용솟음치니 그 기운으로 통일하여 하나로 힘을 모아 우리의 꿈을 이루자는 민족통일의 기원을 담고 있다. 이 작품에 나타난 '아리랑'이란 시어는 두 가지 이미지로 사용되었다. 첫째, 넷째 수에서는 전통정서가 서린 가락으로서의 아리랑이고, 둘째, 셋째 수에서는 우리나라, 우리민족을 상징한 아리랑이다.

내 숨결
닿는 곳에

그림자 남겨놓고

사람답게

살았노라

가노라 후회 없이

세상에
업(業)을 남기고

이슬처럼 지라네.
—「내 숨결 닿는 곳에」 전수

이언(俚諺)에 '호사유피(虎死留皮)하고 인사유명(人死留名)'이란 말이 있는데 이 작품은 이를 연상하게 한다. 숨결은 생명이 있음을 뜻하니 '내 숨결~그림자 남겨놓고'는 시적자아가 살아 있는 동안 삶의 터전에 스스로의 그림자(잔재)를 남긴다는 말이 되는데, 그 그림자가 삐뚤어지거나 흩어짐 없이 사람다움을 남기고 있어 저승으로 가거나 이승을 떠나더라도 한 점 후회가 없이 이 세상에 업(業— 일생의 자취)을 남기고 이슬처럼 청명하고 깨끗함으로 사라지겠다고 하여 자연의 순리에 의탁한 삶의 의지를 내비치고 있다. 이 작품의 이미지의 흐름은 숨결→그림자→업→이슬이다. 여기서 '그림자'는 인생을 살며 남겨놓은 인사유명(人死留名)의 명(名)이며, '업(業)'은 불교 용어로 몸과 마음으로 짓는 소행으로 현실에 맺어진 응보란 사전적 의미가 있는데 여기서는 좋은 열매로 맺어진 모범적인 인생의 과실이라 보아야 할 것 같다. 천륜(天倫)과 인륜(人倫)을 어기지 않고 살아왔음을 자부(自負)하는 당당함이 엿보이는 작품으로 인과응보(因果應報)의 불교 정신이 깔려 있다.

3. 노향(蘆香) 시조의 위상(位相)

시조를 한옥에 비유하고, 이 시조집의 각부를 한 채의 집으로, 시조 한 수 한 수를 방으로 표현하여 보았다. 이는 노향(蘆香) 시인의 시조에는 한국적인 정서와 사상이 물씬 배어 있기 때문이다. 때로는 토속적이고 때로는 도교적 사상이 엿보이기도 하였지만 대부분은 불교정신과 유교정신이 지배하고 있는데 이는 우리 선인들이 지니고 지켜왔던 문화 배경이다. 노향(蘆香) 시인의 시조들은 자연찬양, 기원, 현실정화, 시대경고, 삶의 가르침 등을 표현하고 있지만 이 모두는 자연의 순수성과 아름다움을 동시에 포괄하면서 꾸밈이 없는 공(空)과 인(仁)의 정신에 접맥되어 있다. 이는 그가 삶을 진솔하고, 진실함에 바탕을 두고 모든 것을 직관하는 자세로 살고 있기 때문이 아닐까 한다. 노향(蘆香) 시인의『연꽃에 매달린 이슬방울』에 나타난 시적자아의 목소리는 시종일관 격(格)과 품(品)이 있다. 그의 작품은 표면으로는 자연 사물에 마음을 의탁, 동화하는데 그친 것 같으나 내면을 드려다 보면 예리한 비판 의식이 숨어 있다. 이 분의 시조들은 한 폭의 묵화(墨畵), 또는 문인화(文人畵)를 보는 듯하다. 어떤 면에서 보면 지극히 동양적이다. 시조집 속에는 소재로 꽃들이 많이 등장하는데 이 꽃들은 하나같이 은근한 여운과 향기를 수반하고 있다. 노향(蘆香) 시인의 작품을 두고 김준 박사는 '자연에 대한 지극한 애정, 그에 못지않은 인간에 대한 연민의 정이 있다'고 지적했는데 그에 못지않게 그의 작품은 선인들이 남겨준 문화유산에 대한 담대한 애정이 스미어 있고, 현실에 대한 애련(哀憐)이 정서로 승화(昇華)되어 있다. 한 마디로 품(品) 높은 한국적 정한(情恨)을 현현(顯現)하고 있다. 지난 해 노향(蘆香)시인님의 서첩(書帖)『如松墨香』을 받아보고 서예(書藝)

에서 높은 경지를 이룩하신 그 모습에 반했는데 이번 이 작품집에 글을 붙이며 다시 한 번 놀랐다. 춘추(春秋) 팔순(八旬)을 넘기셨는데도 불구하고 단기간 동안에 여섯 권의 작품집을 낸다는 것도 놀랄 일인데 이번 시조집은 1년 남짓한 기간에 150편이나 되는 작품을 창작하여 선보이고 있다. 시간상 상당히 방대(尨大)한 양(量)이다. 그 노익장에 모두 다 함께 아낌없는 찬사를 보내고 박수를 치고 싶다. 노향(蘆香) 시인님, 앞으로 더욱 더 강녕(康寧)하심 속에 천수(天壽)를 누리며 고유의 시향(詩香)을 키워나가 세상을 향기롭게 하시길 빈다.

기원祈願 서린 바람의 시적 변용詩的變容

— 이도현 시인의 시조집 『풋대 하나 세운 바람』

1. 프롤로그

세상 만물을 보는 눈에는 육안(肉眼), 뇌안(腦眼), 혜안(慧眼), 심안(心眼), 영안(靈眼)이 있다고 한다. 이 가운데 시인은 사물(事物)과 사상(事象)을 심안(心眼)으로 보고, 영안(靈眼)으로 작품을 창작해야 한다고 한다. 심안(心眼)으로 보고, 영안(靈眼)으로 본 사물(事物)과 사상(事象)엔 신이(神異)가 있고, 섭리(攝理)가 깃들어 있으므로 이를 캐내어 작품을 빚는 것이 시인의 몫이라 한다.

시조는 천년 세월을 두고 뿌리를 내려 잎을 피우고 꽃을 피운 우리의 전통 문학이다. 시조는 천년 세월을 두고 뿌리를 내려 잎을 피우고 꽃을 피운 우리의 전통 문학이다. 시조는 난초와 같다. 난초는 은은한 향기와 멋이 있다. 그리고 약간의 꺾임이 있고, 알맞은 여백이 있다. 즉, 여백(餘白)의 미, 일탈(逸脫)의 미를 보여준다. 우리 시조가 그렇다. 시조는 정형이지만 시대의 흐름과 생각의 점층(漸層)을 보여주기 위해 약간의 꺾음의 미를 지닌 여백의 문학이다. 틀은 예로부터 내려온 것을 기본으로 삼되 시대에 맞게 흐름을 타서 약간의 꺾임을 허용하는 문학이 시조이다. 그래서 시조를 두고 법고창신(法古創新 : 전통으로 내려와 지켜야 할 틀은 지키되 내용과 표현은 새로움을 추구하여 표현함)하는 문학이라고 한다.

야성(野城) 이도현 시인이 법고창신(法古創新)한 시력(詩歷) 35년의 열매를 모아 아홉 번째 시조집 『푯대 하나 세운 바람』을 상재(上梓)한다. 이 시인(李 詩人)은 '바람'으로 마음을 일으켜서 '바람'으로 영혼을 맑게 씻어 세상을 형상화(形象化)해 내고 있다. 시인은 무성(無聲)의 공간을 흐르는 시간을 짊어지고 거닐며 거기 절대 자연 속에 흐르는 울력을 느끼는 나그네라고 한다. 이 시인(李 詩人) 시조의 울력은 '바람'이다. 이 시인(李 詩人)에게 있어 이 '비람'은 만상(萬象)을 새롭게 하고, 만상(萬象)에게 생명을 불어 넣으며, 그 만상(萬象)을 생성(生成), 성장(成長), 소멸(消滅)하게 하는 크나큰 자연의 신(神)이다. 그래서 그 끈을 끈질기게 붙잡고 시조(時調)를 쓰고 있다. 이 시인(李詩人)의 '바람'은 애초 순수 자연에서 출발하였다. 그러나 지금은 인사(人事)의 터널을 거쳐 승천(昇天)한 '바람'으로 하나님 곁을 맴돌며 희원(希願)하는 '바람'이 되어 있다.

이 시인(李詩人)의 이번 시조집은 서시(序詩)에서도 밝혔듯이 '70년'을 '산 넘고 강 건너' 아니 하늘을 채우며 '이 길을 달려 온 바람'으로 '허심(虛心) 하나 키'워 심안(心眼)과 영안(靈眼)으로 80편의 작품을 써서 세상에 내놓았다. 이들 작품은 '바람'에서 신명(神明)을 얻어 시조의 눈을 틔우고 감흥을 천착해 냄으로써 그 작품 속엔 신의 손길과 진솔한 자연 섭리가 깊숙이 흐르고 있다.

2. 관조(觀照)와 섭리(攝理)

제1부 '아침을 연다'의 시세계는 밝고 환하다. 그리고 자연의 섭리가 꿈틀댄다. 자연 속에서 길어 올린 시심(詩心)의 세계가 정밀(靜謐)하고 곱다.

「오늘 하루」는 그런 세계를 표현한 작품이다. 이 작품은 고희(古稀)를 넘긴 자신의 모습을 각인(刻印)하여 표현하고 있다. '꽃'을 보면 극단의 몇몇 사람을 빼놓고는 모두 아름답다고 한다. 이 작품에서 시적 자아는 인생의 꽃이 되어 피어 있다. 그것은 자연의 섭리를 먹고 피어난 꽃송이다.

> 눈물을 펑펑 쏟는/ 자비로운/ 황혼녘//
> 뒷산이 무너져 내려도/ 절망 않는/ 별처럼//
> 그 황혼/ 곱게 물들인 섭리/ 바라보며/ 사는 꽃
>
> —「오늘 하루」 전수

인생의 모든 잡티를 씻어내는 '눈물'로 정화(淨化)된 '황혼'에, 그것도 모든 것을 너그러이 용서하고 포용하는 '자비로운 황혼녘'에 어둠 속에 반짝이는 '별처럼' 인생 황혼이 자연의 '섭리'를 머금고 '꽃'이 되어 살고 있다.

이 얼마나 아름다운 인생의 꽃인가? 공자(孔子)는 논어(論語)에서 고희(古稀)를 넘기면 종심소욕불유구(從心所慾不踰矩)라고 하여 마음이 하고자 하는 바를 따라 해도 하늘의 법도(=섭리)에 어긋나지 않는다고 하였다. 이 시인(李 詩人)은 이제 칠십의 중간 고비를 넘기고 있다. 그래서 종심소욕(從心所慾)하여 '절망 않는 별'이 되어 살고자 하고 또 그렇게 사는가 보다. 이 시조는 지극히 묵시적(黙示的)이고 천상(天上)지향적(指向的)인 삶의 자세를 보여주는 작품이다.

자연의 섭리(攝理)를 꿰뚫어 보는 혜안(慧眼)이 시조 한 수 한수에 번뜩이고 있다. 「바람꽃」에서 보면 어디서 오는지도 모르는 바람은 '벼랑'에, '풀잎'에 우리 눈엔 보이지 않는 '궁전'을 짓고, 시인은 '꽃'이 되어 그 궁전에서 '하얀 미소'를 날린다. 그래서 '세상'을 '눈물 한 점'으로 뜨겁게 산다고 하였다. 이것이 진정 삶이라고 시인은 속말로 외치고 있다.

> 말에는 씨가 있어 그 씨가 살아나서
> 어느 땐 꽃이 되고 어느 땐 독이 되고
> 선악을 가리는 지혜 솔로몬의 검이 핀다.
>
> 헐뜯고 저주하고 분노하는 말의 세상
> 말에서 힘을 빼고 색깔을 모두 빼고
> 차라리 인내의 돌이 되어 깨어지면 어떠리.
>
> —「말」 전수

말은 혀를 통하여 나와 사람의 마음을 보듬어 주기도 하고 상(傷)하게 하기도 한다. 그래서 사람들은 혀를 두고 '세치 혀는 칼날'이라고 하여 함부로 험(險)한 말로 사람에게 상처를 줌을 경계(警戒)하였다.

이 작품은 이언(俚諺) '말이 씨가 된다.' 구약성서(舊約聖書) 전도서 10장 '지혜자 입의 말은 은혜로우나 우매자 입술은 자기를 삼키나니'라는 말을 모티브로 쓰인 작품인 듯하다. 이 작품은 첫째 수에서 무형물의 유형물화로의 변이(變異)를 일으켜 '말'을 '열매'로 환치(換置)하여 '씨'를 품고 있다고 하고, 여기서 '살아나서'(=싹이 터서) '꽃'을 피우게 되는데 그 '꽃'은 향기롭게 피어나기도 하지만, '독'이 될 수도 있다고 표현하고 있다.

'꽃'이 선(善)이라면 '독'은 당연히 악(惡)이 되겠다. 그래서 말은 '솔로몬의 검(조모르드네거라는 페르시아 전설의 검으로 마력과 지혜를 지니고 있어 악마를 물리치는 존재)'이 된다고 하여 '말=솔로몬의 검'이란 등식을 만들어 말의 바른 역할을 표현하고 있다.

이에 비해 둘째 수는 '헐뜯고 저주하고 분노하는 말'의 횡포가 횡행(橫行)하는 풍토를 전제로 하여 '말'에서 이런 것들을 '힘' 또는 '색깔'로 보고 이를 빼내면 순수하고 향기로운 삶을 열어주는 지혜의 열쇠가 될 것이라 말하고 있다. 즉 '말'은 '인내의 돌'과 같은 역할을 해야 한다고 보고 있다. '인내의 돌'은 시인이 주(註)를 달아 놓은 대로 인간 고통의 해방을 도와주는 페르시아 신화에 나오는 지혜로운 '생게사브르(syngue sabour마법의 돌)이다.

첫 수의 '솔로몬의 검' 둘째 수의 '인내의 돌'은 이 작품의 주된 이미지가 된 시어(詩語)이다.

싸늘한 나무 끝에 둥지 엮어 매달린 삶
비가 오면 오는 대로 눈이 오면 쌓인 대로
사나운 태풍 몰아쳐도/ 무너지지 않는 성.

바람받 머무르며 세상만사 바라보며
갖고 싶은 부와 명에 청빈(淸貧)으로 다스리고
아무 것 들여놓지 않은/ 텅 비인 무위(無爲)의 집
—「까치집」 첫째, 셋째 수

"까치집"은 둘째 수에서 구상화한 대로 '달동네 쪽방'에 사는 열악(劣惡)한 삶의 터전이다. 첫째, 셋째 수는 둘째 수를 비유(譬喩), 은유(隱喩)하여 표현한 것이다. '싸늘한 나무 끝~태풍이 몰아쳐도'는 그대로 셋째 수 '바람밭'이고, 이 작품 '까치집'이 가진 속성이다.

잎 다 진 나뭇가지 사이에 모든 풍파(風波)와 마주한 까치집의 현상적(現象的)인 모습을 첫 수에서 표현하고 있다. 즉 매섭게 몰아치는 현실적 역경(逆境)인 세파(世波)을 이겨냄을 표현하고 있다. 그리고 셋째 수에서는 '부와 명예'같은 세상 욕심(慾心)을 모두 '청빈(淸貧)으로 다스리'며 안빈낙도(安貧樂道)하겠다는 강한 의지를 표출하고 있다.

장자(莊子)의 무위자연(無爲自然)을 연상(聯想)케 하는 이 작품은 '까치집'을 '달동네 쪽방'으로 환치(換置) 기술(記述)한 솜씨가 볼 만하다.

3. 자연의 무한 변이(無限變異)

제2부 '너희는 별이다'에는 자연의 무한 변이가 돋보이게 나타나고 있다. 자연물을 자연물로 그대로 삽화 그리듯 작품을 쓰면 그것은 시나 시조의 필수 요건인 창작이 아니라 묘사이다. 시나 시조는 심안(心眼)이나 영안(靈眼)으로 보고 마음의 그림, 영혼의 그림으로 그려내야 한다. 시조는 옛날엔 육안(肉眼)으로 보이는 느낌의 세계를 그대로 그려냄으로 대부분의 작품이 사실화에 가까웠다. 그러나 현재는 심안(心眼), 영안(靈眼)에 비친 세계를 상상과 은유, 비유로 표현함으로써 많이 상징화, 추상화에 접근되어 있다. 이는 시대의 흐름과

무관하지 않다. 이를 실증해 주는 작품이 「꽃의 반란」이다.

> 4월엔 차라리/ 외출하지/ 않는다.//
> 저렇듯/ 입술이 타듯/ 반란하는 꽃의 향연//
> 누군가/ 불을 지피는/ 저 황홀한/ 음모를…
>
> —「꽃의 반란」 전수

우리의 뇌리에 스치는 4월은 T. S. Eliot의 「황무지」에 '사월은 가장 잔인한 달/ 죽은 땅에서 라일락을 키워내고/ 기억과 욕망을 뒤섞고/ 봄비로 잠든 뿌리를 뒤흔든다.'는 시구(詩句)를 연상하게 하는 처절한 달이다. 우리의 현대사에는 4월의 피마디가 있다. 꽃 같은 젊은이가 정의(正義)의 깃발을 들었던 우리의 역사, 그것은 하나의 반란이지만 '향연(饗宴)'이었다. 이 시인(李詩人)은 젊은 날의 그 기억을 여기에 되살려 투영시킨 것이 아닐까.

겉으로 조용하나 속으로 들끓어 약동하는 '4월' '입술이 타듯' 간절하게 그리고 화려하게 확 피어난 꽃의 개화, 그것은 '꽃의 향연'이며, 자연이 일으킨 '황홀한 음모'가 아닐 수 없다. 그것은 '누군가(=절대자, 신, 하나님)'가 '지피는'불꽃이요, 상큼한 '음모'이다. '음모(陰謀)'라고 하면 어둡고 침침한 곳에서 은밀(隱密)히 모의(謀議)하여 꾸미는 나쁜 짓인데 여기선 그런 이미지가 아니다. 은밀한 신의 밀령(密令) 같은 것이다. 그래서 신의 밀령(密令)을 받았기에 이 시조에서의 '꽃'은 '황홀한' 모습으로 우리 앞에 등장한다. 그렇다. 4월의 꽃은 생동(生動)하는 젊은이를 닮아 빛나고 아름답다. 그래서 황홀하다. 이 작품은 종장 '불을 지피는/ 저 황홀한/ 음모를…'이 핵심이다. 이 작품에서의 '꽃'은 젊은이의 시적(詩的) 변이(變異)이다. 이렇게 형상화(形象化)된 이 작품 「꽃의 반란」은 역동성(力動性)과 패러독스(paradox, 逆說)가 돋보이는 보기 드문 절창(絶唱)의 시조이다.

> 가을을 불러오기/ 달빛도 지쳤어라.//
> 자지러질 듯/ 매미 울음/ 너 또한 몇 곡(曲)인가.//
> 붉은 볼/ 더더욱 붉게/ 그 울음 그냥 두렴
>
> —「대추알」 둘째 수

인과응보(因果應報)에 의한 자연의 변이(變異)과정(過程)을 표현한 작품으로 이 작품엔 청각(聽覺)의 시각화(視覺化)가 이루어져 공감각(共感覺)을 이룸으로써 더욱 시적(詩的) 감흥(感興)을 불러일으키고 있다. '가을'이 '달빛'을 불러오고, 그 달빛 마주보며 매미는 이제 떠날 때(=죽음)을 감지(感知)했는지 '자지러질 듯' 목청을 돋워 '곡(曲)'을 뽑아내니 그 울음 먹고 대추알은 붉었다고 인과적(因果的) 변이(變異)를 표현하고 있다. '매미'가 울음을 더 울수록 대추알은 더 붉어진다고 시인은 보고 매미가 실컷 울게 그냥 두라고 한다. 이것은 과학적 근거(根據)와는 거리가 멀지만 시적(詩的) 진실(眞實)이다.

첫 수에서는 구증구포(九蒸九曝)로 대추알이 붉으며 여름을 엮더니, 둘째 수에서는 매미 울음이 대추알을 붉히며 가을을 불러오고 있다. 시적 여유(餘裕)가 보이는 동양화적 작품이다.

4. 용서(容恕)와 화해(和解)의 기원(祈願)

제3부 '풋대 하나 세운 바람'은 묵도(默禱)를 올리는 기도 소리가 작품 편 편에 흐르고 있다. 하나님은 '당신'이 되어, 아니 '만질 수 없

는 바람'이 되어 확실히 있으나 보이지 않는 존재로 다가서 있다. 그래서 이 시인(李詩人)은 「당신은」이란 작품에서 이를 간절(懇切)한 마음의 기도로 노래하고 있다. '시작도 끝도 없이 어디쯤 계신'지도 알 수 없고 '비어 있어 만질 수도 없'는 그 절대자. 그는 기원(祈願)의 '변죽만 울리는 바람'이라고 그 안타까움을 표출(表出)하고 있다.

왕복표가 없다네./ 한 번뿐인 우리 인생//
넌 지금 여기서/ 무슨 소망 있는가.//
가지에 잠시 앉았던 새./ 떠나버린 빈자리//

죽어야 산다는 말씀/ 오직 그 순종 하나//
오늘은 무릎을 꿇고/ 내일은 눈을 감고//
신실한 생명을 잡고/ 하늘 문을 열 것이어.

—「푯대 하나 세운 바람 1」 전수

현세(現世)의 삶 속에서 내세(來世)를 기원하는 기독교적(基督敎的) 믿음의 세계를 표현한 작품으로 이 시집의 표제시(標題詩)이기도 하다. 이 세상에 숨을 타서 사는 뭇 생명체는 현세와 내세를 오고 갈 왕복표(往復票)가 없다. 내세로 가는 무형(無形)의 표(票)만 시간표도 없이 주어져 있을 뿐이다. 그래 현세에 얼마나 머물지 아는 존재는 없으며, 현세에서 떠난 후 다시 현세에 와 두 번 살 수 있는 존재도 없다. 이 시조에서 시적 자아는 '신실한 생명(줄)을 잡고' 굳은 믿음으로 내세의 유토피아가 펼쳐질 하늘나라 '하늘문'을 열고 들어가기를 소망하고 있다. 하늘 문을 열고 들어간 거기는 '죽어서 산다는 말씀'이 실현되는 절대(絶對)의 세계이다.

우리 인생은 '가지(=현세)에 잠시 앉았던 새'로 이 '가지(현세)'에서 떠나면 허망한 '빈자리'만 덜렁 남게 된다. 「푯대 하나 세운 바람」은 신실한 믿음의 징표(徵表)를 가지고 사는 인생이다. 여기서 '바람'은 소망을 이루고, 이루어주는 매개체이다. 즉 믿음의 또 다른 표현이기도 하다.

> 성경을 읽으며/ 안경알을/ 닦는다.//
> 금시 벗어놓은/ 도수 높은/ 저 안경//
> 얼마큼/ 닦아냈을까/ 얼마를 또/ 닦을까.
> —「안경알을 닦으며」 전수

시력이 퇴화할수록 안경 도수는 올라가기 마련이다. 시력이 많이 떨어져 있는 이의 안경알은 동그라미가 겹겹으로 맴돌아 있어 현미경에 가까워 옆에서 보는 이마저 어지러울 정도로 도수가 높다. '도수 높은' '안경'은 자연상태에서 늙었다는 말과도 상통한다. 사람들은 나이가 들어서도 안경알을 통하여 세상을 보려고 매일 안경알을 닦는다. 하루에 몇 번을 닦아야 할 때도 있다. 여간 귀찮은 일이 아니다. 그러나 그렇게 해야 세상을 보니 어쩌랴. 이 시인은 '성경'을 보느라 '안경알'을 닦는다. 성경은 우리가 사는 가치와 이치, 삶의 진리가 숨어 있는 명서(名書)이다. 그래서 이를 통하여 인생을 배운다. 인생은 완성이 없다고 한다. 평생을 배우며 살다가는 것이 인생이라 한다. 그러니 한평생 '안경알'을 닦으며 살 수밖에 없다. 이 작품 속에서 '성경'은 인생의 지혜와 진리가 샘솟는 우물이고, '안경알'은 인생의 참된 진리와 삶의 지혜를 길어 올리는 두레박과 같은 존재로 보아야 한다. 그리고 '닦음'은 치열한 인생 역정을 표현하고 있다고 여겨진다. 이 작품은 조운의 시조 '구룡폭포'에 나오는 시상을 연상케 하고 있다.

구룡폭포 첫머리에 보면 "사람이 몇 생(生)이나 닦아야 물이 되며 몇 겁(劫)이나 전화(轉化)해야 금강(金剛)에 물이 되나! 금강에 물이 되나!"란 구절이 나오는데, 위 작품은 이런 시상이 끄트머리에 배치되어 있다. 세월을 뛰어넘는 기원의 시간이 이 작품을 지배하고 있다. 요즘 와서 이 시인(李詩人)은 감정을 접고 무념(無念)을 기르는 시작(詩作)을 주로 하고 있다. 그의 시집이었던 『장자(莊子)의 바람』에 물들은 것일까. 이 작품의 종장엔 살아온 인생과 살아갈 인생이 대(對)를 이루어 표현되어 있다. 인생의 무게가 겹겹이 느껴지는 작품이다.

5. 자연(自然)과 인사(人事)의 접목(接木)

제4부 '바다가 있는 풍경'은 자연과 인사가 투영(投映) 접목되어 있다. 인간도, 나무도, 돌도 자연이고, 눈에 보이는 만상(萬象) 모두는 자연이다. 그러나 만상으로서의 인간은 여타(餘他)의 만상을 거느리고 이를 부릴 수도 있는 능력을 갖추고 있으니, 이들과는 대립상으로 존재한다. 그럼에도 이 시인(李詩人)은 이런 자연물에 인사(人事)를 접목하여 시적 상관관계(相關關係)를 만들어 작품을 형상화하고 있다. 심안(心眼)으로 본 자연물 속엔 '손주 녀석'도 있고, 삶의 멋도 있으며, 삶의 지혜도 있다.

간 밤/ 천둥 번개/ 소리 지르고/ 번쩍이더니//
밤송이 하나 매달렸다./ 더위 먹고/ 천둥 먹고//
올 가을/ 툭 불거진 알밤/ 손주 녀석/ 닮겠네.

—「밤송이」 전수

인과(因果)의 연(緣)이 얽혀 사물이 탄생한다는 불교의 연기설(緣起說)을 연상하게 하는 작품이다. 이 작품은 어떤 면에서 서정주의 '국화 옆에서'의 시적 형상화 과정과 빼닮았다. 먹구름 속 천둥소리를 먹고 가을에 노오란 국화를 피워냈다고 서정주는 말하고 있었는데, 이 작품은 '천둥 번개'의 번쩍임이 '밤송이'가 되고, 이것이 '손주 녀석'에까지 연결되고 있다. '천둥'이라는 음(音)의 파동(波動)과 '번개'라는 전자기파(電磁氣波) 중 가시광선(可視光線)이 서로 협동하여 '밤송이'로 태어나는 시적 변이를 일으키고, '밤송이'는 다시 '더위' '천둥'이란 자연물의 힘을 얻어 '알밤'으로 태어난다. 그 '알밤'은 '손주 녀석'처럼 곱고 알차고 빛나는 존재가 된다. 서정주의 '국화꽃'이 '내 누님 같은' 원숙한 꽃이 되듯 '밤송이'는 알차고 귀여운 '손주'를 닮아 태어나고 있다. 인간애(人間愛)가 넘치는 작품으로 시적 상상력이 돋보인다.

종이와 대가 만나/ 바람을 불러온다.//
한 번 불러 청풍(淸風) 일고/ 두 번 불러 쾌(快)를 짓고//
그러다 달까지 뜨면/ 풍악 거는 여름밤
—「합죽선」 첫 수

자연의 풍류(風流)가 물씬하여 조선 선비의 여유를 느끼게 하는 이 합죽선(合竹扇)은 우리나라에서 세계 최초로 만들어 사용한 우리 고유의 발명품으로 고려 때 송나라 사신으로 간 고려 사신(崔思訓)으로부터 알려지게 되었다고 송(宋)나라 곽약허(郭若虛)의 『도화견문지(圖畵見聞誌)』에 기록이 전한다. 이 부채는 손에 쥐고 다닌다고 '쥘부채'접었다 폈다 한다하여 '접부채'라고도 일컬어지는 것으로 우리 선조들이 지니고 다닌 멋의 상징물이기도 하다. 합죽선은 오래 전부터 조선 여인의 고운 자태와 우아한 여성적 선미(線美)를 담고 있어 선비들의 애장품이었다.

이 작품 「합죽선(合竹扇)」은 부채의 형성 모습과 역할 기능, 그것이 주는 느낌, 어울림과 분위기를 삼장(三章)에 나눠 표현하고 있다. '한 번 불러 청풍(淸風) 일고' '두 번 불러 쾌(快)를 젓고'를 중장에 배치하여 합죽선(合竹扇)의 삽상(颯爽)한 바람결과 거기서 느껴지는 상쾌함과 즐거움을 작품의 중심에 두고, 종장에서 풍류를 떠올리는 '달'을 불러 앉혀 유유자적(悠悠自適)하는 양반의 신선놀음의 멋을 선히 떠올리게 하고 있다. '월하(月下)에 풍악(風樂)소리' 거기엔 흥취를 돋우는 술 한 잔은 곁들여 있겠다.

1
고개 들면 농월(弄月)이요/ 손 저으면 해월(海月)이네.//
몸속에 달 품으니/ 오장육부(五臟六腑) 박힌 달아//
잠시도 쉬지 않는 맥박(脈搏)/ 가슴팍(胸部)에 뜨는 달

2
달은 시를 주고/ 깊은 밤 묵상(默想)을 주고//
사랑을 속삭이다/ 눈물을 쏟아내다//
때로는 매서운 달빛/ 비수처럼 꽂힌 달
—「달을 품고 산다」 전수

이 작품은 시작 메모에서 "우리 몸속은 여러 개의 달(月)로 꽉 차 있다. 五臟六腑의 한자 구조가 그러하다. 그러기에 喜怒哀樂의 정감이 달의 정서와 함께 한다. 달 속에 시가 있고 사랑이 있고 비수가 들어 있다."고 하였다. 달을 숭배의 대상, 그리움의 대상, 원망의 대상

등 감정적 느낌을 쓴 시들은 많이 있지만 달을 육신(肉身)의 도처에 뜨는 시로 쓴 이는 드물다. '臟'과 '腑'의 '月'은 한자적 진실로는 '肉'자(字)이지만, 이를 '달(月)'로 본 것은 시인의 시적 진실이다. 이를 모티브로 이 작품을 형상화했다고 보인다. 이 작품대로라면 우리 몸속엔 적어도 열서너 개의 달이 박혀 뜨고 진다고 보아야 한다. 그러니 온몸엔 달이요, 온몸엔 달빛이 치렁치렁 넘치고 있을 것이다. 온몸이 온통 환하게 밝아 훤히 비칠 듯도 하다.

이렇게 첫 수에서는 달이 온 몸뚱이 여기저기에 뜨고 박혀 있다. 그 달들은 둘째 수에서 '시를 주고' '묵상을 주고' '사랑을 속삭이고' '눈물을 쏟아'낸다. 그러다 때로는 '매서운' 모습이 되어 '비수처럼 꽂힌다.' 낭만과 정밀(靜謐)의 미(美)가 사랑의 감정으로 폭발하여 으스스한 달빛을 보게 된다. 흔히 으스름달밤엔 비수(匕首) 물은 귀신(鬼神)이 등장하는 옛이야기가 많은데 이 시의 시적 자아가 품은 달빛 속에도 그런 모습이 숨어 있나 보다.

> 삼복 허리, 폭염경보에/ 누가 불까지 지피나//
> 자정을 넘겼어도/ 꺾이지 않는 콧대//
> 여보게!/ 잠 좀 청하게/ 노여움을 풀게나.
>
> 달뜨는 처마 끝에/ 푹푹 찌는 가마솥//
> 푸른 별빛 한 자락도/ 맥을 잃고 누웠다.//
> 홰 울음/ 세 번을 쳐야/ 기를 꺾는 열대야.
>
> —「열대야」 전수

때로는 자연 현상이 그에게는 친근한 친구가 되기도 한다. 시인(詩人)은 「열대야」에서 '폭염'을 친구 대하듯 하고 있다. '폭염(=친구)' 성질을 누가 돋워 '불(화)까지 지피'니, 좀처럼 '노여움'이 사그러들지 않는다. 제발 '잠 좀 청하'게 그 '노여움(=더위)을 풀'라고 사정을 한다. 이 얼마나 자연과 교감하는 인간적 대화인가? 시간이 약(藥)이라 했던가. 이 작품 둘째 수에서는 '달 뜨는' 밤이 되어도 '폭염'은 식을 줄 모르고 '가마솥'처럼 찐다. 그래서 밤하늘에 생생히 뜨던 '푸른 별빛' 마저 '맥을 잃고 누웠다. 새벽 여명을 알리는 닭의 '홰 울음' '세 번' 울고야 더위(=노여움)는 식어 평정심(平靜心)을 회복한다. '폭염'에 인간 감정을 투여하여 무형물의 의인화를 시도한 작품이다. 마치 '폭염'이 살아 움직이는 성난 늙은이 되어 '더위'라는 언어를 마구 퍼부어대는 듯하다. 숨이 턱밑에 차오르는 '열대야' 현상을 실감나게 표현하고 있다.

6. 에필로그

뭇 시조(시)는 보는 이의 마음의 눈에 어떻게 비치느냐에 따라 그 이해와 느낌의 정도에 차이가 있기 마련이다.

이번 작품집 『푯대 하나 세운 바람』은 한 마디로 인간미(人間美)가 스미어 있는 정조(情操)의 시조집이라 하겠다. 그는 일관(一貫)되게 '바람'을 붙잡고 이를 천착(穿鑿)하여 작품을 창작하여 시집으로 묶어 내고 있다. 그의 '바람'은 처음 토속적(土俗的) 시어를 통한 자기 관조(觀照), 삶의 회귀(回歸)의 바람으로 출발하여 삶의 고뇌, 자아의식 충돌의 곡진(曲盡)한 서경의 바람을 거쳐 무위자연(無爲自然)의 바람, 자연 순응(順應), 자연 귀의(歸依)의 바람을 일으키더니, 달관(達觀)된 관조(觀照)의 바람, 자연을 무한 변이시키는 바람, 용서와 화해,

기도가 깃든 바람, 자연에 인생을 적응한 바람으로 시바람 '시풍(詩風)'을 일으켰다.

이 시인(李詩人)은 현재 국제펜한국본부 대전광역시위원회 회장을 맡아 문학의 리더로서 바쁜 나날을 보내고 있지만 그 틈틈이 주옥같은 시조 80편을 창작하여 우리 앞에 선보이고 있다. 편 편에 인생이 스며 있고, 작품 곳곳에 기독교적 성령(聖靈)을 기구(祈求)하는 자세가 표출되어 있다.

이 작품집(作品集)에 나타난 작품(作品) 경향(傾向)을 보면,

첫째 무형물(無形物)의 유형물화(有形物化)가 이루어지고 있으며 관조(觀照)와 섭리(攝理)에 의한 작품 생산이 이루어지고 있다.

둘째 자연의 무한변이(無限變異)가 있다.

셋째 용서와 화해의 기원(祈願)이 작품 흐름의 중심에 자리 잡고 있다.

넷째 자연에 투여(投與) 접목(接木)된 인생이 있다.

앞으로 더욱 쌓인 연륜을 거름 삼아 자연물과 사상(事象)을 심안(心眼)과 영안(靈眼)으로 천착(穿鑿)하여 그것들의 섭리와 변이를 시적으로 변용(變容)시켜 빛나고 고운 열 번째 시조집을 세상에 멀지 않은 날 선보여 주리라 믿는다.

애상哀傷과 고적孤寂으로의 시적변용詩的變容

— 석야 신웅순 시인의 시조 세계

1. 들어가기

석야 신웅순 시인은 충남 서천 출생으로 1985년 시조문학을 통하여 문단에 나와 다섯 권의 시집을 상재한 중견 시조시인이다. 뿐만 아니라 그는 시조 분야 학술 연구자로서도 능력과 업적을 높이 쌓은 훌륭한 학자로 유수의 학술지와 저서를 통하여 이를 세상에 보여주고 있으며, 서예가로서도 일가견을 이루고 있다. 또한 창조적 한글 서체를 창안(創案)하여 그만의 석야체(石野體)를 보여주고 있다.

특히 그의 시조시인으로서의 자질은 아마도 그의 핏속에 DNA로 존재하고 있었는지도 모른다. 그는 『석북집(石北集)』의 저자로 시조 명칭의 유래를 보여준 신광수(申光洙) 선생의 후손이며, 상징시의 대가 폴 발레리에게서 발견한 노장사상(老莊思想)을 시화(詩化)한 『바라춤』의 시인 신석초(申石艸)의 집안이기도 하다. 어쩌면 그가 시인이 되고 시조를 쓰는 그 재질은 이런 인연에서 나온 생태적 숙명인지도 모른다. 꽃이 하루아침에 피지 않듯이 시인도 마찬가지여서 오랜 인(因)과 연(緣)이 작동하고 스스로 내적 부단한 노력이 응집되고, 폭발되어야 한편의 작품을 낳게 된다고 보는데 그는 그런 면에서 조상으로부터 받은 그의 핏속에 그런 인자(因子)가 숨어 있다가 적당한 환경을 맞아 피어난 시인이라고 본다. 이는 그의 작품을 통하여 확인해 볼 수 있다.

원천적으로 시란 인간이 체험한 본질을 표현하는 그릇에 개인의 존재인식과 감흥을 넣는 일이라고 생각한다. 이에 유의하면서 그의 시조집『누군가를 사랑하면 일생 섬이 된다』『어머니』두 권에 나타난 시조 세계를 살펴보려한다. 어느 시인이나 그의 시속에는 그만이 가지고 있는 바탕 정서가 배어 있는데, 그의 시 바탕엔 고향의 그리움과 어머니에 대한 애틋한 애상(哀傷)의 정서가 이미지즘으로 나타나고 있다. 고향이나 어머니는 인간에 있어 돌아가야 할 영원한 우주이며 정신적 거점이다. 그러기에 그는 그 우주에서 '나(我)'라는 고적한 자아(自我)를 찾아 시작(詩作)을 하고 있었다고 본다. 그의 시속엔 항용(恒用) 이런 생성공간이 존재하고 있다. 원래 시조는 민족의 한이 땅에 이슬이 배어들 듯 스며들어 하나의 틀 속에 싹이 트고 자란 우리 민족의 문학이다. 그러다 보니 시조하면 민족 한만 맺힌 문학 장르인 양 믿고 있는 사람이 많다. 그러나 현대라는 시대성에 접맥되면서 현대시조는 새로운 양상의 정서를 창출 투영시키고 있으며, 시조 삼장의 표현 양태도 그 배행 방법이 다양화되고 있다. 그가 내놓고 있는 시조 배행 형태는 모두가 단시조로 소절별, 구별 배행을 한결같이 섞어 쓰고 있다. 그는 이런 시어의 배치로 시조의 전통 서술기법인 초장의 일으킴, 중장의 펼침, 종장의 높임, 굽힘, 맺음의 형태를 취함으로써 시조의 유전자를 잃지 않고 있다. 그리고 초, 중, 종장의 배열 방법은 몇 작품을 제외하고는 모두가 초장과 중장은 병립, 또는 대립시키고, 종장에서 그것을 수렴하는 A=B→C의 구조를 이루고 있다.

2. 자아(自我)를 찾아 나섬

시조집 『누군가를 사랑하면 일생 섬이 된다』의 주조(主潮) 세계는 잃어버린 자아를 찾아 나선 의문점에서 출발하고 있다. 많은 철학자들이 자아(自我)를 찾아 일생을 바쳤듯이 신 시인은 그 자아를 문학을 통하여 찾아 나서고 있다. 찾으면 찾을수록 깊은 수렁 같은 그 세계를 하나의 섭리 속에 설정하고, 이를 작품으로 형상화하고 있다. 그는 이 시집의 서문에서 '내 사랑'은 "사랑하는 사람들에게 못 부친 엽서 한 장 한 장"이라고 하면서 "서러운 가슴 한켠에 남아 흔들리는 풀꽃"이라고 하고 있는데 영혼의 파편이라고 스스로 명명한 그 자아가 '내 사랑'이다. 그 '내 사랑은' 실제 '해당화'도 되고, '허공' '섬' '빗방울' '달' '눈발' '한 척 배' 등의 구상적 모습이 되기도 하고, '쉼표' '빈 잔' '적막' '설움'과 같은 추상적 모습이 되어 나타나기도 한다. 즉, 그는 시적 이미지를 추상과 구상으로 변용시켜 표현하고 있다. 또한 현대시조의 미학적 독자성과 압축 여백의 미를 관조의 자세를 통하여 단시조 속에 갈무리하기도 한다.

상처 받은
낱말들은
어디에
있는 걸까.

강가를
걷다가
산모롱 막
지났을까.

낭초꽃
에굽은 길가
혼자 눈물
서성일까.

—「내 사랑은 7」 전수

내적 자아로서의 「내 사랑은 1」은 평탄치 못하게 '굽을 돌고' 바닷가에 외로이 울음 머금은 '해당화'로 터져서 붉은 설움 쏟아내더니 '눈보라 휘몰리는' '빈 허공'이 되어 나타나고 있다. 이 시집의 출발은 이렇게 시작된다.

「내 사랑은 7」은 각장마다 설의적 의문문으로 맺고 있다. 몸에 밴 자아의 상처를 표현해 주던 숱한 낱말(언어)은 어디로 다 사라지고 없는 것일까. 한탄 섞인 심성을 초장에서 표출하고 있다. '있는 걸까' 했지만 실은 '없는 걸까'와 동의어로 쓰였다. 중장에서의 '강가'는 세월이 서린 발자취를 표현하였다고 볼 수 있다. 아무래도 역사의 한을 품은 금강 가에서 뛰놀던 어린 시절을 유추하여 그때를 회상하고 있는 듯하다. 이 작품에서 '산모롱'은 인생의 굽이이다. 유년에서 청년으로 다시 장년으로 넘어가는 변곡점(變曲點)이라고 보아진다. 이 작품에서 특히 시선을 끄는 시어가 있는데 '막'이란 시어이다. 이 '막'은 '지금 금방'의 뜻과 '머무는 곳(幕)' '단락'을 뜻하는 시어로 글의 성분으로는 부사와 명사의 이중성을 가지고 앞 뒤 낱말에 걸침을 이루는 표현이다. 그렇게 함으로써 시적 뉘앙스를 풍겨주어 상상력을 자극하고자 한 말이다.

그런데 왜 종장 첫머리에 '낭초꽃'을 등장시켰을까. 낭초꽃은 우리나라 천변이나 노변에 피는 아주 서민적인 꽃이다. 꽃 이름에 얽힌 이야기는 애처롭고 천하다. 이 꽃은 일제 강점기 초기에 들어와 지천으로 피었기에 나라를 망하게 하는 꽃이라고 하여 붙여진 이름이라고 한다. 일명 '개망초'라고도 한다. 그래서 망초는 뜻밖에 붙여진 이 억울한 이름에 스스로 속에 눈물을 담고 있는지도 모른다. 이런 망초의 모습을 시인은 자신의 자아 속에 투영시켜 한 편의 시조를 맺음하고 있다. 아마도 망초의 모습에서 지난날의 자아를 발견하고 있는 듯하다. 이 시조 작품은 어딘가 쓸쓸하고 알 수 없는 설움이 배어 있다.

그리운 것들은
다
산 너머
있는데

파도도
거기 있고
바람도
거기 있고

빈 칸을
서성이던 빗방울
거기
없다네.

—「내 사랑은 8」 전수

사람의 삶 속에 뿌리 깊이 자리한 것은 '그리움'이 아닐까. 지난 세월을 그리워하고, 지난 일을 그리워하며, 살아온 삶의 궤적을 그리워하는 동안 세월은 흐르고 환경도 바뀌어 자꾸만 그리움을 찾아 나설

수록 자신은 알 수 없는 의문점이 늘어만 가는 게 인생이 아니겠는가. 그래서 그리움은 흘러가는 것인가 보다. 위 작품에서도 '그리운 것들'이 '다' '산 너머'에 있고, 현재의 시적 자아의 자리엔 없다. 무한 자연인 '파도'며 '바람'은 그냥 그 자리에 있는데 마음자리에 있어야 할 그리움의 대상은 시나브로 사라지고 없다. 그래서 시적자아의 자리는 '빈 칸'이 되었다. 그 '빈 칸'에 '서성이던 빗방울'은 시적자아에게는 눈물 어린 사랑의 실체인데 지금은 사라지고 없다. 허망한 자아의 모습만 덩그러니 남아 시조의 바탕에 깔려 있다. 결국 '내 사랑은' 허망이 되어 머물고 있다.

산을
넘지 못한
그 많은
눈발들은

깊은 밤
읽는 이 없는
기인
편지를 쓰고

빈 칸이
되어 떠나갔지
쉼표가
되어 떠나갔지.

—「내 사랑은 17」 전수

이 시조는 시조라기보다 시에 가깝다. 행갈이 한 모습만 보면 시조의 소절(음보) 단위가 소음보와 과음보가 뒤섞여 있다. 그러나 그 구성은 시조의 호흡율격을 따르고 있어 구성상 묘한 느낌을 주는 작품이다. 이런 유형의 작품은 시집 『누군가를 사랑하면……』 곳곳에 나타나 있다. 「내 사랑은 16」의 '눈물/ 많은 이가/ 한 번/ 다녀갔었지//' 라든지 「내 사랑은 19」의 '강가에/ 혼자/ 왔다간/ 달빛일지 몰라// 누군가의/ 울음/ 남겨둔/ 등불일지 몰라//와 같은 행갈이와 음수율이 그것이다. 그는 '빈 칸'이 된 자아를 몰현실화된 주변에서 찾고 있다. 이 작품에서 시적자아는 '눈발'로 '편지'로 떠돌다 '쉼표'가 되어 어디론가 떠나가야 하는 숙명을 지니고 있다. 수많은 자아의 상념인 '눈발'은 '산'이란 현실 벽에 가로막히고 삶의 사연을 밤새워 쓰지만 그걸 인식해 줄 이는 어디에도 없어 스스로 아무것도 존재할 수 없는 '빈 칸'이 되어 떠다니다가 누군가가 눈짓을 주기를 기다리는 '쉼표'가 되었음을 표출한 작품이다. 「내 사랑은 8」에도 '빈 칸'이 나오고 여기서도 등장하는데 그 '빈 칸'의 정체는 무엇일까. 아무래도 상념도 현실도 없는 '무(無)'의 세계일 성싶다. 그러면 과연 그가 추구하는 '내 사랑은' 언제쯤 돌아오려나. 자못 궁금하다. 이 시조집의 어떤 작품을 보아도 그 궁금증에 대한 해답이 없다. 그 실체를 숨겨놓음으로써 애매성과 신비성으로 시적 여운을 도모하려 한 것일까.

기러기
울음소리
그쯤에서
섞이고

그믐

새벽 달빛
그쯤에서
젖는다.

인생의
어디쯤이 아프면
그렇게
되는 걸까.

—「내 사랑은 23」 전수

언제나
눈발은
천리를
가는 구나

언제나
별빛은
낭떠러지에
서 있구나.

가지도
서지도 못하는
떨어지는
뺨 위의 눈물.

—「내 사랑은 29」 전수

앞의 작품에서도 살펴보았지만 '내 사랑은' 그 시상의 바탕에 늘 쓸쓸한 고적과 애잔한 애상이 자리하고 있다. 「내 사랑은 23, 29」를 보아도 그렇다. 「내 사랑은 23」에서의 주목되는 시어는 '그쯤'이다. 사전적인 뜻은 '그만한 정도'로 화자의 주관적 시간, 주관적 자리를 지칭하는 단어로 시적 자아의 마음과 정신의 정서적 거리, 정서적 시간을 표현하고 있다. 즉 시적 자아가 살아온 삶의 어느 지점, 어느 시간이다. 그런 면에서 볼 때 이 시어는 다분히 애매성(曖昧性)과 자의성(恣意性)이 깃든 시어이다.

우리나라에서 '기러기'는 겨울 철새이다. 그러기에 철새처럼 떠도는 인생을 '기러기'에 비유하곤 한다. 그 기러기의 울음은 하늘을 울리는데 그 울음이 시적자아의 심성 속에서 동질화(同質化)되면서 '그믐 새벽 달빛'과 호응하고 있다. 어쩌면 '새벽 달빛'은 소외(疏外)된 존재일 수 있다. 이런 소외의식은 모두가 아픈 인생에 감응(感應)하고 있는 시적자아의 자의식(自意識)에서 출발한다고 보아야 한다. 그래서 인생은 눈물이 나나 보다. 「내 사랑은 29」는 「내 사랑은 23」과 접맥되고 있다. 천리 밖으로 떨어지는 '눈발'낭떠러지에 멈춰선 '별빛'은 서로 대립되어 나타나고 있다. 옴짝달싹 못하는 고립무원(孤立無援)의 경지에 빠진 시적 자아의 모습이 선연히 떠오른다. 그래서 '뺨위의 눈물'은 환희가 아닌 고적(孤寂)한 소외의 눈물로 그득하게 고였다가 떨어지는 게 아닐까.

누군가를
사랑하면
일생
섬이 된다.
유난히
파도가 많고

유난히
바람이 많은 섬

그래서
가슴에는 평생
등불이
걸려 있다.

—「내 사랑은 47」 전수

「내 사랑은 47」엔 이 시집명이 시구로 등장하고 시적 자아가 지향하는 희망 섞인 모습이 나타나 있다. 이 시조에서 '사랑'하면 '섬'이 된다고 했는데 일반적으로 '섬'의 심상은 떨어짐, 소외, 고립이고, '사랑'의 심상은 행복감이 충만한 흐뭇함, 고운 마음, 화목함인데, 화목함 마음이 고립되다니 일종의 아이러니이다. 그러나 여기서는 사랑에서 오는 행복감과 충만감으로 하나의 독립된 자아를 찾을 수 있다는 의도된 표현인 성싶다. 누구와도 타협이 안 되는 주관이 뚜렷한 인간 탄생을 표현한 말로 이해된다. 중장에 나타난 '파도'와 '바람'은 우리가 살아오면서 겪는 세상 풍파이다. 이 역경의 현실을 이겨내는 힘이 '사랑'에서 나온다는 심오한 시인의 철학이 여기 있다. 그래서 '사랑'이 '등불'이 되어 인생의 나침반으로 변용되고 있다. 이렇게 형상화된 이 작품은 앞의 작품에서 보여주던 쓸쓸함, 고적함을 사랑으로 수렴하여 희망과 광명으로 우뚝 서는 모습을 보여주고 있다.

3. 자연에 대한 인식(認識)과 그 투영(投影)

시조집 『어머니』는 가슴 절절한 사모곡(思母曲)이다. 민초의 표본이 되어 살아오신 어머니에 대한 헌사(獻詞)이며, 어머니에 대한 애틋한 정과 그리움을 담은 경전(經典)이다. 어머니는 누구에게나 생명의 우주이며, 정의 샘물이고, 영원한 마음의 고향이다. 이 시집에서 어머니의 모습은 '부엉새' '뻐꾸기' '봄비' '부슬비' '그믐달' 등의 자연물로 변용(變容)되어 나타나고 있다. 그러나 그 자연물들은 시조 속에서 서먹한 모습으로 등장한다. 돌아가신 어머니 모습의 표상(表象)이기 때문인가 보다.

이 시집에서 우리는 살아서도 자연이고 돌아가시어서도 자연인 어머니에 대한 인식(認識)을 자연에 투영(投影)시킨 시적자아의 모습을 볼 수 있다.

강이
서러워서
흐르는 게 아니다.

산이
그리워서
서 있는 게 아니다.

그 봄비
아득한 길을
뻐꾸기가
울어 그런 것이다.

—「어머니 2」 전수

산이
먼저 가고

들이
따라서 간다.

그 때
진달래꽃
그 때
뻐꾸기 울음

뒤늦은 편지 끝 구절에
말없음표 찍고 간다.

—「어머니 11」 전수

위 두 편의 작품에서는 '강' '산' '봄비' '들' '뻐꾸기'란 시어가 등장한다. 이들을 원형심상으로 보면 '산' '들'은 무욕, 무생명성 원리에 입각한 자연화 됨과 비정(非情), 불변(不變)의 세계를 상징하면서 포용, 생성, 공간 원형, 이상향, 베풂음, 생의 원천, 무한 포옹 등의 묵시적 이미지를 가진 말이고, '강'은 새 생명 탄생, 신의 나라를 나타낸다고 프라이(Northrop Frye)는 말하고 있다. 그러나 여기서는 '생명' '구원' 등의 심상으로 볼 수 있다. 또한 서러움의 정서와도 맥을 같이하고 있다. 그리고 '봄비'는 '새로운 지평' '죽음의 재생' '유한성과 무한성의 합일'을 나타내고 있다. 이는 '구원' '생명' 등과도 관련이 있다. 그렇다면 '진달래꽃' '뻐꾸기'는 어떤 원형심상일까. 이는 중국의 설화가 동양적 정서가 되어 우리에게 미치고 있음을 볼 때 귀촉도, 망제혼의 울음과 맥이 닿아 있어 슬픔, 애상, 죽음으로 연결되고 있다. 「어머니 2」는 그의 작품에서는 드물게 "내 사랑은 가슴에 뜬 달이다. 아니다 섬이다. 내 사랑은 가슴에 있는 하늘과 바다다"라고 이미지를 전개하여 표현한 「내 사랑은 12」와 함께 정반합(正反合)의 구성 형태를 보여주는 작품이다. 이를 살펴보면 '강이/ 서러워서/ 흐르는 게 아니다.' '산이/ 그리워서/ 서 있는 게 아니다.'란 시구가 정, 반으로 등장한다. 이는 생성, 성장으로 삶의 모습이 생생하게 나타나는 '강'이 서러워서 흐르는 게 아니고, 생의 원천인 '산'이 무슨 애틋한 그리움 때문에 한곳에 말뚝처럼 서서 머무는 게 아니라고 하고 있다. 그러면 왜 그럴까? 그것은 '봄비' 내리는 날 어머니의 영상일지도 모르는 '뻐꾸기'가 울기 때문에 서럽고, 그리운 것이라고 하고 있다. 궁극적으로 시적 자아의 어머니에 대한 끝없이 그립고 서러운 심정을 인연설로 서정의 끈을 만들어 시조화한 것이라 본다. 이와 연결하여 「어머니 11」을 살펴보면 '산'과 '들'은 앞 작품의 '산'과 원형심상으로 볼 땐 동의 시어이고, '진달래꽃'과 '뻐꾸기'도 서로 호응하면서 서러움을 표출하고 있다. 여기 시적 자아는 어머니에 대한 지극한 애정이 너무나 서럽고 그리워 한 마디 말도 못한 채 받는 이 없는 편지를 쓰며 자기감정에 마침표를 찍고 어디론가 훌훌히 떠나가고 있다. 그곳이 어딜까. 고향 산천의 어머니가 계신 아니, 아버지도 함께 계실 적막의 세계일까. 그의 시조 에세이에서 보인 「어머니」란 글에서 볼 때 '산'은 아버지고, '들'은 어머니로 나타나 있으니 그 부모님이 계신 선영(先塋)을 생각하며 시인이 품은 내적 심정을 표현한 작품이라 여겨진다.

이보다
더 먼 곳이
어디
있으랴.

영원으로
소멸해 간
아픈
꽃잎 하나

이순의
산모롱가에
하현달로
뜨는구나.

—「어머니 17」 전수

바람은
그 날
불빛을 가져갔고

봄비는
그 날
그림자를 가져갔다.

영원히
돌아오지 않는
울음도
가져갔을까.

—「어머니 31」 전수

신 시인은 '어머니'란 시조를 통하여 그 시적 변용을 꾀한 것들을 심심찮게 보이고 있다. 여기서 변용(變容)이란 말은 원래는 미술용어로 대상과 자연 형태를 그대로 재현한 것이 아니라 작자가 주관으로 그 모양이나 형태를 의식적으로 확대 변개(變改)하여 이를 시어로 표현하는 것이다. 즉, 주관에 의한 함축적 은유가 이에 해당한다. 이를 「어머니」란 시조에서 보면 감정의 배설이 아닌 응축어(凝縮語)로 표현하고 있는데, 어머니를 변용시켜 표현한 시어는 '가슴에나 있는 섬' '소나기' '그믐달처럼 뜨고 지던 생각' '초승달' '철썩이는 파도' '엉겅퀴' '진달래' '씀바귀꽃' '붉은 동백' '빗소리' 등이다. 「어머니 17」에서도 어머니의 모습은 '꽃잎' '하현달'로 표현되고 있는데 '하현달'은 「어머니 40」에서도 같은 모습으로 등장한다. '더 먼 곳' '영원으로/ 소멸해 간'이란 시어는 시적 자아에게 떠오른 영상으로 돌아가신 어머니의 존재 공간이다. 그곳에서 어머니는 '산모롱가 하현달'로 현현(顯現)되어 뇌리에 자리하고 있음을 표현한 작품이다. 이에 비견되어 「어머니 31」은 그 날(=돌아가시던 날), 시적 자아의 가슴에 맺힌 모습을 초, 중장에서 대구형식으로 표현하고 있는데 '불빛'으로 표현된 희망의 빛, '그림자'로 표현된 어머니의 잔영을 세월의 흐름을 품고 오가는 '바람' '봄비'가 다 가져가고 없는데 한번 떠나곤 소식이 없는 울음마저 다 가져가 그런 것일까. 지금은 남김없이 다 가져가 버리어 어머니의 모습까지도 잊으라고 하는가 하는 시적 자아의 내적 탄식이 나타나 있다. 이렇게 그의 시조 속엔 지워지지 않는 애상의 그림자가 늘 드리워 있고, 고적과 적막이 형제처럼 살고 있다.

체념은
어디쯤서
천둥으로
울다 가고

후회는
어디쯤서
소나기로
퍼붓다 가나

오늘도
먼 길 없는 길
가고 있을
겨울 낮달

—「어머니 54」 전수

'겨울 낮달'은 시적 자아인 '나'와 그 대상인 어머니가 고적과 적막 속에 쓸쓸하고 외로운 모습으로 변용된 것이다. '천둥'이나 '소나기'는 어머니에 대한 그리움의 정이 청각적 이미지와 시각적 이미지로 변용되어 나타난 공감각적 시어이다. 얼마나 어머니가 그리우면 그 어머니에 대한 그리움의 정이 천둥이 되고 소나기가 되었을까. 그런데 그 열렬한 그리움이 어쩌다 싸늘한 겨울 낮달로 떠 있을까. 참으로 가슴 시린 정서가 표출된 작품임을 새삼 느끼게 한다. 어머니도 시적자아도 어제도 그랬듯 오늘도 이승에선 먼 길, 이승엔 없는 길을 으스스한 겨울 낮달이 되어 떠가고 있다. 그의 시조 에세이에 보면 "아버지는 빗발에 가셨고, 어머니는 눈발에 가셨다."고 하였는데 어머니는 눈발에 돌아가시었기에 '겨울 낮달'이 된 모양이다.

4. 마무리

두 권의 시조집 『누군가를 사랑하면 일생 섬이 된다』와 『어머니』

에 실려 있는 작품을 통괄하여 살펴보고 그 중 몇 편을 선별해서 눈여겨보았다. 석야 신웅순 시인은 시조 작품을 만들어내는데 있어 남다른 언어 감각을 가지고 있는 듯하다. 때로는 엉뚱한 언어적 연결로 시적 대상을 풀어내기도 한다. 'A는 B다'의 시적 서술이 그것이다. A와 B 사이가 간극(間隙)이 먼데도 이를 접합(接合)하여 여백(餘白)의 미를 살려 단정적 진술로 풀어내고 있다. 또한 시조의 초, 중, 종장 사이에 적당한 여백의 공간을 늘 마련해 놓고 그 여백을 독자에게 상상해 보라고 숙제로 남겨주고 있다. 그리고 그는 시조의 밑바탕에 애상(哀傷)과 적막(寂寞), 고적(孤寂)함을 깔아놓고 있다. 그래서 시조문학의 심연(深淵) 속으로 우리의 눈길을 한없이 끌어들이고 있다. 또한 시조의 구성 방식은 드물게 「내 사랑은 12, 19」, 「어머니 2」 등과 같이 정반합(正反合)의 변증법적 구성형태를 보여주기도 하지만 많은 여타의 작품들은 초, 중장을 병렬로 놓고 종장에서 이를 수렴하는 시조 형태를 보여주고 있다. 전통적 시조 형식이 일으키고, 펼치고, 높이고 굽혀 맺음 하는 모습이라면 그의 두 시조집의 작품 형태는 그 전범(典範) 아래 적당한 재량을 발휘하여 한 편씩의 작품으로 빚어내놓은 것이다. 여기에는 억지가 없다. 이는 우리가 흔히 보는 시조 창작 수법이 아니다. 석야는 「내 사랑은」 속에 두 여인(어머니와 아내)에 대한 사랑을 숨겨서 표현하더니, 아예 「어머니」를 독립시켜 연작으로 작품을 만들어 한 권의 시집으로 엮어냈다. 그런데 이제는 '아내'가 그 자리를 차지하려나 보다. 동인지 《금강시조》를 보니 「아내 1」이 시작되어 「아내 7」까지를 또 연작 형태로 내놓고 있다. 아직은 시조의 형태나 그에 대한 표현 방식과 바탕 정서가 「아내」에서도 같은 패턴으로 나타나고 있는데 글쎄 변할지 두고 볼 일이다. 그래서 앞의 두 시집에서 보여준 그의 적막한 시심이 앞으로 더 궁구(窮究)하여 정착될 그의 영혼의 영토 위에서도 같은 시심의 나무들로 성장하여 꽃을 피우고 열매를 맺을지, 아니면 다른 모습으로 성장하고 꽃을 피워 열매를 맺을지 자못 기대된다.

자연과 인간사를 엮어 짠 서정

— 수헌(守軒) 시조집 『나도 그냥 풍경이다』

1. 들어가기

시나 시조와 같은 시문학은 그 출발이 자기고백체의 1인칭 시점에서 출발한다. 그래서 시나 시조를 가장 자기화(自己化)된 운문문학이라고 한다. 물론 정서의 압축과 긴장이 전제 조건이다. 그런데 때로 일부 시들이 이를 해체하여 산문적 이야기체로 흐르는 경향이 있다. 이렇게 되면 리듬을 둔 수필문과 별반 차이가 없다. 대부분 시조는 아직 그런 조짐이 보이지 않고, 이와는 거리를 두고 있어 다행이다. 시조는 현대라는 시대상을 고려한다고 하더라도 엄격한 시형과 정형률에 의한 서정이 그 원류(原流)가 되고 있다. 시조는 한 채의 한옥과 같다. 그러므로 모든 시적 자료들을 시조라는 정해진 건축 설계도에 인위적인 못이 아닌 자연스런 언어로 어긋남 없이 사개를 짜 맞추어 표현해야 한다. 수헌(守軒) 이건영 시인은 이런 엄격한 시형(詩型)을 토대로 정형률을 고집스럽게 지키며 주로 작품을 쓰고 있다. 시조의 이런 모습을 두고 항간의 일부에서는 좀 고루(固陋)한 것으로 치부하는 경향이 있지만 이렇게 되지 않으면 시조가 아니다. 문학을 개인적 작업의 소산이라고 볼 때 이는 그 개개인의 사람됨과 무관하지 않다. 그는 정심(正心)에 어긋나면 안 되는 강직한 사람이다. 이런 모습이 그의 작품에 형상화되어 나타나고 있다. 특히 그는 시조에서의 틀을 중요시한다. 파격이나 변형의 작품은 쓰지 않는다. 대부분 작품을 장별 배행이나 구별 배행을 유지하여 쓰는데 멋보다는 형(型)을 중시한다. 교과서적인 틀로 작품을 쓰고 이에 준하여 작품을 구성해낸다. 그는 또한 작품에서 주관과 객관을 넘나들며 이를 상보적(相補的)으로 융합(融合)하고 조화시켜 표현하고 있다. 이는 자연(自然)을 표현하며 거기에 인간사(人間事)를 접목하는 형식이다. 그렇게 하여 객관 속에 주관이 빛나게 하고 있다.

이번에 수헌(守軒)은 시조집 『나도 그냥 풍경이다』를 상재(上梓)한다. 데뷔 20년 만에 낸 첫 시조집 『歸心』에 이어 이번이 두 번째이다. 첫 시조집 이후 5년간의 작품을 100여 편 모아 그의 말대로 글의 집을 지어 선을 보이고 있다. 그는 과작(寡作)이지만 작품이 깔끔하다. 함부로 작품을 쓰지 않기 때문이다. 이런 그의 문학적 역량은 문단에서도 인정받아 올해 5월엔 '2017년 현대시조 좋은 작품상'을 수상하기도 하였다.

그의 문학은 1971년 《심마니》와 1977년 《도가니》 문학 동인에서 출발한다. 그러나 그 싹은 당시의 국민 학교(지금 초등학교) 때 돋아났다. 그는 어린 시절 당진의 시골학교에서 도 대회 문학 콩쿠르에도 참여할 정도로 그 재능을 펼쳐 보였다. 이런 그의 문학적 재능이 씨앗이 되어 자연스럽게 지금의 나무로 성장하여 꽃을 피우고 열매를 맺고 있다. 그러면 그가 본격적인 문학인으로서 피어낸 꽃송이 몇몇을 골라 그 향기를 맡아보기로 한다.

2. 살펴보기

1) 자연과 조응(照應)된 인간사

자연과의 조응은 신의 상상력과 맞닿아 있다는 말이 있는데 자연의 현상과 이법(理法) 속에서 인간 삶의 질서를 찾아 이를 조응시켜 교직(交織)한 작품들이 여기에 있다. 그래서 여기 보인 시조의 시적 장치엔 자연물과 인간의 칠정(七情)이 연계되어 있다. 어떤 문학작품이든지 그 작품의 밑바탕엔 작자 자신의 삶과 연계된 사상이 깔리기 마련인데 여기 이 작품들은 이런 것이 노출되지 않고 숨어 있다. 작품을 자세히 살펴보면 작품 바탕엔 유교적 흐름이 면면히 흐르고 있다. 이는 물려받은 유산이라고 생각한다. 시인은 직관(直觀)한 자연을 유교적인 사유(思惟)와 접합하여 작품 속에 갈무리하고 있다. 이런 경향은 그의 이번 시조집에서 주류(主流)를 이루고 있다.

사랑한다 말해 놓고 잊은 지 오래인데
그립다고 내게 한 말 떠오르는 이 아침
빨갛게 물든 그림자 낙엽처럼 밟고 간다.

잊혀 진 사랑 뒤에 가지만 홀로 남아
진실의 눈금 하나 아픔으로 간직한 채
세월도 삭이지 못한 네 그리움 그리워라.

—「낙엽을 밟으며」 전수

위에서 제재로 쓰인 자연물 '낙엽'은 그냥 낙엽이 아니라 이미 떠나간 아니, 떠나버린 사랑의 인연으로 파악된다. '낙엽'을 사랑의 대상물로 설정하고 거기서 쓸쓸한 그리움의 잔상(殘像)들을 꺼내 시화하고 있다. 낙엽은 조락(凋落)의 계절에 젊음을 다 소비하고 삶을 접는 모습이며 내일을 열어주는 또 다른 조력자이기도 하다. 이 작품에서 낙엽이 시적 상관물이라 한다면 '나무'는 시적 자아이다. 가지와 잎의 만남과 헤어짐은 어쩌면 불교에서 말하는 하나의 인연(因緣)일 수 있다. 인연은 만나 있어야 순리(順理)이지만 시간은 그런 모습만 허락하지는 않는다. 그래서 이 작품에서 보듯이 사랑의 연(緣)인 낙엽과의 아름다웠던 옛 기억이 오히려 시적 자아를 더 외롭고 아프게 하는지 모르겠다. 사랑의 끈끈한 감정을 '사랑한다 말해 놓고'와 같이 현상적(現象的)이며 구체적인 시상으로 시적 진술을 시작하여 '빨갛게 물든'이라는 세월의 흔적을 말하며 떠나간 사랑에 대한 외로움을 추상화된 '진실의 눈금'이란 시어 속에 응축한 다음 이 응축된 시상이 감성의 골을 타고 그리움으로 승화하도록 하고 있다. 감정의 곡진(曲盡)함을 느끼게 하는 시편이다. 한낱 자연현상인 '낙엽'을 사랑의 실체로 삼아 시적 자아인 가지와 연계시켜 서로의 이별을 '세월도 삭이지 못한 그리움'이 밴 사랑의 마음으로 환치(換置)하여 표현한 점이 눈길을 끈다.

실개천 옆 다랑논에 기지개 켠 미나리
북방산 개구리는 웅덩이에 알을 낳고
예제서 봄을 알리는 사랑의 전령사들.

은사시에 집을 짓는 딱따구리 따따따 딱
박새는 쭈뼛쭈뼛 동고비는 왔소 왔소
숲에서 제 소리 내며 오순도순 평화롭다.

오리나무 썩은 둥치 여러 벌레 텃밭 되고

먹이 찾아 들락날락 분주한 산새들
기척에 놀란 다람쥐 걸음아 날 살려라.

과례정(果禮亭)에 자리 잡고 삼삼오오 짝을 지어
소풍 나온 애들처럼 즐거운 점심시간
오늘은 모두 다 잊고 나도 그냥 풍경(風景)이다.
—「나도 그냥 풍경이 되어」 전수

이 작품은 자연친화적 작품으로 넷째 수 종장 마지막 구가 이번 시조집의 이름이 된 대표 표제(標題) 시조이다. 이 작품을 한 마디로 말하면 한 폭의 풍경화이며 진경산수화(眞景山水畵)이다. 평화롭고 한가한 자연의 정경이 눈앞에 있는 듯 밝고 환하게 머릿속에 그려진다. 송나라의 대문장가인 소동파가 당나라 시인 왕유(王維)의 시를 평하여 "시중유화 화중유시(詩中有畵 畵中有詩)"라고 칭찬하였으며, 그리스의 시인 시모니데스는 "회화는 말없는 시요, 시는 말하는 그림이다"라고 하였는데 이런 시에 대한 평문이 이 시조에도 들어맞는다. 이 작품 속엔 그림이 들어 있다. 이를 시조라는 언어 매개체를 통하여 우리에게 보여주고 있다. 봄날의 자연 속에서 벌어지는 생물들의 모습을 생생하게 그려놓고 있다.

'다랑논'에서 '미나리'가 싹을 틔우고, '개구리'는 겨울잠에서 깨어 알을 낳아 봄의 벌판에 번지는 사랑의 메아리를 전령이 되어 알려주고 있다. 첫째 수가 이렇게 봄 들판에서 벌어지는 생명 탄생의 일들을 생동감 있게 보여주고 있다면, 둘째 수와 셋째 수는 봄날의 산과 숲에 사는 동물들의 생기발랄한 모습을 보여준다. 둘째 수에서는 새들이 들려주는 봄의 소리를 의태어와 의성어를 통하여 묘파(描破)하고 있다. 세상살이는 홀로 사는 것이 아니라 어울려 사는 것이라는 점을 이들 새들을 통하여 간접적으로 우리에게 들려준다. 셋째 수에서는 봄을 맞아 활기를 찾은 '벌레' '산새' '다람쥐'와 같은 것들의 삶의 모습을 인간들의 삶에 대비하여 표현하고 있다. 어쩌면 인간들은 벌써 오래 전부터 그리 살았고 그리 살려고 노력하고 있었던 것이 아닐까. 삶의 개척에 한가로움은 없다. 분주한 긴장감이 삶의 또 다른 모습이다. 이런 모습이 이 셋째 수에 나타나 있다. 끝으로 넷째 수는 자연 풍정에서 시적 자아의 모습으로 돌아와 물아일체의 경지가 되는 모습을 연출하고 있다. 내가 봄날의 자연이고 봄날의 자연이 곧 내가 되는 마음을 표현하고 있다. 이 작품에서 전체를 아우르는 시구는 "나도 그냥 풍경(風景)이다"이다. 여기에 이 시의 모든 시상이 집약되어 있다.

하늘 아래
노숙 아닌
목숨들
뉘 있으랴

태초에 벌거벗고 동산에 살았느니

오늘도
빈 땅에 누워
한뎃잠을 자는
바람.

—「바람의 단상」 전수

이 작품은 구약성서의 에덴동산을 연상하게 한다. 중장 '태초에 벌거벗고 동산에 살았느니'가 이를 뒷받침한다. 성서에 나온 태초의 모습을 보는 것 같다. 태초에는 집도 옷도 부끄럼도 없는 하느님이 만든 이상향으로 그야말로 천연의 자연 세계였다고 하지 않던가. 그러니 노숙은 천지 생명의 본디 모습이라고 여겨진다. 모든 생물은 노숙 상태였을 것이다. 이런 모습이 연상되는 대표 현상이 '바람'이다. 바람은 형체도 없고 냄새도 없는 느낌만 주는 움직임의 원형이다. 아마도 세상의 모든 것은 이 원형의 모습을 닮아 있었을 것이다. 절대 세계엔 소유가 없다. 무소유(無所有)의 경지가 바로 세상의 원리라고 볼 때 바람의 '한뎃잠'은 극히 자연스런 모습이다. 여기서 '빈 땅'은 인간의 눈으로 본 '빈'이고, 실은 모두를 채울 수 있는 무한 공간이라고 보아야 한다. 즉, 본디 자연이다. 비우면 근심 걱정이 없다고 하니 바로 그런 세계로 채워진 공간이니 어쩌면 행복의 공간일 수도 있겠다. 이런 심오한 자연의 경지가 이 시조 속에 있다. 이 작품은 보이지 않는 상징성을 내포하고 있어 짧은 단시조이지만 숱한 이미지를 폭발시키고 있다.

사월도 가는구나. 꽃샘의 뒤안길로
머뭇머뭇 돌아보는 희미한 기억 저편
연분홍 가슴을 열고 씽긋 웃는 복사꽃.
—「4월의 끝자락에서」 전수

천년을 간직해 온 별들의 첫사랑
굉음 너머 살풋 웃는 무지개로 피는 찰라
산산이 부서지는 넋 울음조차 삼키다.
—「구룡폭포」 전수

위 작품에도 자연과 조응된 인간사가 하나의 느낌으로 어울려 나타나 있다. 먼저 「4월의 끝자락에서」를 보면 자연의 섭리 따라 펼쳐지는 정경을 표현하고 있다. 세월은 본디 멈추지 않는다. 빠르지도 느리지도 않게 제 속도대로 흘러간다. 다만 느끼는 이들의 감흥이 다를 뿐이다. 그런데도 사람들은 빠르다 느리다 하고 제 기준을 말하고 있다. 4월은 꽃의 계절이다. 그러나 화려함 뒤에 쓸쓸함이 자리하듯 세월은 흘러가고, '희미한 기억'이 그것을 채운다. 밝고 환하게 '씽긋 웃는 복사꽃'의 모습이 뇌리를 채워 봄의 만개를 느끼고 있다. 이에 비하여 「구룡폭포」는 자연의 속성을 포착하여 이를 의인화 과정을 거쳐 감각적 정서로 표현하고 있다. '구룡폭포'는 '별들의 첫사랑'이 '무지개'가 되어 피고 폭포는 넋조차 '산산이 부서져' '울음조차 삼키'며 떨어진다. '넋'도 느끼지 못할 무념(無念)의 세계를 펼쳐놓고 있다. 폭포를 의인화시켜 사람의 감정으로 폭포의 속성을 표현한 작품이다. 시조는 가끔 자연을 인간화시켜 시적 감흥을 자아내개 하는데 이 작품이 바로 그것이다.

2) 인간에 대한 연민과 애정

모든 사람의 삶 속에는 고통과 번뇌, 착각이 있다. 이 속에서 탈출을 못하고 헤매는 것이 사람들의 일이다. 그러기에 이에 대해 불쌍하고 가련하게 여기는 마음이 발생하게 된다. 그런 마음이 연민(憐愍)이며, 그런 모습을 걱정스럽게 위무(慰撫)하는 것이 애정(愛情)이다. 이런 인간사에서 이루어지는 곡진한 사연과 착각에 따른 연민과 애정을 형상화한 작품들이 눈에 띈다.

허깨비 날로 좇아 치닫던 젊은 여정
핑계와 원망으로 불면의 밤 지새더니
서리 빛 거울 앞에서 나를 들고 서 있다.

징검다리 물을 건너 길 찾아 떠난 시간
시간은 길을 잃고 길들은 시간 잃어
무명의 거울 앞에서 나를 찾는 허깨비.
—「거울 앞에서」 전수

이 세상엔 진짜와 가짜가 공존한다. 때로는 가짜가 진짜로 착각되기도 한다. 이 작품에서 시어 '허깨비'는 거울 속에 비친 시적 자아의 모습이다. 그러나 그것은 실제 모습이 아니다. 그냥 대칭으로 반영된 영상이다. 그러나 그 모습이 실제 모습인 양 착각한다. 그런 착각 속에 우리는 거울을 보며 자신의 외모의 한 편린(片鱗)을 살펴 남에게 잘 보이기 위해 꾸민다. 모든 사람은 그 정도의 차이는 있을망정 남이 보는 자기의 모습에 신경을 쓴다. 그러고 보면 사람은 누구나 스스로를 남에게 보여주는 상품으로 인식하는 것 같다. 이것이 인간사(人間事)이다. 그런 꾸며진 인간상을 이 시인은'허깨비'라고 명명하고 있다. 특히 젊은 시절은 남의 눈에 비치는 자신의 모습에 신경이 쓰이는 시기이다. 그래서 자신의 모습에 대한 불만도 토로하는 시기이기도 하다. 그런 모습이 이 작품 첫째 수에 나타나 있다. 둘째 수는 얼마의 세월이 지나고 격정의 마음이 다 소비된 다음 스스로 자아를 찾아 본연의 모습을 보고자 하는 심성이 표현되어 있다. 일반적으로 거울엔 마법(魔法)이 들어 있다고 한다. 중장 '시간은 길을 잃고 길들은 시간 잃어'는 그 마법에 걸려 자아를 상실한 모습을 표현한 말이다. 거울 속의 모습은 때로는 멋지게 보이기도 하고, 못 생겨 보이기도 한다. 그러나 대부분은 아름답게 치장되어 보인다. 사진도 마찬가지이다. 이를 사진과 거울의 마법이라고 한다. 이 작품은 그런 마법에서의 탈출을 표현하고 있다. 이 작품의 핵심은 자아 찾기이다. 자아를 찾기 위하여 '나는 누구냐'를 소리 없이 외치며 불면의 밤을 지새우고, 또 자아의 길을 찾아 떠나고 있는 시적 자아의 모습이 여기에 있다.

어릴 적 지게질로 키가 못 큰 아버지
육 남매 맏이로서 궂은 일 마다않고
오로지 혈육을 위해 짐을 지신 나날들.

구릿빛 다부진 몸 한평생 일군 터전
아우들 성가하고 세 자식 다 큰 지금
남은 건 굽은 허리에 성성한 흰머리뿐.

날마다 가방 메고 다니시는 새 일터
깊게 팬 주름마다 화석이 된 젊음이여
아버지 삶의 무게는 무엇으로 견줄까.
—「아버지의 가방」 전수

이 작품은 지인의 아들로부터 그의 부친의 근황에 대한 얘기를 듣고 쓴 시조라고 주(註)가 달려 있다. 아버지의 일생과 아버지에 대한 회상, 아버지에 대한 연민을 그의 아들 입장에서 애잔한 정서로 쓴 작품이다. 그의 아버지의 자식에 대한 희생심과 인생의 굴곡을 첫째 수에 배치하고, 둘째 수에서는 그 아버지의 망가진 육신의 고달픔과 세월이 그어놓은 인생의 아픈 흔적을 탄식 어린 눈초리로 응시하고 있다. 그리고 셋째 수에서는 날마다 새 삶터를 찾아 가방 메고 헤매던 젊은 날의 그의 아버지 영상을 그려놓았다. '깊게 팬 주름'엔 젊음이 화석이 된 모습이다. 이 작품엔 그의 아버지가 보여준 부성애가 나타나 있는데, 이 부성애의 모습이 어찌 그 아버지뿐이랴. 동년대의 아버지는 거의 그랬을 것이다. 아니, 그 시대의 아버지들은 모두가 그런 시련 속에 삶의 무게를 두 어깨에 둘러메고 살아갔다. 50∼60년대까지의 시절은 목구멍이 포도청이란 말이 유행하던 때로 곤궁(困窮)의 세월이었기에 우리의 어버이들은 스스로의 희생을 사랑으로 여겼다. 이 작품엔 그런 희생뿐인 삶이 파노라마처럼 펼쳐져 있다. 그 시대 아버지 모습을 현장감 있게 포착하여 묘파한 시조이다.

3) 애잔한 그리움의 연가

그리움은 인간만이 가질 수 있는 감정의 샘물이다. 그래서 J. 파울은 "우리가 쫓겨나지 않아도 되는 유일한 낙원은 그리움"이라고 했나 보다. 대개 그리움은 사랑, 연애, 임, 부모, 고향 등과 같은 존재에 대한 잊히지 않는 마음을 두고 하는 말이다. 이 시조집에서는 신열을 앓으며 사추기에 그리워하는 인생의 봄, 몇 번 윤회에도 서로 그리기만 하고 못 만나는 상사화의 애달픈 사연, 못 다한 이야기를 그림자로 남겨놓은 기러기, 연분홍 별이 되어 호젓이 온 진달래 등과 같은 일과 사물이 그리움의 대상이 되고 있다.

목마른 여울목에 안개비 내리는데

빛바랜 그리움들 애면글면 보듬으며

오가는 길손 따라서 신열 앓는 늦가을.
—「사추기(思秋期)」 전수

사추기(思秋期)란 말은 사춘기(思春期)에 대비되어 쓰이는 말로 쓸쓸한 가을날의 고독처럼 인생의 허전함과 허무감이 밀려드는 서러운 외로움의 시기를 말한다. 이 작품은 사추기에 들어 인생의 봄인 사춘기를 새삼 떠올리며 바래가는 인생의 느낌을 애잔하게 표현하고 있다. '안개비'는 불확실한 미래를 표상하는 시어이다. 젊음은 빛이 바래고 감정도 말라버린 인생의 뒤안길에 들어서서 지난 젊음의 날을 그리워하는 마음을 담아 시상을 일으키고, 종장에서 어쩔 수 없이 남들도 그런 삶을 살고 그런 아픔에 '신열 앓고'있음에 공감하며 동질감 속에 시적 자아도 인생의 시린 계절을 살아가고 있음을 표현하고 있다. 짧은 시형 속에 시상을 응축하여 인생의 아린 아픔을 담아낸 작품이다.

맺지 못한 두 인연
주검 위에 뿌리 내려

잎 지고 꽃이 피는 실연의 윤회 너머

아직도 잠들지 못한
내 사랑의 비망록.
—「상사화(相思花)」 전수

이 꽃은 항간에서 '꽃무릇'으로도 불리는 꽃으로 꽃과 잎이 서로 엇바꾸어 피고 지고 돋아나고 스러져 서로 만나지 못한다고 하여 애절한 전설과 함께 '이룰 수 없는 사랑'이란 꽃말을 가지고 있다. 만나지 못한 채 그리움만 짊어지고 살다가 열매조차 맺지 못하는 꽃이기에 이 작품도 이에 바탕을 두고 있다. 초장은 스러지고 피어나는 꽃과 잎을 '주검 위에 뿌리 내려'라고 표현하여 그 생태적 모습을 그리고 있으며, 중장에서는 잎이 윤회하여 꽃이 되고 꽃이 윤회하여 잎이 되는 무한 윤회에 의한 탄생으로 보고 그 피고 지는 모습을 '실연'이라고 형상화하여 표현하고 있다. 종장에서는 이를 시적 자아의 내적 심상과 접목시켜 전전반측하는 사랑의 비밀스런 모습으로 환치하여 '비망록'이란 말로 자연 현상을 스스로의 처지와 마음으로 시적 변용을 시켜 표현하고 있다. 읽을수록 애상이 깃드는 시조이다.

> 생애의 굽이마다 연분홍 별이 되어
> 첫사랑 언약처럼 호젓이 오신 그대
> 얼마나 그리웠을까 겨울에도 벙근 단심.
>
> ―「구봉산 진달래」 전수

진달래꽃은 접동새, 귀촉도와 같은 새와 접목되어 두견화로 불리며 상사화 못지않은 애절한 사연이 담긴 전설을 가지고 있다. 그래서 이 꽃은 피를 토하는 애절한 연모의 정이 배어 있는 꽃으로 많은 문학 작품에서 표현되고 있다. 김소월의 「진달래꽃」이 인구(人口)에 회자(膾炙)되는 시로 자리매김하면서 더욱 그런 애상의 이미지로 널리 인식되고 있다. 그렇지만 이 꽃은 누가 뭐래도 봄의 전령(傳令)이다. 김소월의 진달래꽃이 좌절과 아픔이 서린 N 프라이가 말하는 악마적 심상의 작품이라면 이 「구봉산 진달래」는 천상 지향적 의지가 담긴 묵시적 심상의 작품이다. 시인은 진달래의 모습을 마치 요정(妖精)처럼 표현하고 있다. '생애의 굽이마다' 찾아드는 '연분홍 별'로 진달래꽃을 환치 전이시켜 이를 '첫사랑'의 표상으로 만들고 있다. 여기 진달래꽃은 그리움을 이기지 못해 봄까지 기다리지 않고 때 이른 겨울에 추위를 뚫고 '단심(丹心)'으로 붉게 피어나는 의지의 꽃이다. 여기 이 시조로 피워놓은 진달래는 사랑의 화신이다. 여기엔 꽃이 연주하는 절절한 무언(無言)의 멜로디가 있고, 결코 변하지 않는 자연의 곡조(曲調)가 있다.

높아진 가지 끝에 녹 슬은 매미소리
툇마루 한켠에선 그리움 새로 피고
오가는 길손을 따라 강 건너는 가을 산
—「귀심(歸心)」 전수

보는 눈, 가진 심성에 따라 보이는 사물의 모습도 천차만별로 느껴지기 마련이다. 이를 구태여 불교 용어로 말하면 모든 것은 가지는 마음에 달려 있다는 일체유심조(一切唯心造)에 해당한다. 이 작품은 여름도 저물어 높은 가지에서 우는 매미소리도 목청이 야위어 가며 가을을 재촉하는 때 툇마루에 앉아 있노라니 알 수 없는 그리움이 가슴속에 새로이 피어나고, 가을 산도 오가는 사람들 발자취 따라 강을 건너 어디론가 떠나는 듯한 마음속에 피어오르는 느낌을 표현한 작품이다. 시어 '녹 슬은'은 제대로 내지 못하는 매미 울음을 녹이 슨 것으로 비유하여 표현한 말이며, '툇마루'는 고적한 시골의 풍정을 자아내는 말로 사색의 장소로 배치한 시어로 파악된다. 또한'오가는 길손'은 세월의 흐름 따라 어디론가 바삐, 또는 느긋이 일상을 살아가는 사람들의 모습이고. '가을 산'은 노년을 재촉하는 사람의 환치로 이해해야 할 듯하다. 이 시조에는 청각적 구상물(具象物)이 심리적 추상물(抽象物)로 변이를 일으키고, 이가 다시 시각적 구상물(具象物)에 접목되는 형태를 취하고 있다. 또한 시적 생동감을 돕기 위하여 표현기법을 무생물을 생물처럼 표현하는 활유법(活喩法)을 사용하여 신선감(新鮮感)을 도모하고 있다. 잔잔한 그리움의 심성(心性)을 밝고 활달하게 표현한 작품이다.

아직도 가슴앓이
미련으로 남은 사랑

다 못 쓴 이야기들
그림자로 남겨놓고

노랗게 길 잃은 엽서
채근하는 발걸음.
—「가을 기러기」 전수

우리나라에서의 기러기는 가을에 왔다가 봄에 떠나는 겨울 철새이다. 봄이 되면 시베리아로 가서 둥지를 틀고 알을 낳아 번식하기에 우리나라엔 일정한 둥지가 없는 것이 보통이다. 따지고 보면 가건물을 짓고 살다 가는 셈이다. 그래서 이 기러기를 방랑자, 정처 없는 나그네로 부르고 있다. 이 시조를 보면 아무래도 지난해에도 왔던 기러기가 다시 찾아 온 듯싶다. 미련으로 남은 사랑, 다 못한 삶의 이야기를 '그림자로 남겨놓고' 또 오자마자 떠날 채비를 하는 걸까. 이리 저리 휘날리는 '노랗게 길 잃은 엽서'가 된 낙엽을 보며 급한 마음 다스리나 보다. 한 곳에 정착하지 못하는 운명을 숙명으로 타고난 가련한 존재이다 보니 사랑과 삶조차 안착하지 못하고 있음이 이 시조엔 배경으로 은은히 비치고 있다. 어찌 보면 기러기의 사랑이 그렇고 기러기의 삶이 또한 애상적이다. 못 버릴 마음 속 잔잔한 애상의 앙금을 시인은 시안(詩眼)으로 포착하여 이 작품을 썼다고 본다. '그림자'는 '못 다 쓴 이야기'의 앙금이고, '채근하는 발걸음'은 기러기의 쫓기듯 사는 모습을 형상화한 시구이다. 시인은 기러기의 모습에서 인간의 모습을 보고 있다. 측은지심(惻隱之心)을 자아내는 작품이다.

별 무늬 씨앗 몇 알 묵정밭에 심어 놓고
날마다 두 손 모은 어머니의 꽃바람
언제쯤 다시 봄날에 웃음으로 피어날까.

복수초 노란 꽃잎 잔설 위에 가슴 열고
노루귀 활짝 피어 봄의 향연 듣는데
목 늘인 할미꽃으로 그 누구 기다리나.

초록에 길 내 주고 사위는 봄빛 너머
안개 낀 세월의 강 빈 배 한 척 띄워 놓고
망연히 노을에 젖은 구순의 저 눈동자.
—「가는 봄날에」 전수

절절한 효심이 들어난 시조로 자작시 해설에서 보여준 대로 고향에 홀로 계시는 구순(九旬)의 어머님을 그리며 현실의 온갖 고난을 극복하고, 갖은 참상을 겪으며 질곡(桎梏)의 세월을 살아오신 어머니의 자식들에 대한 희생심(犧牲心)을 애잔한 마음으로 회상하는 작품이다. 첫째 수에서는 '묵정밭'으로 표상되는 어머님이 살아오신 고단한 삶의 터전과 '꽃바람'으로 표상되는 보다 나은 미래를 염원하며 소비하신 세월이 첫 수에 비치어 있다. 지금은 어머님은 꽃바람 세월이 다 이울고 시드는 낙엽의 계절에 와 계시다. 시인은 이를 아쉬워하며 돌아오지 않는 어머님의 '봄날의 웃음'이 다시 피기를 기원하고 있다. 둘째 수에서는 어머님의 모습을 봄꽃들과 대비하여 표현하고 있다. 봄을 맨 먼저 알리는 복수초는 눈발을 헤치고 생동감 있게 피는 꽃이니 의지가 빛나는 20대의 젊은 시절을, 노루귀는 그 뒤를 이어 피는 꽃이니 30대쯤을 표상하고 있는 것 같다. 그런데 할미꽃은 이름 그대로 꼬부라진 늙음을 표상하는 어머님의 상징으로 보인다. 이로 볼 때 종장에 나타난 이미지는 자식만을 기다리며 마지막 삶을 영위하시는 어머님에 대한 탄식 어린 눈길이다. 셋째 수에는 삶의 활기를 느끼던 어머님의 봄은 가고, 저무는 노을을 바라보며 '안개 낀 세월의 강'인 지난날의 희미한 세월 속에 추억의 잔상을 꺼내보는 '빈 배 한 척 띄워놓고' 망연히 인생을 회상하는 구순 어머니의 서먹한 인생의 파노라마가 펼쳐져 있다. 과연 이 시조 마지막 시어 '저 눈동자'에는 무슨 상념의 그림자가 비치고 있을까. 자식이 바라보는 '그 눈동자'엔 자책의 마음이 투영되어 있는 것 같다. 이 시조에서 '안개 낀 세월의 강 빈 배 한 척 띄워 놓고'는 쉽게 얻지 못할 어머니의 쓸쓸함이 밴 가구(佳句)이다. 어머님에 대한 회한(悔恨)을 일찍이 알아채지 못한 시적 자아의 아픈 그리움이 이 시조에 서려 있다.

4) 현실 부조리에 대한 고발 의식

언어 구조상 시조(時調)란 말은 당시의 현실을 반영한 곡조라는 뜻이다. 그러기에 애초 음악의 가사로 쓰인 때부터 그 시대 그 시기의 현실을 반영하는 것으로 출발하였다. 이를 이어받아 문학으로 정착시키는 현재의 우리도 현대시조를 순수 서정으로 쓰든 그렇지 않든 현실이 거기 반영되어 있어야 정상이다. 이는 자연스런 현상이다. 다만 현실 부조리를 고발한다고 지나치게 고발성에 치우치면 문학성을 상실할 수 있기에 이는 피해야 한다. 다행이도 이 시조집에서는 적절한 서정과 비유를 곁들여 표현함으로써 이를 극복하고 있다.

벌판을 달리다가
폐허가 된 갈대밭에

남은 불씨 다독이는
은빛 결 바람 한 점

바람은 들불이 되어
저마저도 태우다.

—「단상(斷想) 6」 전수

이 작품에서의 문제 시어는 '불씨'와 '바람'이다. 이 '불씨'는 어떤 존재이고 '바람'은 어떤 역할을 하는가를 파악하는 것이 작품 감상의 초점이다. 이 작품에서 '불씨'는 희망을 일깨우는 생명이고 '바람'은 자연의 매개체이며 생명의 조력자 역할을 하는 이미지어로 보인다. 이 '바람'이 '불씨'를 다독이며 '폐허가 된 갈대밭'에서 타고남은 '불씨'를 건져 올리고 이를 또 다독여 되살리려고 스스로도 태운다. 즉 희망을 위한 자기희생을 하고 있다. 이는 중생을 구제하기 위해 소신공양하는 도승의 모습과 같은 것이다. 우리의 현실을 '폐허가 된 갈대밭'으로 비유하고 이를 구휼(救恤)하기 위해 '바람'이 '불씨'를 다독이는 것으로 작품화하고 있다. 자기희생을 통한 현실참여 의식이 반영된 시조이다.

민주라는 얼굴에다
탈을 쓴 ○X민주

속내는 일당 독재
살며시 가리우고

가면은 마약이 되어
민초 위에
서리 뿌려.

—「단상(斷想) 17」 전수

이 작품은 이 지구상에 홀로 남아 이분법적 사고로 다스림을 펴고 있는 일당 독재 국가의 모습을 표현한 현실 비판적 참여 작품으로 초, 중장은 다분히 직설적이나 종장은 은유적, 상징적이다. 이 작품에 쓰인 ○X는 독재를 따를 것이냐 반대할 것이냐를 위협적으로 묻는 기호 상징어이다. 이런 사회에서는 X가 있을 수 없다. 생명과 직결되기 때문이다. 무조건 따르는 ○만이 있을 뿐이다. 위 작품 내용과 같은 사회구조로 국가 통치를 하는 것은 백성을 위한다는 허울을 뒤집어쓰고 위선적 독재의 행태를 감추고 있는 것이다. 이런 가면 속의 모습에 속아 사는 이들에 대한 안타까움을 '가면은 마약'이란 은유적 수법을 사용하여 진술하고 있다. 이 작품에서 가장 핵심이 되는 부분은 종장으로 '민초 위에 서리 뿌려' 상징성이 가미된 종구이다. 서리는 만상의 생명을 위해(危害)하는 망나니 같은 존재이다. 민초(=백성)들이 죽음의 길로 내몰리고 있음을 경계하고 있는 시조 작품이다.

과거에 집착해서

보복의 칼 휘두르며

국민 없는 국민을
거짓으로 위하는 척

공염불 미래를 파는
허깨비의 불장난.
―「단상(斷想) 18」 전수

이 작품은 현재 우리 현실을 빗대어 표현한 듯하다. 가장 피부에 와 닿는 현장감을 느끼게 하는 시조이다. 작금의 현실이 진짜로 이와 같은가 아닌가는 문제가 되지 않는다. 피부로 그렇게 느끼고 눈으로 그렇게 보고 있는 것이 이 작품이 생성된 배경이다. 부제로 '내 탓이요' 하고 달아놓았지만 내용은 다 네 탓으로 돌리는 슬픈 현실을 표현하고 있다. 잘못된 과거는 바로 잡아야 하겠지만 이로 인한 폐해가 국민들께도 직간접으로 미치고 있다면 깊이 생각해 보아야 한다고 일깨움을 주고 있다. 자칫 이 작품의 종장처럼 '허깨비의 불장난'이 안 되기를 간절히 바랄 뿐이다. 요즘 와서 국민은 그렇게 생각지도 않는데 국민을 팔아 자기만이 국민을 위하는 척 거짓을 떠는 이들이 있다. 우리 사회는 이런 '척병'에 오염됨을 경계해야 한다. 그럼에도 이에 추종하는 것이 최선인 양 오도(誤導)되고 있는 이들이 더러 있지 않은지 모르겠다. 밝고 맑은 사회가 되기 위해서는 냉철한 마음으로 앞뒤를 살펴보는 지혜가 필요하다.

시간은 그냥 걸어 내게로 다가왔다
절벽으로 길을 내고 벼랑에 매달려서

오늘도 소돔과 고무라 찾아가는 아귀다툼.

입만 열면 국민 팔아 배 채우는 붉은 웃음
바벨탑도 능멸하는 방언을 뇌까리며
비겁함 숨기는 몸짓 스스로를 세뇌한다.

잘못은 누구보다 제가 더 잘 아는데
날마다 인의장막 연출하는 청맹과니
손으로 가리는 하늘 가련ㅎ다 저 꼴불견

아만은 아만 낳고 위선은 위선 낳아
휴지처럼 쌓여가는 무망한 윤회 넘어
날들은 미끄러지듯 그렇게 또 떠나는데.
—「어느 날의 자화상」 전수

「어느 날의 자화상」이라고 시제를 붙였지만 실제로는 오늘의 자화상이 아닐는지. 비겁한 인간들, 특히 비루(鄙陋)한 지도자의 민낯을 통하여 현실 부조리가 판치는 사회 현상을 힐난(詰難)하는 시조이다. 첫째 수는 시대가 변하고 세월이 흐르면 보다 선명하고 보다 신의(信義)가 빛나는 사회가 되어야 하는데 이 시조에서 표현한 대로 '시간은 그냥 걸어' 지나가 예와 현재가 변함없이 그냥 그럼을 표현한 말로 이 작품은 출발하고 있다. 희망 없이 고착된 삶의 시간이 위험의 상징물인 '절벽의 길'을 걸어 '벼랑에 매달림'하는 삶을 살게 하여 상호 도움이 아니라 항간에 죄악을 뿌리는 '소돔과 고무라'가 되어 '아귀다툼'을 하고 있음을 표현하고, 둘째 수는 정치인들의 허위에 가득 찬 생활 자세를 꼬집고 있다. 그들은 적색 신호가 켜진 '붉은 웃음'으로 국민을 핑계 삼아 국민을 기만하는 행동거지를 일삼는다고 경고음을 들려주고 있다. 그런 자기 합리화를 위한 기만은 스스로를 비겁함에 빠뜨리고 있다고 깨우친다. 이어 셋째 수는 그 잘못된 삶을 자각하고 있지만 주변의 아부와 거짓 무리에 둘러싸여 실제로는 아무 것도 모르고, 한 치 앞도 못 보는 '청맹과니'가 되어 손으로 하늘을 가리고 사는 볼썽사나운 꼴불견이 되고 있으니 불쌍하고 가련하게 느껴진다고 하고 있다. 그리고 넷째 수에서는 남을 업신여기고 홀로 기고만장하게 교만 떠는 아만(我慢)과 겉으로 착한 체하며 스스로를 거짓으로 꾸미는 위선(僞善)에 빠져 있는데 만상은 윤회하듯이 '아만은 아만 낳고 위선은 위선 낳아' 올바른 삶의 날은 까마득히 사라져 떠나고 있다고 오늘의 부조리(不條理)한 사회 현실을 탄(嘆)하는 것으로 끝맺음을 하고 있다. 예로부터 선(善)은 선을 낳고 악(惡)은 악을 낳는다고 하지 않았던가. 새삼 반성의 자세가 이 사회에 충만(充滿)하기를 기원한다. 이 작품엔 직설이 많은데 '시간은 그냥 걸어' '절벽 '벼랑' '소돔과 고무라' '붉은 웃음' '바벨탑' '청맹과니' '날들은 미끄러지듯'과 같은 비유적 시어가 직설에 의한 문학적 폐해를 막아주고 있다.

3. 나가기

우리가 알고 있듯이 시조는 정형을 가지고 있다. 이는 시조가 가지는 고유 속성으로 그 존재 이유이기도 하다. 이를 달리 말하면 시조는 틀의 집을 가지고 있다. 이 틀의 집에 시상의 시적이미지들을 방방에 형상화하여 들앉힌 것이 시조이다. 이 시조집 『나도 그냥 풍경이다』 속에는 세상 사물의 변용(變容)으로 태어난 백여 개의 시상의 무리들이 저마다 틀의 집 방에 들앉아 빛나는 몸매를 자랑하고 있다. 정형의 미학 속에 심미적 눈빛으로 빚어낸 아름다운 열매들이다. 이를 살펴보면서 앞에서 언급한 대로 수헌(守軒)은 주관과 객관을 상호보완재로 삼아 자연물 속에 인간사를 접목하여 이를 엮어 짜고, 그 자연물에 투영된 인간사에서 연민과 사랑의 정을 표출해 내고 있다. 그러기에 그의 시조는 객관 속에 주관이 빛난다. 특히 눈길을 끄는 것은 어버이에 대한 효심 어린 그리움의 표현과 그 바탕에 깔린 애련(愛憐)이 서린 유교적 생활 리듬이다. 이 시조집 끝부분에 배치한 현실참여 시조는 그의 강직한 성품을 반영하고 있다. 그는 시조를 쓰되 변형을 배척한다. 그래서 그는 시적 대상과 시적 자아와의 융화(融化)된 모습을 교가서적 틀 속에 집어넣어 빈 틈 없는 정형률로 작품을 형상화한다. 그의 시조는 눈 홀리게 휘황하지 않다. 고요한 시적 이미지를 차분히 전개하여 작품을 빚어내기에 수수하다.

자연 속에 인간사를 융화(融化)시켜 서정적으로 엮어내는 그의 시조가 애매성, 불확실성이 난무하는 이 세상에 밝은 길이 되고 빛이 되었으면 한다. 아울러 앞으로 그의 시조가 더욱 신운(神韻)을 얻어 다채로운 시상들이 우리 앞에 우뚝한 모습으로 다가서기를 기대한다.

청사 평설집

운율의 미학을 찾아

1판 1쇄 | 2018년 11월 20일

지은이 유준호
발행인 이영옥
편집 김원선

펴낸곳 이든북
출판등록 제2001－000003호
주소 34625 대전광역시 동구 태전로 43－1 (의지빌딩 201호)
전화번호 (042)222－2536 | **팩스** (042)222－2530
전자우편 eden-book@daum.net

ISBN 979-11-87833-71-0 03810
값 16,000원

* 이 도서의 국립중앙도서관 출판예정도서목록(CIP)은 서지정보유통지원시스템 홈페이지(http://seoji.nl.go.kr)와 국가자료종합목록시스템(http://www.nl.go.kr/kolisnet)에서 이용하실 수 있습니다. (CIP제어번호 : CIP2018036371)

* 이 사업은 대전광역시, (재)대전문화재단에서 사업비 일부를 지원 받았습니다.